2024年版

中小企業診断士試験

2次試験

過去問題集

KAKOMON

同友館

はじめに

　本書は，令和元年度〜令和5年度の5年間に実施された「中小企業診断士」第2次試験全科目に対する解答の着眼ポイントを集載したものです。

　今日，多くの資格試験が実施され，種々の「解答集」を見ることができますが，すべての「試験」がそうであるように，「解答」はその結果であって，重要なのは解答に至るプロセス，すなわち基礎知識を蓄え，応用力をいかに高めるかにあります。「正解」は自己の基礎学習力の結果であると考えるべきで，解答集に合わせる学習は百害あって一利なしなのです。

　中小企業診断士試験は，企業経営の多角・総合的専門知識を必要とし，各種資格試験の中でも最も難しいものです。出題される業種の予想に走ったりすることなく，あくまでも基礎の積み重ねと応用理解力の充実に学習の主眼をおかねばなりません。

　本書は，単なる解答を避け，問題の読み方から，正解へのアプローチの仕方にポイントの重点をおきました。正解は自ずと判明するでしょう。諸賢の健闘を祈って已みません。

　2024年1月

同友館編集部

目　　次

令和5年度
中小企業診断士第2次試験

問題の読み方・解答の着眼点

設問・与件の設計に変化があり，事例Ⅲでは，
題意に沿った理論の想定能力が重視された

1. 令和 5 年度の各事例の特徴

　本年度の 2 次試験は，各事例で設問や与件における情報の与え方に変化が見られた。特に設問は，これまで以上に明確に設計されており，題意の正確な把握がより一層，重視されるようになった。

(1) 事例Ⅰ（組織（人事を含む）を中心とした経営の戦略及び管理に関する実務の事例）

　昨年度と比べて多少易化し，全事例で最も得点しやすくなった。その理由として，設問の題意が明確であり，「経営統合」や「戦略上の差別化」など，経営理論が応用しやすい問題が複数出題されたことと，与件文中に設問に対応する根拠の具体的記述があったことがあげられる。

　第 3 問と第 4 問（設問 1）では，「経営統合」がテーマとなっており，与件根拠の切り分けが難しいようにもみえるが，後述するように，両問題は要求内容が明確に異なっており，適切な解釈ができれば与件根拠の対応づけで苦慮することはなかった。

　第 4 問（設問 2）は，統合後の経営戦略を助言させる問題で，事例Ⅰでは最も難易度が高い。このような問題は解答内容がばらつき，得点差がつかないため，優先度を下げ，第 1 問〜第 3 問など取り組みやすい問題でしっかりと対応することが A 評価を取るカギになる。

(2) 事例Ⅱ（マーケティング・流通を中心とした経営の戦略及び管理に関する実務の事例）

　昨年度と同程度の難易度となった。設問構成も昨年度と同様，環境分析問題＋ 3 つの助言問題で，特定の設問（昨年度は第 4 問，本年度は第 2 問）の情報量を多くする設計も昨年度と同じである。

　第 1 問の 3 C 分析は 2 年連続の出題で，配点も 30 点と大きく，この問題の出来が，

事例Ⅱ全体の評価に強く影響したと思われる。

　事例Ⅱは事例Ⅰと同様，リソースベースの助言が要求される事例問題だが，各資源の助言問題への対応づけは昨年度よりも難しかった。しかし，設問ごとにテーマ（第2問は保護者の金銭的負担軽減，第3問は軟式野球チームのメンバー獲得，第4問は顧客関係強化）が明確に区別されているため，テーマごとに適切な経営資源を対応づけることは十分に可能であった。

(3)　事例Ⅲ（生産・技術を中心とした経営の戦略及び管理に関する実務の事例）

　昨年度より難化し，対応しにくくなった。難易度が上がった最大の理由は，対応策が想定しにくい与件設計にある。

　令和4年度，令和3年度，令和元年度と同様，課題への対応策を問う問題が出題された。このような問題は，与件文で課題が必ずしも「良くない現状」として記述されておらず，改善すべき対象が特定しにくい。

　本年度ではこうした助言問題が4問出題されたことも，与件との対応づけの難易度を高めている。しかし，設問内にテーマが明示されているため，切り分けの基準は明確であった。第2問は生産能力の向上，第3問は収益性の向上，第4問は製品企画開発，第5問は設備投資による生産能力の向上がテーマとなっており，それぞれに与件根拠を対応づけることは容易であった。

(4)　事例Ⅳ（財務・会計を中心とした経営の戦略及び管理に関する実務の事例）

　昨年度より易化し，対応しやすくなった。例年どおり記述問題が複数問出題されており，計算処理以外で得点を積み上げることができるよう配慮されている。

　本年度は，CVP分析と設備投資の経済性計算の揃い踏みとなった。ただし，CVP分析では，例年は百万円単位で表示される数値が千円単位で出題され，計算処理の単純負荷が増大した。さらに，制約条件がより詳細に指示されるようになった。

　第1問では，これまで「小数点第3位を四捨五入し」と書かれていた条件が，「小数点第3位を四捨五入して，小数点第2位まで表示すること」と，より具体的に記述された。第2問でも，「損益分岐点比率が低下した場合は，△を数値の前に付けること」，「固定費および損益分岐点売上高は，小数点第2位まで表示した変動費率で計算し，千円未満を四捨五入して表示すること」と明記され，計算上における端数処理の指示がされた。

　第3問でも，「計算途中では端数処理は行わず，解答の最終段階で万円未満を四捨

五入すること」と，同様の指示がされた。さらに，「運転資本は，5年度末に全額回収するため，5年度末の残高は『なし』となっている」と示され，CFへの影響が明確になった。平成27年度でも在庫投資の設定が出題されているが，投資回収についての言及はなかった。

2．各事例の解答アプローチ

(1)　事例 I
第1問
昨年度に続いて，強み・弱みを問う問題が出題された。昨年度と異なり，字数制約が30字以内ずつと減少し，また，昨年度の「分析せよ」から「述べよ」に問われ方が変わっているが，対応の仕方に大きな違いはない。この問題の出来が，事例 I の評価に大きく影響したと思われる。

第2問
過去のA社の戦略を整理する問題で，第1問に次いで難易度が低く，確実に得点したい。設問文の「戦略上の差別化」という文言から「差別化集中」を想定することは容易である。ただし，この問題では差別化の具体的内容が問われているのであって，「差別化集中戦略」という解答が期待されているわけではない。

第3問
設問要求は留意点の指摘であり，留意点を踏まえた「対応策」ではない点に注意する必要がある。経営統合は持株会社による運営という意味もあるが，ここでは単に，A社によるX社の買収と解釈できる。

第4問
（設問1）
第3問と異なり，「どのように」と具体的手段の助言が要求されている。第4問も経営統合がテーマになっているが，第3問が買収前，第4問が買収後のことを問うていると判断できる。また，第4問（設問1）は，「組織面」の助言問題であり，これにより第3問では「戦略面」が問われていると想定でき，明確に区別できる。

（設問2）
本事例は買収（経営統合）がテーマの問題であることから，第1問で指摘したA社の弱みがX社との経営統合によって補完され，第2問で指摘したA社のこれまでの経営戦略を踏襲した差別化集中によりX社の業績が回復でき，A社事業との相乗効果が得られる展開が期待されていると考えられる。

(2) 事例Ⅱ

第1問

昨年度とまったく同じ出題である。配点も30点と多く，この問題の出来は，事例Ⅱ全体の評価に大きく影響する。150字以内で1ヵ所に記述するため，競合，顧客，自社それぞれの配分を自由に決めることができ，加点される可能性が高い根拠を優先的に選択しやすい。

第2問

設問文の「金銭的負担を減らしたいという保護者のニーズ」という表現から期待効果が明確であり，解答の方向づけがしやすい。「プライシングの新しい流れを考慮して」という条件があるが，直接の要求は「販売方法」であり，価格戦略ではない点に注意したい。

顧客の金銭的負担を減らせる新しい流れのプライシングとしては，「サブスクリプション方式」が想定できる。試験委員の澁谷覚氏は，共著『1からのデジタル・マーケティング』（中央経済社）の218ページにおいて，サブスクリプション方式を「販売方式」と定義して使用している。この方式の導入により，顧客の買い替えに伴う金銭的負担が軽減できる。

第3問

女子の軟式野球チームの「メンバー獲得」がテーマであった。与件文に，「女子メンバー獲得に苦しんでいるチームを支援し，女子向けの野球用品の提案力を高め，新規顧客としての女子チームの開拓を行う」とあるが，提案力の強化や女子チームの開拓は女子メンバー獲得後の話であり，この問題のテーマではない。

第4問

顧客との関係性強化がテーマであった。設問文に，「ホームページ，SNS，スマートフォンアプリの開発など」と具体的手段に関する条件が示されており，与件文には，「各少年野球チームの監督とのより密接なコミュニケーションを図り，各チームのデータ管理，メンバーや保護者の要望の情報把握，および相談を受けた際のアドバイスへの対応を進める」という記述があるため，関係を強化すべき対象や，具体的な手段が特定しやすい。

(3) 事例Ⅲ

第1問

生産面の強みを2つ，40字以内で指摘する問題である。数の指定は，平成13年度か

ら平成22年度まで，ほぼ毎年なされていたが，直近では平成27年度以来となった。与件文には，生産面の強みとして頻出の技術力や一貫生産体制の根拠がなく，難易度が高かった。

第2問

受注量増加への対応策が問われた。課題対応型の助言問題であり，難易度は高い。期待効果として「生産能力の向上」を想定したうえで，与件文から生産面の無駄を特定して助言することが要求される。

第3問

収益性低下への対応がテーマであり，与件文からコスト要因を特定したうえで対応策を助言する。「入出庫記録がないこと」以外にコスト増加を明確に示す表現がなく，難易度が高い。

第4問

自社製品企画の問題であり，生産面（第2問・第3問）とは明確に区別できる。C社は自社製品企画を進めるために，すでに経験者を採用している。しかし，これら採用した人材はC社業務については無知であるため，C社内外の各部課との連携・交流が必要になる。

第5問

設備投資の是非とその理由，およびその際の留意点が問われた。留意点は改善するための手段ではない点に注意する。この手の問題は，結論が異なっても理由や留意点で加点される可能性が高い。

(4) 事例IV

第1問（経営分析）

（設問1）はオーソドックスな設定の問題であった。与件文には明確に売上高利益率を指摘させる根拠があるため，悪化指標は選択しやすい。また，安全性の改善が目立つが，短期安全性が改善した要因は税引後利益の蓄積であり，資本調達構造の安全性を優先させる意図が読み取れる。

（設問2）の記述問題は，まず，悪化指標を1つ選択する必要があった。売上高利益率が選びやすくなっており，例年よりも難易度は低い。

第2問（CVP分析ほか）

（設問1）のCVP分析は，例年と同様に相対的に難易度が低い問題となった。変動費率の数値の取り扱いには具体的な指示がされており，制約条件等の丁寧な読み取

りは求められるが，計算そのものは平易であり，A評価を取るためには正解したい。

（設問2）は，製品別損益を評価する問題であり，平成28年度第3問の類題となる。製品を貢献利益ベースで評価することを知っていれば平易な問題である。

（設問3）は記述問題であり，（設問2）までの計算問題とは無関係のため，確実に得点したい。

第3問（設備投資の経済性計算）

設備投資の経済性計算問題は例年，難問になるが，本年度は非常に難易度の低い問題となった。ただし，正味運転資本や設備投資の処分価額などを適切に処理する必要があり，ケアレスミスには要注意であった。

第4問（記述問題）

題意が明確で解答しやすい問題であり，A評価を取るためには確実に得点する必要がある。第1問の経営指標との関連を意識すると，題意が一層把握しやすい。

（設問1）は，ファブレスで経営しているD社のビジネスモデルの評価（高い資本利益率を実現），（設問2）は，D社の収益性改善との関係が期待されていると解釈できる。いずれも与件根拠を読み込んで解答する必要があり，単なる知識問題ではない点に注意する必要がある。

江口明宏（EBA 中小企業診断士スクール統括講師　中小企業診断士）

中小企業の診断及び助言に関する実務の事例 I

　A社は，資本金1千万円，従業員15名（正社員5名，アルバイト10名）の蕎麦（そば）店である。先代経営者は地方から上京し，都市部の老舗蕎麦店で修業し，1960年代後半にのれん分けして大都市近郊に分店として開業した。鉄道の最寄り駅からバスで20分ほど離れた県道沿いに立地し，当時はまだ農地の中に住宅が点在する閑散とした中での開業であった。

　開業当初は小さな店舗を持ちながらも，蕎麦を自前で打っており，コシの強い蕎麦が人気を博した。出前中心の営業を展開し，地域住民を取り込むことで，リピート客を増やしていった。また，高度経済成長によって自家用車が普及する途上にあったことから，多少離れていてもマイカーで来店する顧客も年々増え始め，県道沿いの立地が功を奏した。付近には飲食店がほとんどなかったことから，地元で数少ない飲食店の一つとして顧客のニーズに応えるようになり，蕎麦店の範疇（はんちゅう）を超えるようになった。うどん，丼もの，カレー，ウナギ，豚カツ，オムライスなどもメニューに加え始め，まちの食堂的な役割を担うようになっていった。

　1980年代には，店舗周辺の宅地化が急速に進み，地域人口が増えるに従って，来店客，出前の件数ともに増加していった。1980年代末には売上高が1億円に達するようになった。客数の増加に伴い店舗規模を拡大し，駐車場の規模も拡大した。店舗の建て替えによって，収容客数は30席から80席にまで拡大し，厨房設備も拡張し，出前を担当する従業員の数もアルバイトを含めて20名にまで増加した。

　しかしながら，1990年代半ばになると，近隣にファミリーレストランやうどんやラーメンなどのチェーン店，コンビニエンスストアなどの競合が多数現れるようになり，売上高の大半を占める昼食の顧客需要が奪われるようになった。バブル経済崩壊とも重なって，売上高が前年を下回るようになっていった。厨房を担当していた数名の正社員も独立するようになり，重要な役割を担う正社員の離職も相次いだため，一時的に従業員は家族とアルバイトだけとなり，サービスの質の低下を招いていった。

　現経営者は先代の長男であり，先代による事業が低迷していた2000年代初頭に入社した。売上高が5千万円にまで低下していたことから，売上高拡大のためのさまざ

な施策を行ってきた。2008年にかけて，メニューの変更を度々行い，先代が行っていた総花的なメニューを見直し，この店にとってはオペレーション効率の悪い丼もの，うどんなどのメニューを廃止し，出前をやめて来店のみの経営とし，元々の看板であった蕎麦に資源を集中した。

2005年までに売上高は7千万円にまで改善され設備更新の借り入れも完済したが，他方で従業員の業務負荷が高まり，その結果，離職率が高くなった。常に新規募集してアルバイトを採用しても，とりわけ宴会への対応においては仕事の負担が大きく，疲弊して辞めていく従業員が相次いだ。また，新規のメニューの開発力も弱く，効率重視で，接客サービスが粗雑なことが課題であった。

2010年に先代が経営から離れ，現経営者に引き継がれると，経営方針を見直して，メインの客層を地元のファミリー層に絞り込んだ。店舗の改装を行い，席数を80から50へと変更し，個室やボックス席を中心としたことで家族や友人など複数で来店する顧客が増加した。使用する原材料も厳選して，以前よりも価格を引き上げた。また，看板となるオリジナルメニューを開発し，近隣の競合する外食店とは異なる，商品とサービスの質を高めることで，差別化を行った。ただ，近隣の原材料の仕入れ業者の高齢化によって，原材料の仕入れが不安定になり，新たな供給先の確保が必要となりつつある。

社内に関しては，正社員を増やして育成を行い，仕事を任せていった。経営者の下に接客，厨房，管理の3部体制とし，それぞれに専業できるリーダーを配置してアルバイトを統括させた。接客リーダーは，全体を統括する役割を担い，A社経営者からの信任も厚く，将来は自分の店を持ちたいと思っていた。他方で，先代経営者の下で働いていたベテランの厨房責任者が厨房リーダーを務め，厨房担当の若手従業員を育成する役割を果たした。管理リーダーは，A社の経営者の妻が務め，会社の財務関係全般，計数管理を行い，給与や売上高の計算などを担った。A社経営者は，接客リーダーとともに会社として目指す方向性を明確にし，目的意識の共有や意思の統一を図るチームづくりを行った。その結果，チームとして相互に助け合う土壌が生まれ，従業員が定着するようになった。とりわけ接客においては，自主的に問題点を提起し解決するような風土が醸成されていた。現経営者に引き継がれてから5年間は前年度の売上高を上回るようになり，2015年以降，安定的に利益を確保できる体制となった。

コロナ禍においては，営業自粛期間に開発した持ち帰り用の半調理製品の販売などでしのいだが，店舗営業の再開後も，主に地域住民の需要に支えられて客足が絶えることはなく，逆に売上高を伸ばすことができた。ただ，原材料の高騰がA社の収益を

圧迫する要因となっていた。さらに，常連である地元の顧客も高齢化し，新たな顧客層の取り込みがますます重要となっていった。

そのような状況の中で，かつて同じ蕎麦店からのれん分けした近隣の蕎麦店X社の経営者が，自身の高齢と後継者不在のために店舗の閉鎖を検討していた。A社経営者に経営権の引き継ぎが打診されたため，2023年より事業を譲り受けることとなった。A社の経営者は，X社との経営統合による新たな展開によって，これまで以上の売上高を期待できるという見通しを持っていた。

X社はA社から3kmほどの距離に位置し，資本金1千万円，従業員12名（正社員4名，アルバイト8名）の体制で経営していた。店舗は50席で一見(いちげん)の駅利用者や通勤客をターゲットとしており，A社よりは客単価を抑えて顧客回転率を高めるオペレーションであったため，接客やサービスは省力化されてきた。原材料の調達については，X社経営者の個人的なつながりがある中堅の食品卸売業者より仕入れていた。この食品卸売業者は，地元産の高品質な原材料をも扱う生産者と直接取引をしていた。社内の従業員の業務に関しては，厨房，接客，管理の担当制がありX社経営者が定めた業務ルーティンで運営されていた。厨房，接客，管理の従業員は担当業務に専念するのみで横のつながりが少なく，淡々と日々のルーティンをこなしている状況であった。店舗レイアウトやメニューの変更などの担当を横断する意思疎通が必要な場合，X社経営者がそれを補っていた。

10年前に駅の構内に建設された商業ビル内に，ファーストフード店やチェーン経営の蕎麦店が進出して競合するようになり，駅前に立地しながらも急速に客足が鈍くなり売上高も減少し始めていた。この頃から，X社では価格を下げて対応を始めるとともに，朝昼から深夜までの終日営業に変更した。ただ，駅構内に出店した大手外食チェーンとの価格競争は難しく，商品やサービスの差別化が必要であった。営業時間が，早朝から夜遅くまでであったことから，アルバイト従業員のシフト制を敷いて対応していたが，コロナ禍の影響でさらに来店客が減少し，営業時間を大幅に短縮し，アルバイトの数を16名から8名に減らしてシフト制を廃止していた。ただ，営業時間内は厨房も接客もオペレーションに忙殺されることから，仕事がきついことを理由に離職率も高く，常にアルバイトを募集する必要があった。

近年では，地域の食べ歩きを目的とした外国人観光客や若者が増え始めた。とりわけSNSの口コミやグルメアプリを頼りに，公共交通機関を利用する来訪者が目立つようになった。X社を買収後の経営統合にともなって，不安になったX社の正社員やアルバイトから退職に関わる相談が出てきている。A社ではどのように経営統合を進

めていくべきか，中小企業診断士に相談することとした。

第1問（配点20点）

　統合前のA社における①強みと②弱みについて，それぞれ30字以内で述べよ。

第2問（配点20点）

　A社の現経営者は，先代経営者と比べてどのような戦略上の差別化を行ってきたか，かつその狙いは何か。100字以内で述べよ。

第3問（配点20点）

　A社経営者は，経営統合に先立って，X社のどのような点に留意するべきか。100字以内で助言せよ。

第4問（配点40点）

　A社とX社の経営統合過程のマネジメントについて，以下の設問に答えよ。

（設問1）

　どのように組織の統合を進めていくべきか。80字以内で助言せよ。

（設問2）

　今後，どのような事業を展開していくべきか。競争戦略や成長戦略の観点から100字以内で助言せよ。

解答の着眼

●出題傾向

(1) 事例のテーマ

　本年度の事例Ⅰでは，蕎麦店が取り上げられた。先代が開業した店は高度成長期の人口増をとらえ，「まちの食堂」として成長した。1990年代になると，競合の出現により業績が低迷したが，その後，現経営者の経営改革が成功し現在に至っている。

　その現状から，同業であるX社の統合により，更なる成長を図るための戦略や組織に関する問題や課題についての解決方法を探るものである。

　事例企業は，従業員が15名と，事例Ⅰでは比較的小規模な企業である。そのため，

組織論的な施策については昨年度同様，実現可能性を考慮する必要がある。

(2) 出題の特徴

　事例Ⅰの事例企業は，ここ5年中4回が，ファブレスの製造業，農産物の乾燥機製造業，酒造業，印刷業等の製造業となっている。本年度は「蕎麦店」という，事例Ⅰでは初めての出題業種となった。いかにも事例Ⅱで出題されそうな企業である。

　また，本年度の事例企業は，同業他社をM&Aにより統合し，外部成長を図っている。過去の出題を見ても，M&Aがテーマとなった年度は複数あるが，それらはすべて，既にM&Aが行われた後の設定であった。それに対して，本年度はこれからM&Aを行う企業が初めて出題された。第3問と第4問（設問1）の題意（解答要求事項）は漠然としており，解釈が困難であっただろうと思われる。

　戦術問題では，昨年度まで毎年のように出題があった「組織構造」プロパーの問題が，本年度は出題されなかった。

(3) 設問構造

　本年度の設問構造をみると，5問中1問が環境，2問が戦略，2問が戦術系の問題となっており，事例Ⅰの王道ともいえる問題構成ということができる。また，5問中3問が助言問題，2問が分析問題であり，バランスのとれた出題となっている。

　本事例の各設問を構造面から整理すると，以下のようになる。

・第1問　環境分析問題：現時点（統合前）での強みと弱みの分析
・第2問　戦略分析問題：現経営者の取った戦略上の差別化の分析
・第3問　戦術助言問題：経営統合に先立った留意点の助言
・第4問
（設問1）　戦術助言問題：経営統合における組織統合についての助言
（設問2）　戦略助言問題：経営統合後の事業展開に対する助言

●解答例

第1問（配点20点）

【強み】

| ① | 高 | 品 | 質 | な | 商 | 品 | ・ | サ | ー | ビ | ス | ， | ② | 自 | 主 | 的 | な | 問 | 題 |
| 解 | 決 | が | 可 | 能 | な | 組 | 織 | 風 | 土 | 。 | | | | | | | | | |

【弱み】

①	常	連	客	の	高	齢	化	,	②	原	材	料	の	業	者	の	高	齢	化
で	仕	入	体	制	が	不	安	定	。										

第2問 （配点20点）

タ	ー	ゲ	ッ	ト	を	地	元	の	フ	ァ	ミ	リ	ー	層	に	絞	り	,	ニ
ー	ズ	に	合	わ	せ	た	店	舗	改	装	,	厳	選	材	料	に	よ	る	オ
リ	ジ	ナ	ル	メ	ニ	ュ	ー	の	開	発	等	で	商	品	・	サ	ー	ビ	ス
の	質	を	高	め	た	。	狙	い	は	,	競	合	と	の	価	格	競	争	回
避	と	高	付	加	価	値	化	に	よ	る	安	定	経	営	で	あ	る	。	

第3問 （配点20点）

経	営	戦	略	面	で	,	X	社	は	タ	ー	ゲ	ッ	ト	が	一	見	客	や
通	勤	客	で	あ	り	,	低	価	格	で	接	客	や	サ	ー	ビ	ス	を	省
力	化	し	て	い	る	。	組	織	面	で	,	①	社	内	の	意	思	疎	通
が	悪	い	,	②	離	職	率	が	高	く	従	業	員	が	不	安	を	抱	え
て	い	る	こ	と	等	,	A	社	と	の	違	い	に	留	意	す	る	。	

第4問 （配点40点）

（設問1）

ト	ッ	プ	主	導	で	,	オ	ペ	レ	ー	シ	ョ	ン	等	の	具	体	的	改
善	に	加	え	,	X	社	従	業	員	と	の	意	思	疎	通	を	図	り	,
目	指	す	方	向	性	や	目	的	意	識	を	共	有	し	,	時	間	を	か
け	て	組	織	風	土	の	改	善	を	図	る	よ	う	に	進	め	る	。	

（設問2）

X	社	の	仕	入	先	で	あ	る	食	品	卸	売	業	者	か	ら	高	品	質
な	材	料	を	仕	入	れ	，	A	社	の	商	品	・	サ	ー	ビ	ス	力	の
一	層	強	化	を	図	り	，	X	社	の	立	地	を	生	か	し	，	地	域
住	民	に	加	え	て	食	べ	歩	き	目	的	の	外	国	人	観	光	客	・
若	者	等	の	来	訪	者	を	取	り	込	む	事	業	展	開	を	行	う	。

●解説

【第1問】

⑴　解答を導く思考プロセス

①設問文から出題の趣旨と制約条件を分析する

イ　出題の趣旨

A社の強みと弱みを分析させる環境分析問題であり，昨年度に引き続いての出題となった。

ロ　制約条件

「統合前のA社における」が制約条件となるが，いいかえると「現状」であり，どちらかといえば注意に近い。

②関連する与件文と基本知識から解答を導く

関連すると考えられる与件文は，以下の部分である。

イ　近隣の競合する外食店とは異なる，商品とサービスの質を高めることで，差別化を行った（第7段落）。

ロ　とりわけ接客においては，自主的に問題点を提起し解決するような風土が醸成されていた（第8段落）。

ハ　近隣の原材料の仕入れ業者の高齢化によって，原材料の仕入れが不安定になり，新たな供給先の確保が必要となりつつある（第7段落）。

ニ　常連である地元の顧客も高齢化し，新たな顧客層の取り込みがますます重要となっていった（第9段落）。

与件文イからは，商品とサービスの質を高めることで差別化ができたということは，そこに模倣困難性があると考えられ，これは強みということができる。

与件文ロについては，これも模倣困難性の代表例といえる良い組織風土についての

記述であり，良い組織風土は人にかかわる「歴史の積み重ね」が必要であることから，VRIO分析のIを示唆している。また，その直前にある「相互に助け合う土壌」も良い組織風土を明示しているが，接続詞「とりわけ」があることと，字数制限の関係で，優先度を下げた。

弱みについては，結果としての現象ではなく，その現象を生み出している真因であり，かつ内在化したものを優先的に選択する。

与件文ハは現象的要因の部分もあるが，仕入先はネットワークということができ，自社で完全にコントロールはできないが，内部資源に準じて考えることができる。自社の仕入れ先が不安定であることは，飲食業にとっては弱みになる。A社にとって，良い材料の仕入れは差別化要因と考えられるので，なおさらである。

与件文ニも，与件文ハ同様，現象的要因の部分もあるが，現在保有する顧客資産の劣化を示唆しており，典型的な弱みといえる。また，後半の問題とも関係するため，解答内容に入れたい。

与件文には，純粋なA社特有の内在化された弱みが見当たらないが，その分，統合相手のXには，組織論的問題点（弱み）がある。

(2) **過去問題との類似点・相違点**

環境分析系の問題において，事例II・IIIではSWOT分析系の問題がほとんどを占めるのに対して，事例Iは概ね3パターン（SWOT系・戦略の分析・市場（商品）の分析）に分かれる。本年度の事例Iでは，昨年度に引き続き，SWOT分析系の問題が出題された。

【第2問】
(1) **解答を導く思考プロセス**
①設問文から出題の趣旨と制約条件を分析する

イ 出題の趣旨

解答要求は「戦略上の差別化」と「その狙い」であり，典型的な戦略の分析問題である。さらに，本問は戦略の中でも差別化戦略，いいかえれば競争戦略に関する解答が求められているが，これは事例Iでは比較的少ない問題形式である。

事例Iの過去問における戦略系の出題では，成長戦略が問われることが多い。また，事例間の棲み分けとして，競争戦略は事例IIでの出題が圧倒的である。

与件文にある記述の中のどの部分が戦略に関係するかを，1次知識を応用して読解

する力が求められる問題である。

　ロ　制約条件

　「先代経営者と比べて」とあるため，時制に注意が必要である。

　②関連する与件文と基本知識から解答を導く

　関連すると考えられる与件文は，以下の部分である。

イ　1990年代半ばになると，近隣にファミリーレストランやうどんやラーメンなどの
　　チェーン店，コンビニエンスストアなどの競合が多数現れるようになり，売上高の
　　大半を占める昼食の顧客需要が奪われるようになった（第4段落）。

ロ　2010年に先代が経営から離れ，現経営者に引き継がれると，経営方針を見直し
　　て，メインの客層を地元のファミリー層に絞り込んだ（第7段落）。

ハ　店舗の改装を行い，席数を80から50へと変更し，個室やボックス席を中心とした
　　ことで家族や友人など複数で来店する顧客が増加した（第7段落）。

ニ　使用する原材料も厳選して，以前よりも価格を引き上げた。また，看板となるオ
　　リジナルメニューを開発し，近隣の競合する外食店とは異なる，商品とサービスの
　　質を高めることで，差別化を行った（第7段落）。

　本問は，与件文に解答の直接的なヒントが多くあり対応しやすい。しかし，制約条
件である「先代経営者と比べて」に解釈の余地がある。

　与件文の第5段落前半は，現経営者が行った施策についての記述であるが，その当
時はまだ，現在のA社社長は経営者ではない。これは，与件文ロの「2010年に先代が
経営から離れ，現経営者に引き継がれると」の部分からもわかる。しかし，現経営者
の意思で行われたことを，時制が違うという理由で完全に無視して良いものかどうか
は解釈が非常に難しい。

　第5段落は戦略ではなく，ほとんどがオペレーションや戦術についての記述であ
り，本問で問われている戦略（ドメイン）に当たる部分は「蕎麦に資源を集中」のみ
であることから，この段落の内容は解答例に入れていない。

　成長戦略と競争戦略は，ドメインに関する問題であることは共通であるが，競争戦
略は競争相手が存在することが特色である。過去の出題をみると，事例に関係なく，
この（仮想）競合者は規模の経済と安価を武器とする大手企業である。

　本問では，与件文イにそれが記述されていると考えられる。時代が異なるものの，
常識的にみて，2023年現在において，状況が異なるとは考えられない。ここに記述さ
れている競争相手の特徴は，安価かつ手軽，その代わりサービスは省力化され，品質
はある程度で妥協するといったことが推定される。

実質的なドメインの変更点については，与件文ロより，ドメインの「誰に」の部分について「メインの客層を地元のファミリー層に絞り込んだ」とあり，従前の全方位から差別化集中的な方向性を打ち出したと考えられる。

与件文ハには，そのターゲットに合わせて，店舗を「席数を80から50へと変更し，個室やボックス席を中心とした」ものに改装したとあるが，これも与件文イに記述されている敵との差別化ということができる。

与件文ニからは，ドメインの「何を」の部分において，商品・サービスそのものの差別化をすすめたことがわかる。

現経営者は，これらの差別化戦略により，与件文イに記述された競合との価格競争を回避し，高付加価値化による安定経営を狙ったと考えられる。

(2) 過去問題との類似点・相違点

ここ10年間の事例Ⅰにおいて，戦略問題は毎年，出題がある。ただし，そのほとんどが成長戦略を主体とする出題内容であり，競争戦略が直接，設問文で明示されたのは，平成30年度のみである。ただし，今後も設問文に「戦略」とある場合には，成長戦略と競争戦略の両方を検討するフレームを頭の中に持っておきたい。なお，平成29年度第3問では，解答内容に両方が求められている。気になる方は復習しておいてほしい。

【第3問】

(1) 解答を導く思考プロセス

①設問から出題の趣旨と制約条件を分析する

イ　出題の趣旨

まず，レイヤーを考える。設問文にある「経営統合」とは戦略の外部成長に当たり，「留意する点」は具体的な指摘も含むと解されることから，戦略と戦術をまたいだ分析問題と考えられる。ただし，メインは具体的な留意点であり，戦術問題である。

「X社のどのような点に留意するべきか」という非常に曖昧な問われ方であり，解釈に苦慮した受験者も多かったことが予想できる。

ロ　制約条件

時制としての「経営統合に先立って」が制約条件となる。

②関連する与件文と基本知識から解答を導く

関連すると考えられる与件文は，以下の部分である。

イ　店舗は50席で一見の駅利用者や通勤客をターゲットとしており，A社よりは客単
　　価を抑えて顧客回転率を高めるオペレーションであったため，接客やサービスは省
　　力化されてきた（第11段落）。

ロ　厨房，接客，管理の従業員は担当業務に専念するのみで横のつながりが少なく，
　　淡々と日々のルーティンをこなしている状況であった。店舗レイアウトやメニュー
　　の変更などの担当を横断する意思疎通が必要な場合，X社経営者がそれを補ってい
　　た（第11段落）。

ハ　この頃から，X社では価格を下げて対応を始めるとともに，朝昼から深夜までの
　　終日営業に変更した。ただ，駅構内に出店した大手外食チェーンとの価格競争は難
　　しく，商品やサービスの差別化が必要であった（第12段落）。

　　まず，題意が非常にわかりにくい設問文の意味を解釈してみよう。

　　そもそも，本事例全体のストーリーとして，X社との経営統合をすることにより成
長を目指すA社という状況がある。

　　組織論の視点からみて，経営統合は通常，メリットがあるから行われるわけだが，
何らかのデメリットも多かれ少なかれ併存する。

　　1次知識の応用をする前に，まず国語的に設問を解釈してみよう。まず，本問で
は，「X社のどのような点に留意すべきか（留意点）」が問われている。そこで「留
意」を国語辞典で調べると，「ある物事に心を留めること。気をつけること。注意」
（『広辞苑（第5版)』）とある。

　　簡単にいえば，注意の類語となるので，留意点は注意点とほぼ同義と考えてよいだ
ろう。そして，「注意」を調べると，「1．気をつけること。気をくばること。留意。
2．危険などにあわないように用心すること」（『広辞苑』（第5版)』）とある。

　　以上を踏まえ本問の出題意図を推測すると，A社がX社を統合するにあたり，何ら
かの危険やデメリットが発生する可能性がある。そのため，それを防ぐために注意
（留意）することが問われていると考えるのが妥当である。

　　そのうえで，解答に当たり，さらに2つの解釈が必要になる。まず，留意点を聞か
れた問題に対して，解決策まで助言すべきかどうかを考える必要があるが，前記の解
釈によれば，解決策は含まないと考える。コンサルタントの実務でも，ある構想に関
してどのような危険があるかについて助言を求められることがあるが，そのような場
合，解決策までは提案しないものである。

　　次に，統合の形態，（具体的には，合併系か子会社化系）は何かということである。
過去問でM&A関係の問題が出題されたときは，必ずその統合形態が与件文に示され

ていた。1次知識的には，経営統合において子会社化系か合併系かにより，事情が大きく変わってくる。そこから考えると，本問は与件文から起こり得る問題点の可能性を考えていくしかない（ただし，第4問（設問1）の文言には，吸収合併であることが示唆されている）。

与件文の第11段落と第12段落に，X社の状況がやや詳しく記述されている。

与件文イから，X社のターゲットがA社とは異なるうえに，サービスや接客に関する方針も大きく異なることがわかる。次に，与件文ロでは，A社と違い「言われたこと（だけ）を淡々とやる」X社の組織風土が示されている。また，与件文ハからは，X社はA社と異なり，低価格路線を戦略としていることがわかる。

これらの点が，経営統合に当たり，問題の発生する可能性のあるところとして指摘できる。

⑵ **過去問題との類似点・相違点**

M&Aや分社化等の統治システムに関係する問題は頻出ではないものの，ある程度コンスタントに出題がある。

前述したように，統合前に関する出題は初めてであるが，M&Aによる事業承継等は旬の話題でもあるので，今後の出題も十分考えられる。特に，子会社化系と合併系のメリット・デメリットの違い等については，知識を確認しておいてほしい。

【第4問】
（設問1）
⑴ **解答を導く思考プロセス**
①設問から出題の趣旨と制約条件を分析する
イ　出題の趣旨

（設問1），（設問2）共通のリード文で，A社とX社の経営統合過程のマネジメントについての出題であることが示され，そのうえで，（設問1）では，どのように組織の統合を進めていくべきかと問うている。

レイヤーは，戦略と戦術をまたいだ助言問題といえるが，（設問2）が直接的に戦略を問う問題であることを考えると，切り分けとして（設問1）は，組織論の戦術をメインに解答を求められていると解釈することが妥当であろう。

ロ　制約条件
設問文には，直接的な制約条件は見当たらない。

②関連する与件と基本知識から解答を導く

　関連すると考えられる与件文は，以下の部分である。

イ　A社経営者は，接客リーダーとともに会社として目指す方向性を明確にし，目的
　　意識の共有や意思の統一を図るチームづくりを行った。その結果，チームとして相
　　互に助け合う土壌が生まれ，従業員が定着するようになった。とりわけ接客におい
　　ては，自主的に問題点を提起し解決するような風土が醸成されていた（第8段落）。

ロ　A社よりは客単価を抑えて顧客回転率を高めるオペレーションであったため，接
　　客やサービスは省力化されてきた（第11段落）。

ハ　社内の従業員の業務に関しては，厨房，接客，管理の担当制がありX社経営者が
　　定めた業務ルーティンで運営されていた（第11段落）。

ニ　厨房，接客，管理の従業員は担当業務に専念するのみで横のつながりが少なく，
　　淡々と日々のルーティンをこなしている状況であった。店舗レイアウトやメニュー
　　の変更などの担当を横断する意思疎通が必要な場合，X社経営者がそれを補ってい
　　た（第11段落）。

　（設問1）は，どのように組織の統合を進めていくべきか助言させる問題である
が，実は本問の設問文に，非常に重要な情報が入っているのがわかるだろうか。

　2つの設問に共通するリード文中に「経営統合」という文言があるが，この文言だ
けでは統合の形態が子会社化系であるのか，合併系であるのかは不明である。しか
し，（設問1）の設問文に「組織の統合」という文言があり，これを1次知識に基づ
き解釈すれば，合併系であることがわかる。なぜなら，子会社化系のM&Aであるな
らば，A社とX社は統合後も別法人のまま残るため，組織と組織が統合することは，
原理的に起こりえないからである。

　組織論の見地からみた合併に伴うデメリットの最大のものは，組織文化の違いによ
る軋轢（フリクション）である。ただし，似たような組織風土同士の統合ならば，軋
轢は最小限で済む。

　そこで本事例をみると，与件文イでは，A社についてバーナードの「組織成立の3
要件」のうち，「共通目的」と「コミュニケーション」が明確に充足されており従業
員も定着していることから，「貢献意欲」も問題ないことが推察される。それに対し
て，X社の状況は，与件文ロより，接客の重要性がそもそも低いことがわかる。

　また，与件文ハより，従業員は業務ルーティンに従い淡々と業務をこなしており，
共通目的も不明確であることが推測される。さらに，与件文ニには，全社的にコミュ
ニケーションが不足していることが示唆されている。

統合に当たっては，そのあたりの組織風土（意識）について意図的に変えていく必要がある。

1次知識として，組織文化の変革には，解答例に挙げたような，①トップ主導で，②しっかりと意思疎通をしながら，③時間をかけて行うことが必要である。

また，通常は合併のプラス面として，多様な思考を持つ従業員の融合により創造性を発揮できるという点があるが，本事例では，A社がX社従業員から学ぶべきものが与件文中の記述に見当たらない。また，字数の都合からも，解答内容に入れる判断にはならない。

(2) **過去問題との類似点・相違点**
過去にあまり出題例のない問題である

（設問2）

(1) **解答を導く思考プロセス**

①設問から出題の趣旨と制約条件を分析する

イ　出題の趣旨

本問は，A社がどのような事業を展開していくべきか，競争戦略や成長戦略の観点から問われており，レイヤーは戦略の助言問題である。

第4問では，2つの設問とも，A社とX社の経営統合過程のマネジメントについて問われている。そのことを考慮すると，A社がX社との経営統合という外部成長戦略をとることを前提として，どのような事業展開をすることが効果的かを解答する必要がある。

ロ　制約条件

「競争戦略や成長戦略の観点から」という制約条件がある。

②関連する与件と基本知識から解答を導く

関連すると考えられる与件文は，以下の部分である。

イ　看板となるオリジナルメニューを開発し，近隣の競合する外食店とは異なる，商品とサービスの質を高めることで，差別化を行った（第7段落）。

ロ　近隣の原材料の仕入れ業者の高齢化によって，原材料の仕入れが不安定になり，新たな供給先の確保が必要となりつつある（第7段落）。

ハ　店舗は50席で一見の駅利用者や通勤客をターゲットとしており，……（第11段落）。

ニ　X社経営者の個人的なつながりがある中堅の食品卸売業者より仕入れていた。この食品卸売業者は，地元産の高品質な原材料をも扱う生産者と直接取引をしていた

（第11段落）。

ホ　ただ，駅構内に出店した大手外食チェーンとの価格競争は難しく，商品やサービスの差別化が必要であった（第12段落）。

ヘ　鉄道の最寄り駅からバスで20分ほど離れた県道沿いに立地し，当時はまだ農地の中に住宅が点在する閑散とした中での開業であった（第1段落）。

ト　近年では，地域の食べ歩きを目的とした外国人観光客や若者が増え始めた。とりわけSNSの口コミやグルメアプリを頼りに，公共交通機関を利用する来訪者が目立つようになった（第13段落）。

　M&Aによる成長を考えるときに1次知識として検討するべき最重要なポイントは，シナジー効果があるかどうかである。

　与件文イとホには，A社は差別化に成功しているのに対し，X社は価格競争で苦しんでおり，差別化が必要であることが記述されている。ここでは，A社のオリジナルメニュー等の経営資源を使うことで改善が見込める。

　また，与件文ロには，第1問で弱みに指摘したA社の仕入れ先に関する問題が示されているが，与件文ニは，それが解決できることを示唆している。

　次に与件文ヘには，A社の立地についての記述がある。1960年代の古い記述ではあるが，その後どこかに移転した旨の記述がないので変わりはないと考える。対して，X社の立地については，直接の記述はないが，与件文ハに「一見の駅利用者」とあることから，駅近であることが推測できる。

　さらに，与件文トによれば，機会として「地域の食べ歩きを目的とした外国人観光客や若者が増え始めた」とあり，さらに，「公共交通機関を利用する来訪者が目立つ」とあることから，新規需要を獲得するにはX社の立地が有利であることがわかる。

　バスももちろん公共交通機関ではあるが，大都市近郊の鉄道駅に比べると，新規需要獲得という面からはA社の立地がX社より劣ることは間違いない。ここでも，X社を統合すれば，シナジー効果を生かすことができると考えられる。

⑵　過去問題との類似点・相違点

　今後の助言であれ過去の分析であれ，本問のようなA社の戦略について問う問題は非常に多い。ところが多くの受験者が最初のレイヤー判断が甘く，そのことに気が付かないまま答案を考えている。本年度は例外的に出題者が「戦略」と明示してくれているが，来年度以降も，この傾向が続くかどうかはわからない。

　レイヤー違いは，大事故ひいては不合格に直結する。また，コンサルタント実務で

もすべてはレイヤー判断から入る。その意味でも，問題のレイヤー判断が不安な受験者は，基本に戻ってしっかりと復習をしてほしい。

平野純一（KEC ビジネススクール主任講師　中小企業診断士）

中小企業の診断及び助言に関する実務の事例Ⅱ

　B社は資本金500万円，従業者数は2代目社長を含めて8名（うちパート3名）で，スポーツ用品の加工・販売を行っている。現在の事業所は，小売1店舗（ユニフォームなどの加工，刺しゅうを行う作業場併設）である。取扱商品は野球，サッカー，バスケットボールやバレーボールなどの球技用品，陸上用品，各種ユニフォーム，ジャージーなどのトレーニング用品，テーピングやサポーターなどのスポーツ関連用品などである。また，近隣の公立小中学校の体操服や運動靴も扱っている。

　B社はX県の都市部近郊に立地する。付近にはJRと大手私鉄が乗り入れている駅があり，交通の便がよいため，住宅街が広がり，戸建てやアパート，マンションなどから構成されている。駅前は商店が多く，スーパーを中心に各種専門店や飲食店などがあり，買い物も便利でにぎわっている。

　また，B社のある町の中には幹線道路が通っていて，自動車での移動も便利である。すぐ近くには大きな河川があり，河川敷がスポーツ施設として整備され，野球場，サッカー場，多目的広場などがある。近隣の強豪社会人野球チームがここを借りて練習しているということで地域住民の野球熱が高く，野球場の数も通常の河川敷に比べるとかなり多い。

　B社は1955年にこの地で衣料品店として，初代社長である，現社長の父が開業した。1960年代から付近の宅地開発が始まり，居住者が急激に増えた。同時に子どもの数も増えてきたため，公立小中学校が新たに開校し，公立小中学校の体操服や運動靴を納品する業者として指定を受けた。この際，体操服に校章をプリントしたり，刺しゅうでネームを入れたりする加工技術を初代社長が身に付けて，この技術が2代目社長にも継承されている。

　子どもの数が増えてきたことと，河川敷に野球場が整備されたこと，さらにはプロ野球の人気が高まってきたことなどがあり，1970年代初頭から少年野球チームがこの地域で相次いで設立された。初代社長の知り合いも少年野球チームを設立し，B社はユニフォームや野球用品の注文について相談を受けた。ユニフォームについては衣料品の仕入れルートから紹介を受けて調達し，自店舗の作業場でチーム名や背番号の切

り文字の切り抜き，貼り付け加工をすることができた。また，ユニフォームの調達を通じて野球用品の調達ルートも確保できた。1970年代初頭，まだ付近にはスポーツ用品を扱う店舗がなかったため，複数の少年野球チームから野球用品の調達について問い合わせを受けるようになり，ちょうど事業を承継した2代目社長はビジネスチャンスを感じ，思い切って衣料品店をスポーツ用品店に事業転換することとした。

1970年代から1980年代までは少年野球が大変盛んであり，子どもの数も多く，毎年多くの小学生が各少年野球チームに加入したため，4月と5月には新規のユニフォームや野球用品の注文が殺到した。

低学年から野球を始めた子どもは，成長に伴って何度か，ユニフォーム，バット，グラブ，スパイクといった野球用品を買い替えることになる。B社は各少年野球チームから指定業者となっていたので，こうした買い替え需要を取り込むことに成功しており，また，チームを通さなくても個別に買い物に来る顧客を囲い込んでいた。さらに，年間を通じて，各チームに対してボール，スコア表，グラウンドマーカー（ラインを引く白い粉）などの納入もあった。

1990年代初頭にはJリーグが開幕し，河川敷にサッカー場も整備され，今度は急激に少年サッカーチームが増えたため，B社はサッカー用品の品揃えも充実させ，各少年サッカーチームとも取引を行うように事業の幅を広げていった。

子どもたちのスポーツ活動が多様化してきたので，バスケットボールやバレーボールなどの球技用品，陸上用品などの扱いにも着手し，中学校の部活動にも対応できるように取扱商品を増やしていった。

しかし，2000年代に入ると，付近にサッカーやバスケットボール用品の専門店が相次いで開業し，過当競争になった。これらの専門店と比べると，B社は品揃えの点で見劣りがしている。また，数年前には自動車で15分ほどの場所に，大型駐車場を備えてチェーン展開をしている大型スポーツ用品量販店が出店した。その量販店では，かなり低価格で販売されているため，B社は価格面で太刀打ちができない。

そこでB社は，品揃えと提案力に自信のある野球用品をより専門的に取り扱っていくこととした。

古くから取引がある各少年野球チームは，B社の各種有名スポーツブランド用品の取り揃え，ユニフォーム加工技術や納品の確かさ，オリジナルバッグなどのオリジナル用品への対応力，子どもたちの体格や技術に応じた野球用品の提案力などについて高く評価しており，チームのメンバーや保護者には，引き続きB社からの購入を薦めてくれている。

ユニフォームやオリジナル用品などは，各チームに一括納品できる。しかし，メンバーの保護者から，価格面でのメリットなどを理由に，大型スポーツ用品量販店で汎用品の個別購入を希望された場合，各チームの監督ともB社で購入することをなかなか強く言えなくなっている。

　また，成長に伴う買い替えや，より良い用品への買い替えも保護者には金銭的な負担となっていて，他の習い事もあり，買い替えの負担を理由に野球をやめてしまう子どもたちもいるということでB社は相談を受けていた。

　さらに，野球をやりたいという子どもの確保も各チームの課題となっている。従来のようにポスターを貼ったりチラシを配布したりするといった募集活動に加え，SNSを用いた募集活動への対応がある。また，女子の軟式野球が盛んになってはいるものの，まだまだ少ない女子の参加希望者を増やしていくことも課題である。どのチームも女子のメンバー獲得に苦しんでいる。

　他には，チームやそのメンバーのさまざまなデータ管理についても，たとえばスマートフォンを使って何かできないかとB社は相談を受けていた。

　2代目社長は，ICT企業に勤めている30代の長男がB社を事業承継する決意をして戻ってくるのを機に，次のような事業内容の見直しをすることとした。

　第1に，総合的なスポーツ用品を扱いながらも，1970年代に事業転換したときからの強みである，野球用品の強化をさらに進める。特に子どもたち一人一人の体格や技術，特性に応じた商品カスタマイズの提案力をより強化することで，大型スポーツ用品量販店との差別化を図る。

　第2に，各少年野球チームの監督とのより密接なコミュニケーションを図り，各チームのデータ管理，メンバーや保護者の要望の情報把握，および相談を受けた際のアドバイスへの対応を進める。また，用品に関する買い替えなどの多様なニーズに応えるいくつかの販売方法を導入する。

　第3に，女子の軟式野球が盛んになってきたことに着目し，女子メンバー獲得に苦しんでいるチームを支援し，女子向けの野球用品の提案力を高め，新規顧客としての女子チームの開拓を行う。

　第4に，インターネットの活用の見直しである。現在は店舗紹介のホームページを設けている程度である。今後，このホームページにどのような情報や機能を搭載すべきか，また，SNSやスマートフォンアプリの活用方法についても検討し，顧客との関係性強化を考えている。

　B社社長は，自社の強みを生かせる新たな事業展開ができるよう，中小企業診断士

に助言を求めた。

第1問（配点30点）
　B社の現状について，3 C（Customer：顧客, Competitor：競合, Company：自社）分析の観点から150字以内で述べよ。

第2問（配点20点）
　低学年から野球を始めた子どもは，成長やより良い用品への願望によって，ユニフォーム，バット，グラブ，スパイクといった野球用品を何度か買い替えることになるため，金銭的負担を減らしたいという保護者のニーズが存在する。
　B社は，こうしたニーズにどのような販売方法で対応すべきか，プライシングの新しい流れを考慮して，100字以内で助言せよ（ただし，割賦販売による取得は除く）。

第3問（配点20点）
　女子の軟式野球チームはメンバーの獲得に苦しんでいる。B社はメンバーの増員のために協力することになった。そのためにB社が取るべきプロモーションやイベントについて，100字以内で助言せよ。

第4問（配点30点）
　B社社長は，長期的な売上げを高めるために，ホームページ，SNS，スマートフォンアプリの開発などによるオンライン・コミュニケーションを活用し，関係性の強化を図ろうと考えている。誰にどのような対応をとるべきか，150字以内で助言せよ。

解答の着眼

●出題傾向

(1) 事例のテーマ・概要

　本年度の事例Ⅱは，自社の強みを生かした新たな事業展開をテーマとしたマーケティング戦略事例である。
　B社は，X県の都市部近郊に立地するスポーツ用品の加工・販売を行う事業者である。1955年に衣料品店として開業してから，地域の発展とともに成長してきた。

地域の野球人気の高まりを受け，2代目社長に事業承継したタイミングでスポーツ用品店に事業転換し，少年野球チームの指定業者として，買い替え需要の取り込みや顧客の囲い込みに成功した。

その後，子どもたちのスポーツ活動の多様化にあわせて品揃えの幅を広げて総合化し，取扱商品を増加させたが，2000年代以降に各種専門店や大型スポーツ用品量販店などが開業したため，野球用品をより専門的に扱っていく方向へと業態転換を図った。

さまざまな環境変化の中で，3代目社長への事業承継を目前として，現社長は自社の強みを生かした新たな事業展開ができるように中小企業診断士に助言を求める，というストーリーとなっている。

⑵　事例全体の特徴

久しぶりに小売業からの出題であった。ここ数年，製造業の出題が続いており，昨年度では製造業で直営小売店を持っているという設定であったが，純粋な小売業は平成29年度に寝具小売業が出題されて以来，6年ぶりである。

形式面では，与件文が3ページを超えており，過去問史上，最も与件文量が多い。図表等は添付されていない。問題数は4問，解答文字数は500字（150字×2，100字×2）以内という構成になっており，例年並みの記述量である。内容面では，環境分析問題で3C分析が出題された以外は，すべて今後に対する助言が問われていることなど，昨年度を踏襲する出題傾向となっている。

与件情報や設問文の制約条件が多いため，情報を整理・把握する負担は大きい。解答の方向性については，与件情報に基づいて丁寧に処理すれば大外しを避けることが可能で，ある程度の得点が望めただろう。

しかし，問題数が少ない分，1問あたりの配点が大きく，80分という限られた状況の中でミスなく的確に対応するのは難しかった。また，与件情報から乖離したアイデア論を書きやすい点も難易度を上げていた。

⑶　設問別の特徴
第1問

B社の現状について，3C分析が求められている。解答字数が150字（以内）で，顧客・競合・自社について必要要素をバランスよく記述したい。基本的には，SWOT分析の処理と同様に，与件文中の情報を抜き出して要素別にまとめればよいだろう。

第2問

野球用具の買い替えにかかる金銭的負担を減らしたい保護者のニーズに対する販売方法が問われている。制約条件は，割賦販売による取得を除き，プライシングの新しい流れを考慮することである。

設問文が長いため，設問要求と制約条件の把握を丁寧に行う必要がある。「プライシングの新しい流れ」については与件情報にヒントがまったくないため，1次知識や中小企業白書などの事例を参考にしながら，どこまでまとめられたかがポイントとなる。

第3問

女子の軟式野球チームのメンバー増員に対して，B社の取るべきプロモーションやイベントが問われている。プロモーションの切り口やイベントに関する過去問の出題パターンを理解できていれば，対応はそこまで難しくない。ここでは，確実に得点をしておきたい。

第4問

長期的な売上を高めるために，ホームページ，SNS，スマートフォンアプリの開発によるオンライン・コミュニケーション活用，関係性強化についての助言が求められている。制約条件は，誰にどのような対応を取るべきかを明確にすることである。

配点が30点と多く，解答字数は150字（以内）と設定されているため，設問要求と制約条件を踏まえて丁寧にまとめなければならない。与件文中にヒントとなる記述が多く，大まかな方向性はわかるものの，設問に的確に解答するためには情報の取捨選択や集約が必要であり，どこを切り取るかによってかなり解答内容がバラつくことが予想される。的確な対応をすることは難しい。

(4) 制約条件の重要性

昨年度に引き続き，本年度もすべての設問文の中に何らかの制約条件が付されていた。受験者の解答のバラツキを一定範囲内に収めるための制約条件であるが，答案作成のヒントにもなる。この制約条件に従い，忠実に解答することができたかどうかが，得点に大きく影響したと思われる。

(5) 設問構造

2次試験の問題は，環境分析，戦略策定，戦術策定（機能戦略問題）の3つのレイヤーに分けることができる。本年度の事例Ⅱは，図表のように第1問で定番の3Cで

図表　本年度事例Ⅱの設問構造

第1問	環境分析問題	3C分析
第2問	新規販売方法	プライシングの新しい流れ
第3問	プロモーション	プロモーション・イベント
第4問	オンライン対応	HP・SNS・スマホアプリ

環境分析を行うほかは，戦術寄りの出題が多かった。

　そのため，解答に具体性を持たせられるかどうかが得点差となるだろう。設問の切り分け自体は，そこまで難しくない。

●解答例

第1問（配点30点）

顧客：少年野球チームの監督，メンバーや保護者。競合：球技用品専門店や大型スポーツ用品量販店。自社：野球用品の品揃え，刺しゅう加工技術や納品の確かさ，オリジナル用品への対応力，体格や技術に応じた提案力，公立小中学校と各少年野球チームの指定業者である点が強み。価格対応力とインターネットの活用不足が弱み。

第2問（配点20点）

販売方法は，サブスクリプションである。①定額料金で交換可能とし，子どもの成長やより良い用品への願望，金銭的負担を減らしたい保護者のニーズに応える。②子どもの体格や技術に応じて最適な野球用品の提案を行う。

第3問（配点20点）

プ	ロ	モ	ー	シ	ョ	ン	は	、	B	社	店	頭	に	募	集	ポ	ス	タ	ー
や	チ	ラ	シ	の	設	置	、	女	子	向	け	野	球	用	品	の	展	示	、
S	N	S	で	女	子	野	球	の	魅	力	訴	求	を	行	う	。	イ	ベ	ン
ト	は	、	河	川	敷	の	野	球	場	で	野	球	体	験	会	を	開	催	し
女	子	チ	ー	ム	の	紹	介	や	用	具	の	提	案	を	行	う	。		

第4問（配点30点）

①	少	年	野	球	チ	ー	ム	の	メ	ン	バ	ー	や	保	護	者	に	対	し
ホ	ー	ム	ペ	ー	ジ	に	一	人	一	人	の	体	格	や	技	術	、	特	性
に	応	じ	た	商	品	カ	ス	タ	マ	イ	ズ	提	案	情	報	や	購	入	機
能	を	搭	載	し	、	S	N	S	で	要	望	の	情	報	収	集	や	相	談
ア	ド	バ	イ	ス	を	行	う	。	②	監	督	に	対	し	、	密	接	な	コ
ミ	ュ	ニ	ケ	ー	シ	ョ	ン	で	デ	ー	タ	項	目	を	把	握	し	、	ス
マ	ー	ト	フ	ォ	ン	ア	プ	リ	で	各	チ	ー	ム	に	必	要	な	デ	ー
タ	管	理	を	可	能	に	す	る	。										

●解説

【第1問】

(1) 設問解釈

　昨年度に引き続き，３Ｃ分析問題の出題である。３Ｃ分析の処理手順は，SWOT分析のセオリーを流用できる。

(2) 解答を導く思考プロセス

①問題の制約条件を確認する

　「Ｂ社の現状について」とあるため，時制が現在の記述や段落に着目すればよい。この基準を満たさない解答要素は不可となる。

②関連する与件と基本知識から解答を導く

　与件文から，Ｂ社の顧客・競合・自社に関する情報を抽出し分析を行う。

【顧客に関する記述】

顧客を分析する場合，まず与件文中に記述されている登場人物や企業，団体などをチェックし，B社の強みが生かせるかという観点で取捨選択すればよい。

イ　近隣の公立小中学校の体操服や運動靴も扱っている（第1段落）。

ロ　近隣の強豪社会人野球チームがここを借りて練習している……（第3段落）。

ハ　古くから取引がある各少年野球チームは……（第12段落）。

ニ　しかし，メンバーの保護者から，価格面でのメリットなどを理由に，大型スポーツ用品量販店で汎用品の個別購入を希望された場合，各チームの監督ともB社で購入することをなかなか強く言えなくなっている（第13段落）。

ホ　また，女子の軟式野球が盛んになってはいるものの，まだまだ少ない女子の参加希望者を増やしていくことも課題である（第15段落）。

第11段落にあるように，B社は野球用品の品揃えと提案力に自信があり，専門的に取り扱っていくことが基本戦略となっている。与件文ハから，少年野球チームと古くから取引があることが読み取れるので，与件文イ，ロの要素は顧客としての優先度が低い。また，与件文ホの女子については，今後，新規顧客として開拓していく対象であり，「現状」という制約条件から逸脱する。よって，与件文ハ，ニの少年野球チームに関連する対象者を顧客とすればよい。

【競合に関する記述】

競合については，与件文の次の記述に注目する。

イ　付近にサッカーやバスケットボール用品の専門店が相次いで開業し，過当競争になった。……また，数年前には自動車で15分ほどの場所に，大型駐車場を備えてチェーン展開をしている大型スポーツ用品量販店が出店した（第10段落）。

現状の競合についての記述は与件文イのみであり，必要な解答要素を抜き出して対応すればよい。なお，B社は野球用品をより専門的に取り扱っていることから，サッカーやバスケットボール用品専門店（球技用品専門店）は競合にはならないと判断することもできる。しかし，以下の与件文ロにあるように，現状の品揃えに含まれているため，競合として解答要素に含めたほうが安全である。

ロ　取扱商品は野球，サッカー，バスケットボールやバレーボールなどの球技用品，陸上用品，各種ユニフォーム，ジャージーなどのトレーニング用品，テーピングやサポーターなどのスポーツ関連用品などである（第1段落）。

【自社に関する記述】

昨年度の出題と同様に，3C分析の自社については，強み・弱みの両面で処理すべ

きである。

　与件文の強みに関する記述に注目する。

イ　体操服に校章をプリントしたり，刺しゅうでネームを入れたりする加工技術を初
　代社長が身に付けて，この技術が2代目社長にも継承されている（第4段落）。

ロ　B社は各少年野球チームから指定業者となっていたので，こうした買い替え需要
　を取り込むことに成功しており，また，チームを通さなくても個別に買い物に来る
　顧客を囲い込んでいた（第7段落）。

ハ　そこでB社は，品揃えと提案力に自信のある野球用品をより専門的に取り扱って
　いくこととした（第11段落）。

ニ　古くから取引がある各少年野球チームは，B社の各種有名スポーツブランド用品
　の取り揃え，ユニフォーム加工技術や納品の確かさ，オリジナルバッグなどのオリ
　ジナル用品への対応力，子どもたちの体格や技術に応じた野球用品の提案力などに
　ついて高く評価しており……（第12段落）。

ホ　事業転換したときからの強みである，野球用品の強化をさらに進める（第18段落）。

　強みについては，今後の戦略や後の設問との関連性を意識して抽出する。

　次に，弱みに関する記述に注目する。

ヘ　これらの専門店と比べると，B社は品揃えの点で見劣りがしている。……その量
　販店では，かなり低価格で販売されているため，B社は価格面で太刀打ちができな
　い（第10段落）。

ト　インターネットの活用の見直しである。現在は店舗紹介のホームページを設けて
　いる程度である（第21段落）。

　弱みについては，後の設問で解決される点を指摘する。

　本問のような環境分析問題に対しては，的確な処理方法を確立しておいてほしい。
そもそも，環境分析をする目的は，強みを今後の戦略に生かし，弱みを克服するため
である。つまり，与件文から単に解答要素を抽出するだけでは不十分で，後の設問と
の整合性や一貫性を意識して要素を絞り込む処理が重要となる。

【第2問】

(1)　設問解釈

　子どもの成長に伴う野球用品の買い替えについて，金銭的負担を減らしたいという
保護者のニーズに対する販売方法が問われている。一見，アイデアが求められている
ように思えても，設問要求や制約・ヒントを丁寧に読み解き，素直に，誰でも書ける

内容に落とし込むことを意識したい。

(2) 解答を導く思考プロセス

①問題の制約条件を確認する

「プライシングの新しい流れを考慮して」，「割賦販売による取得は除く」という制約があり，この両方を満たした販売方法でなければならない。

②関連する与件と基本知識から解答を導く

プライシングの新しい流れについての与件情報は記述されていない。また，過去問においても，プライシングについて触れた出題実績はない。そのため，１次知識などを活用して対応しなければならない。

与件文と設問文の買い替えや保護者のニーズに関する記述に着目する。

イ 低学年から野球を始めた子どもは，成長に伴って何度か，ユニフォーム，バット，グラブ，スパイクといった野球用品を買い替えることになる（第７段落）。

ロ 成長に伴う買い替えや，より良い用品への買い替えも保護者には金銭的な負担となっていて……（第14段落）。

ハ 低学年から野球を始めた子どもは，成長やより良い用品への願望によって，ユニフォーム，バット，グラブ，スパイクといった野球用品を何度か買い替えることになるため，金銭的の負担を減らしたいという保護者のニーズが存在する（第２問設問文）。

１次知識を確認すると，令和３年度の企業経営理論第32問では，サブスクリプション・サービスとダイナミック・プライシングについて出題されている。金銭的負担を減らしたいというニーズに対し，ダイナミック・プライシングは低価格のときはよいが，高価格になった場合，十分に対応できない。一方，サブスクリプション・サービスは基本的に定額料金の体系になっているため，一定額に金銭的負担を抑えることができる。

また，与件文の次の記述にも着目し，助言には強みの活用を盛り込みたい。

ニ Ｂ社社長は，自社の強みを生かせる新たな事業展開ができるよう，中小企業診断士に助言を求めた（第22段落）。

このことも踏まえ，社長が望んでいるＢ社の強みを生かせる助言として，第１問の３Ｃ分析を参考にしながら解答をまとめることになる。

【第3問】

(1) 設問解釈

　女子の軟式野球チームのメンバー獲得に協力するための，プロモーションとイベントが問われている。設問要求自体はシンプルであるが，なぜ，B社自身のプロモーションやイベントではなく，わざわざ女子の軟式野球チームのメンバー増員に協力をするのか，社長の戦略意図を意識する必要がある。

(2) 解答を導く思考プロセス

①設問の制約条件を確認する

　プロモーションやイベントについての助言が求められている。事例Ⅱのセオリーをうまく活用したい。プロモーションの切り口については，「プル・プッシュ」や「情報収集・情報発信」など，定番の処理をすればよい。イベントは，顧客接点をどのようにデザインするかがポイントである。

②関連する与件と基本知識から解答を導く

　メンバーの募集活動に関する与件文の記述を確認する。

イ　従来のようにポスターを貼ったりチラシを配布したりするといった募集活動に加え，SNSを用いた募集活動への対応がある（第15段落）。

　ポスター貼り付けとチラシ配布，SNSなどがヒントとして読み取れる。このヒントを素直に活用し，B社でもポスターやチラシ，SNSを活用する方向でまとめればよい。

　また，社長の戦略意図を確認すると，次のような記述が見つかる。

ロ　女子の軟式野球が盛んになってきたことに着目し，女子メンバー獲得に苦しんでいるチームを支援し，女子向けの野球用品の提案力を高め，新規顧客としての女子チームの開拓を行う（第20段落）。

　メンバー獲得を支援するのは，女子の軟式野球が盛んになっている機会に対して，B社の強みである野球用品の品揃えと提案力を生かした戦略展開を意図していることがわかる。そこで，女子向けの野球用品を店頭展示することで注目を集め，ポスターやチラシの募集へとつなげていく流れでまとめたい。次に，イベントについては，女子野球に関連させてシンプルに野球体験や野球教室などが発想できればいいだろう。

ハ　近隣の強豪社会人野球チームがここを借りて練習しているということで地域住民の野球熱が高く，野球場の数も通常の河川敷に比べるとかなり多い（第3段落）。

　野球熱も高く，河川敷に野球場も多く存在することがわかる。ここも素直に，河川

敷の野球場で開催する方向でまとめればよい。また、第2問と同様、B社の強みの活用も盛り込んでまとめたい。

【第4問】

(1) 設問解釈

ホームページ、SNS、スマートフォンアプリの開発などによる、オンライン・コミュニケーションを活用した関係性の強化が問われている。具体的に3つのオンライン・コミュニケーションが挙げられているため、それぞれの活用方法について丁寧に助言すればよい。

(2) 解答を導く思考プロセス

①問題の制約条件を確認する

オンライン・コミュニケーション活用で、「誰に」、「どのような対応」を取るべきかを明示しなければならない。「誰に」は、第1問の3C分析で指摘した顧客ターゲット（少年野球チームの監督、少年野球チームメンバーや保護者）との一貫性が重要である。

また、「どのような対応」の部分は、具体的にどうやって関係性強化を図っていくのかがわかる内容であり、長期的な売上向上につながる提案でなければならない。

②関連する与件と基本知識から解答を導く

与件文の次の記述に注目する。

イ　特に子どもたち一人一人の体格や技術、特性に応じた商品カスタマイズの提案力をより強化することで、大型スポーツ用品量販店との差別化を図る（第18段落）。

ロ　各少年野球チームの監督とのより密接なコミュニケーションを図り、各チームのデータ管理、メンバーや保護者の要望の情報把握、および相談を受けた際のアドバイスへの対応を進める（第19段落）。

ハ　インターネットの活用の見直しである。現在は店舗紹介のホームページを設けている程度である。今後、このホームページにどのような情報や機能を搭載すべきか、また、SNSやスマートフォンアプリの活用方法についても検討し、顧客との関係性強化を考えている（第21段落）。

与件文ハから、ホームページに搭載すべき情報や機能を検討していることがわかる。ホームページは情報提供や情報収集、ネット販売などに活用することができる。

B社の強みを生かす方向性で考えると、与件文イにある子どもたち一人一人の体格

や技術，特性に応じた商品カスタマイズの提案力や品揃えについての情報提供ができるだろう。これにより，顧客ターゲットとの関係性強化につながり，販売機能を搭載すれば売上向上に寄与することになる。

SNS について，過去問の定番処理は，双方向コミュニケーションである。与件文ロのメンバーや保護者の要望の情報把握や相談対応などは双方向性が必要なやりとりであり，SNS に適している。

スマートフォンアプリの開発については，与件文ロにある「監督とのより密接なコミュニケーション」，「各チームのデータ管理」に活用できる。

解答例は以上の検討をまとめたものであるが，本問は，解答内容にかなりバラツキが出る設問だと思われる。過去問のパターンからみると，このような設問の場合は，ある程度，論理の一貫性や実現可能性，与件文との整合性などの点が評価されれば，加点される傾向にある。とはいえ，試験対策としては，解答例のように与件文に忠実に，設問要求を処理する基本的な手順を身につけておきたい。

●学習のポイント

(1) 事例別の処理パターンの構築

2次試験では，異なる4つの事例が出題される。与件文も事例ごとに特徴が異なるため，与件文中の単語の捉え方やチェックするポイントは，事例ごとに変えなければならない。

また，与件文には，受験者を解答に導くように，各事例特有のヒントやキーワードが盛り込まれているが，それに気づくことができなければ，解答の方向性を外したり，解答要素を漏らしてしまうことになる。こうした事態を避けるためにも，事例ごとに与件文の読み方を最適化させる必要がある。考え方についても同様で，事例別に適切な処理をする思考力が求められる。

2次試験対策として重要なのは，与件文・設問文というインプットに対して，適切な処理を行い，解答というアウトプットを出すことにある。この処理方法が決まっていなかったり，毎回バラバラだったりすると，当然，答案の品質が落ちることになる。

(2) 過去問分析

2次試験では，他の受験者より優れた解答を書く必要はない。中小企業診断士として，あたりまえのことをあたりまえに書ければ合格できる。だからこそ，過去問演習で，「診断士としてのあたりまえ」の感覚を身につけておかなければならない。

1次試験と違って，2次試験ではある程度，解答に幅が認められる。野球のストライクゾーン（ゾーンの広さは，設問ごとに異なるが）をイメージするとわかりやすいだろう。仮に，過去問をまったく学習していなかった場合は，ストライクゾーン自体がわからないまま，やみくもにボールを投げるようなものである。

　そのような最悪な事態にならないためにも，日ごろから過去問に慣れ親しみ，「このように問われたら，こう処理する」などと，自分自身のノウハウを積み重ねておく必要がある。

　そのためには，最低3年分，できれば5年分を目安に，可能な限り早く過去問演習に着手するようにしてほしい。

　　金城順之介（LEC専任講師　中小企業診断士／1級販売士）

中小企業の診断及び助言に関する実務の事例Ⅲ

【企業概要】

　C社は資本金3,000万円，従業員60名（うちパート従業員40名）の業務用食品製造業である。現在の組織は，総務部4名，配送業務を兼務する営業部6名，最近新設した製品開発部2名，製造部48名で構成されている。パート従業員は全て製造部に配置されている。

　C社は地方都市に立地し，温泉リゾート地にある高級ホテルと高級旅館5軒を主な販売先として，販売先の厨房（ちゅうぼう）の管理を担う料理長（以下，販売先料理長という）を通じて依頼がある和食や洋食の総菜，菓子，パン類などの多品種で少量の食品を受託製造している。

　高級ホテルの料理人を経験し，ホテル調理場の作業内容などのマネジメントに熟知した現経営者が，ホテル内レストランメニューの品揃えの支援を行う調理工場を標ぼうして1990年にC社を創業した。近年，販売先のホテルや旅館では，増加する訪日外国人観光客の集客を狙って，地元食材を使った特色のあるメニューを提供する傾向が強まっているが，その一方で材料調達や在庫管理の簡素化などによるコスト低減も目指している。そのためもあり，C社の受注量は年々増加してきた。

　2020年からの新型コロナウイルスのパンデミックの影響を受け，C社の受注量は激減していたが，最近では新型コロナウイルス感染も落ち着き，観光客の増加によって販売先のホテルや旅館の稼働率が高くなり，受注量も回復してきている。

【生産の現状】

　C社の製造部は，生産管理課，総菜製造課，菓子製造課，資材管理課で構成されている。総菜製造課には5つの総菜製造班，菓子製造課には菓子製造とパン製造の2つの班があり，総菜製造班は販売先ごとに製造を行っている。各製造班にはベテランのパートリーダーが各1名，その下にはパート従業員が配置されている。製造部長，総菜製造課長，菓子製造課長（以下，工場管理者という）は，ホテルや旅館での料理人の経験がある。

Ｃ社の工場は，製造班ごとの加工室に分離され，食品衛生管理上交差汚染を防ぐよ
うゾーニングされているが，各加工室の設備機器のレイアウトはホテルや旅館の厨房
と同様なつくりとなっている。

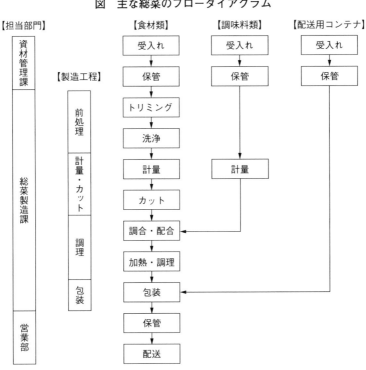

図　主な総菜のフローダイアグラム

　受注量が最も多い総菜の製造工程は，食材の不用部トリミングや洗浄を行う前処
理，食材の計量とカットや調味料の計量を行う計量・カット，調味料を入れ加熱処理
する調理があり，鍋やボウル，包丁など汎用調理器具を使って手作業で進められてい
る。

　Ｃ社の製造は，販売先から指示がある製品仕様に沿って，工場管理者３名と各製造
班のパートリーダーがパート従業員に直接作業方法を指導，監督して行われている。

　Ｃ社が受託する製品は，販売先のホテルや旅館が季節ごとに計画する料理メニュー
の中から，その販売先料理長が選定する食品で，その食材，使用量，作業手順などの
製品仕様は販売先料理長がＣ社に来社し，口頭で直接指示を受けて試作し決定する。

また納入期間中も販売先料理長が来社し，製品の出来栄えのチェックをし，必要があれば食材，製造方法などの変更指示がある。その際には工場管理者が立ち会い，受託製品の製品仕様や変更の確認を行っている。毎日の生産指示や加工方法の指導などは両課長が加工室で直接行う。

販売先料理長から口頭で指示される各製品の食材，使用量，作業手順などの製品仕様は，工場管理者が必要によってメモ程度のレシピ（レシピとは必要な食材，その使用量，料理方法を記述した文書）を作成し活用していたが，整理されずにいる。

受託する製品の仕様が決定した後は，C社の営業部員が担当する販売先料理長から翌月の月度納品予定を受け，製造部生産管理課に情報を伝達，生産管理課で月度生産計画を作成し，総菜製造課長，菓子製造課長に生産指示する。両製造課長は月度生産計画に基づき製造日ごとの作業計画を作成しパートリーダーに指示する。パートリーダーは，月度生産計画に必要な食材や調味料の必要量を経験値で見積り，長年取引がある食品商社に月末に定期発注する。食品商社は，C社の月度生産計画と食材や調味料の消費期限を考慮して納品する。食材や調味料の受入れと，常温，冷蔵，冷凍による在庫の保管管理は資材管理課が行っているが，入出庫記録がなく，食材や調味料の在庫量は増える傾向にあり，廃棄も生じる。また製造日に必要な食材や調味料は前日準備するが，その時点で納品遅れが判明し，販売先に迷惑をかけたこともある。

販売先への日ごとの納品は，宿泊予約数の変動によって週初めに修正し確定する。朝食用製品については販売先消費日の前日午後に製造し当日早朝に納品する。夕食用製品については販売先消費日の当日14：00までに製造し納品する。

【新規事業】

現在，C社所在地周辺で多店舗展開する中堅食品スーパーX社と総菜商品の企画開発を共同で行っている。X社では，各店舗の売上金額は増加しているが，総菜コーナーの売上伸び率が低く，X社店舗のバックヤードでの調理品の他に，中食需要に対応する総菜の商品企画を求めている。C社では，季節性があり高級感のある和食や洋食の総菜などで，X社の既存の総菜商品との差別化が可能な商品企画を提案している。C社の製品開発部は，このために外部人材を採用し最近新設された。この採用された外部人材は，中堅食品製造業で製品開発の実務や管理の経験がある。

この新規事業では，季節ごとにX社の商品企画担当者とC社で商品を企画し，X社が各月販売計画を作成する。納品数量は納品日の2日前に確定する。納品は商品の鮮度を保つため最低午前と午後の配送となる。X社としては，当初は客単価の高い数店

舗から始め，10数店舗まで徐々に拡大したい考えである。

　C社社長は，この新規事業に積極的に取り組む方針であるが，現在の生産能力では対応が難しく，工場増築などによって生産能力を確保する必要があると考えている。

第1問（配点10点）

　C社の生産面の強みを2つ40字以内で述べよ。

第2問（配点20点）

　C社の製造部では，コロナ禍で受注量が減少した2020年以降の工場稼働の低下による出勤日数調整の影響で，高齢のパート従業員も退職し，最近の増加する受注量の対応に苦慮している。生産面でどのような対応策が必要なのか，100字以内で述べよ。

第3問（配点20点）

　C社では，最近の材料価格高騰の影響が大きく，付加価値が高い製品を販売しているものの，収益性の低下が生じている。どのような対応策が必要なのか，120字以内で述べよ。

第4問（配点20点）

　C社社長は受注量が低迷した数年前から，既存の販売先との関係を一層密接にするとともに，他のホテルや旅館への販路拡大を図るため，自社企画製品の製造販売を実現したいと思っていた。また，食品スーパーX社との新規事業でも総菜の商品企画が必要となっている。創業から受託品の製造に特化してきたC社は，どのように製品の企画開発を進めるべきなのか，120字以内で述べよ。

第5問（配点30点）

　食品スーパーX社と共同で行っている総菜製品の新規事業について，C社社長は現在の生産能力では対応が難しいと考えており，工場敷地内に工場を増築し，専用生産設備を導入し，新規採用者を中心とした生産体制の構築を目指そうとしている。このC社社長の構想について，その妥当性とその理由，またその際の留意点をどのように助言するか，140字以内で述べよ。

解答の着眼

●出題傾向

本年度事例Ⅲの各設問の配点，解答字数，戦略レベルと題意は，以下のとおりである。

設問	配点	字数	戦略レベルと題意
第1問	10点	40字	【分析】環境分析→成長戦略 C社の生産面の強み2つ
第2問	20点	100字	【分析と提案】生産戦略 最近の増加する受注量への生産面の対応策
第3問	20点	120字	【分析と提案】生産戦略 最近の材料価格高騰の影響による収益性低下への対応策
第4問	20点	120字	【分析と提案】生産戦略 創業から受託品の製造に特化してきたC社の製品企画開発の進め方
第5問	30点	140字	【提案】成長戦略 C社社長の構想の妥当性とその理由，またその際の留意点

また，本事例で設定されているC社製品とその取引チャネルは，以下のように整理できる。

取引チャネル	C社の製品
（新規）C社所在地周辺で多店舗展開する中堅食品スーパーX社	中食需要に対応する季節性があり高級感ある和食や洋食の総菜の企画商品
（既存）温泉リゾート地にある高級ホテルと高級旅館5軒（主な販売先）	和食や洋食の総菜や菓子・パン類の多品種で少量の受託生産品

問題数は5問で，2つに大別できる構成になっている。1つは，成長戦略レベルの設問（第1問，第5問）で，小見出しの【企業概要】と【新規事業】を構成する形式段落を活用する。もう1つは，生産戦略レベルの設問（第2問，第3問，第4問）で，小見出し【生産の現状】を構成する形式段落を活用する。

なお，第4問は製品の企画開発についての設問であるものの，主に【生産の現状】

成長戦略レベル（2問）	生産戦略レベル（3問）
第1問，第5問【企業概要】，【新規事業】を構成する形式段落を活用	第2問，第3問，第4問【生産の現状】を構成する形式段落を活用

を構成する形式段落にリンクできるため，生産戦略レベルに含めている。

　成長戦略レベルの2つの設問は，第1問で【企業概要】を構成する形式段落から，C社の内部環境分析を行う。第5問の新規事業については，【新規事業】を構成する形式段落から，外部環境の変化を把握し，第1問の環境分析結果を踏まえて，題意であるC社社長の構想についての妥当性とその理由を判断することになる。「経営戦略は環境分析から導く」という定石から戦略発想するのがポイントになる。

　生産戦略レベルの設問を攻略するポイントは，解決すべき問題点を重複させないことである。つまり，第2問，第3問，第4問の各設問で解決すべき問題点について，「もれなくダブりなく」整理することである。そのために，【生産の現状】を構成している形式段落（第5段落から第12段落）を，題意に従って，設問ごとにリンクさせ，解決すべき問題点を整理してから，答案を作成することがポイントになる。

　なお，3つ目の小見出し【新規事業】を構成する形式段落のうち，第13段落の後半は，新規事業における総菜の商品企画の内容が説明されているため，第4問にリンクする与件情報と位置づける。

●解答例

第1問（配点10点）

①	多	品	種	で	少	量	の	食	品	の	受	託	製	造	力	，	②	材	料
調	達	や	在	庫	管	理	の	簡	素	化	に	よ	る	コ	ス	ト	低	減	力 。

第2問（配点20点）

対	応	策	は	，	①	各	加	工	室	の	レ	イ	ア	ウ	ト	を	総	菜	の
フ	ロ	ー	ダ	イ	ア	グ	ラ	ム	に	沿	っ	た	レ	イ	ア	ウ	ト	に	変
更	し	，	作	業	者	の	無	駄	な	移	動	を	な	く	す	，	②	総	菜
の	製	造	工	程	で	使	用	す	る	汎	用	調	理	器	具	を	専	用	調
理	器	具	に	変	更	し	，	機	械	化	や	自	動	化	を	進	め	る	。

第3問（配点20点）

対	応	策	は	，	①	資	材	管	理	課	が	食	材	や	調	味	料	の	入
出	庫	記	録	を	徹	底	し	て	行	い	，	デ	ー	タ	管	理	に	よ	り
在	庫	過	多	に	よ	る	廃	棄	ロ	ス	を	削	減	す	る	こ	と	，	②
販	売	先	ご	と	の	納	品	が	確	定	す	る	週	初	め	に	，	製	造
日	に	必	要	な	食	材	や	調	味	料	の	在	庫	確	認	を	行	い	，
納	品	遅	れ	に	よ	る	販	売	機	会	ロ	ス	を	削	減	す	る	こ	と	。

第4問（配点20点）

製	品	の	企	画	開	発	は	，	①	販	売	先	料	理	長	か	ら	指	示
さ	れ	た	製	品	仕	様	を	ま	と	め	た	レ	シ	ピ	を	整	理	し	，
自	社	企	画	製	品	の	開	発	を	進	め	，	②	販	売	先	料	理	長
の	直	接	指	示	に	よ	る	試	作	決	定	や	出	来	栄	え	の	チ	ェ
ッ	ク	の	際	に	，	製	品	開	発	部	も	立	ち	会	い	，	そ	の	開
発	過	程	も	生	か	し	X	社	の	商	品	企	画	を	進	め	る	。

第5問（配点30点）

C	社	社	長	の	構	想	は	妥	当	で	あ	る	。	理	由	は	，	①	C
社	の	受	託	製	造	力	を	生	か	し	X	社	の	総	菜	売	上	数	量
を	伸	ば	せ	る	為	，	②	C	社	の	コ	ス	ト	低	減	力	を	生	か
す	こ	と	で	X	社	は	高	い	客	単	価	を	維	持	で	き	る	為	。
留	意	点	は	，	①	納	品	数	量	確	定	か	ら	2	日	以	内	に	生
産	可	能	な	体	制	を	構	築	す	る	点	，	②	最	低	で	も	午	前
と	午	後	に	X	社	へ	配	送	可	能	な	体	制	を	構	築	す	る	点	。

●解説

【第1問】

(1) 設問文から書くべき答案骨子を描く

C社の「生産面の強み2つ」が問われているため，次のように，第5問の成長戦略

との関係を重視する必要がある。

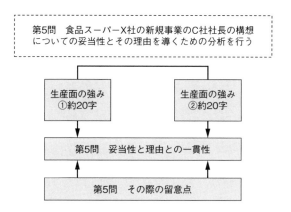

(2) 設問文と与件文をリンクさせ整理する

　1つ目の小見出し【企業概要】を構成する形式段落から，環境分析を行う。「生産面」という制約があるが，【生産の現状】を構成する形式段落には，強みではなく，問題点や課題が書かれており，本問で問われている生産面の強みとしては，第5問の新規事業につながる無形資源を指摘することになる。

　この点を踏まえて，【企業概要】を構成する形式段落（第1段落から第4段落）を読解すると，第1段落と第4段落からは，新規事業につながる内部経営資源の分析・把握はできず，残りの第2段落と第3段落から，生産面の無形資源を分析・把握することができる。

(3) 合格答案を作成する

　生産面の強み2つを40字で問われているため，1つあたり約20字前後をメドにコンパクトに答案を作成する必要がある。

　まず，第3段落の「現経営者が，ホテル内レストランメニューの品揃えの支援を行う調理工場を標ぼうして1990年にC社を創業した」という記述に着目する。このC社の使命（ミッション）を踏まえると，第2段落にある「販売先料理長を通じて依頼がある和食や洋食の総菜，菓子，パン類などの多品種で少量の食品を受託製造している」との情報が，C社の1つ目の強みとして特定できる。このうち，生産面を重要視して，コンパクトに解答欄に示すことになる。

　同様に，第3段落には，「近年，販売先のホテルや旅館では，……地元食材を使っ

た特色のあるメニューを提供する傾向が強まっているが，その一方で材料調達や在庫管理の簡素化などによるコスト低減も目指している」と販売先の動向が記されている。それに続き，「そのためもあり，Ｃ社の受注量は年々増加してきた」とまとめている。つまり，Ｃ社が標ぼうしている販売先の品揃えの支援を行う調理工場として，販売先に対し，地元食材を使った特色のあるメニューを提供するとともに，材料調達や在庫管理の簡素化などによるコスト低減も提供できていることになる。

このうち，「地元食材を使った特色のあるメニューを提供する」は，第２段落で特定した無形資源と重複する部分があるため，「材料調達や在庫管理の簡素化などによるコスト低減（力）」のほうを，Ｃ社の生産面のもう１つの強みと特定する。

第２段落と第３段落から「生産面の強み」を分析・把握すると，以下のように整理できる。

第２段落：強み１つ目	第３段落：強み２つ目
多品種で少量の食品を受託製造している（受託製造力）	材料調達や在庫管理の簡素化などによるコスト低減（力）

【第２問】

(1) 設問文から書くべき答案骨子を描く

「対応策」のみ問われているため，方法並列型の論理パターン（対応策２つ）を活用して，以下のような100字の答案骨子を描くことができる。

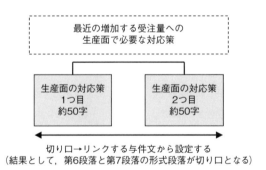

切り口→リンクする与件文から設定する
（結果として，第6段落と第7段落の形式段落が切り口となる）

(2) 設問文と与件文をリンクさせ整理する

設問文中の「コロナ禍で受注量が減少した2020年以降の工場稼働の低下による出勤日数調整の影響で，高齢のパート従業員も退職し……」という記述から，人手に頼らず，生産性を向上させる方向で思考する。

この点を意識すると，【生産の現状】の第7段落「受注量が最も多い総菜の製造工程は，……手作業で進められている」との記述に着目できる。つまり，最近の増加する受注量への対応に苦慮している中，受注量が最も多い総菜の製造工程（手作業）の生産性を高めることが課題となる。

　もう1つ，第6段落と第7段落の間に，「主な総菜のフローダイアグラム」の図が挿入されており，これは，第7段落で記された手作業のフローを示していると考えられる。なお，フローダイアグラムとは，原料の受入れから出荷までの流れをわかりやすくイメージできるように工程を書き出したもので，製造工程図とも呼ばれる。

　そして，図の前の第6段落には，C社工場のレイアウトの情報として，「製造班ごとの加工室に分離され，……各加工室の設備機器のレイアウトはホテルや旅館の厨房と同様なつくりとなっている」とある。つまり，フローダイアグラムの流れに沿った設備機器レイアウトになっていない可能性が示唆されている。

⑶　合格答案を作成する

　リンクできる第7段落と第6段落，そして，その間に挿入されている図から，以下のように整理する。

設問	第7段落	第6段落＋図
与件情報の着目点	受注量が最も多い総菜の製造工程は，……汎用調理器具を使って手作業で進められている。	各加工室の設備機器のレイアウトはホテルや旅館の厨房と同様なつくりとなっている。
問題点や課題の把握	人のスキルに頼る汎用調理器具での手作業は生産性が低い。	レイアウトとフローダイアグラムが必ずしも一致していない。
生産性を向上させる方向性	専用調理器具を導入して，作業の機械化や自動化を図る。	フローダイアグラムに合わせた設備機器のレイアウト見直し。

　まず，第7段落に記されている，汎用調理器具を使って手作業を行っている現状では，作業者のスキル（技能）によって生産性が左右されることになる。よって，必要な対応策は，生産性を高めるために，専用調理器具を導入して機械化や自動化を図ることをあげることができる。

　同様に，第6段落に記されている，各加工室の設備機器のレイアウトが販売先の厨房と同様のつくりになっている現状では，総菜のフローダイアグラムに沿った製造工程の設備配置になっておらず，生産効率が悪いと考えられる。よって，必要な対応策

は，生産性を高めるために，受注量が最も多い総菜の製造工程に沿った設備機器レイアウトに変更することで作業者の無駄な動きをなくすことが考えられる。

【第3問】

(1) 設問文から書くべき答案骨子を描く

「対応策」のみ問われているため，方法並列型の論理パターン（対応策2つ）を活用して，以下のような120字の答案骨子を描くことができる。

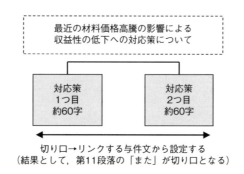

(2) 設問文と与件文をリンクさせ整理する

設問文中の「最近の材料価格高騰の影響が大きく，……収益性の低下が生じている」という記述を意識すると，【生産の現状】中の第11段落の5文目「食材や調味料の在庫量は増える傾向にあり，廃棄も生じる」に着目することができる。

そして，次の6文目の書き出し「また」の並列の接続語を踏まえると，収益性の低下の原因は，「廃棄ロス」と「販売機会ロス」の観点から，以下のように整理できる。

第11段落の5文目	第11段落の6文目
食材や調味料の受入れと，……在庫の保管管理は資材管理課が行っているが，入出庫記録がなく，食材や調味料の在庫量は増える傾向にあり，廃棄も生じる。	製造日に必要な食材や調味料は前日準備するが，その時点で納期遅れが判明し，販売先に迷惑をかけたこともある。
原因① 廃棄ロス＝費用増加	原因② 機会ロス＝売上低下

(3) **合格答案を作成する**

　まず，廃棄ロスが発生しないために，入出庫記録がない現状を改善する必要がある。対応策として，資材管理課が入出庫記録を行い，データ管理することが考えられる。これにより，食材や調味料の在庫量を把握することができ，過剰在庫による廃棄を防ぐことができる。

　次に，納期遅れで販売先に迷惑をかけないために，製造日に必要な食材や調味料を前日準備している現状を改善する必要がある。この点，第12段落の１文目にある「販売先への日ごとの納品は，宿泊予約数の変動によって週初めに修正し確定する」との記述から，対応策として，週初めに製造日に必要な在庫を確認することが考えられる。これにより，不足分があれば追加発注する日程的な余裕が生まれることになり，販売機会のロスを防止できることになる。

【第４問】

(1) **設問文から書くべき答案骨子を描く**

　「どのように製品の企画開発を進めるべきか」のみ問われているため，方法並列型の論理パターン（進め方２つ）を活用して作成する。よって，以下のような120字の答案骨子を描くことができる。

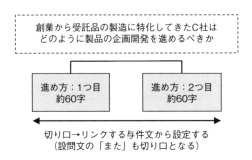

(2) **設問文と与件文をリンクさせ整理する**

　設問文中の「また」の前後の内容とリンクできる与件文を特定すると，以下のとおりとなる。

設問文中の「また」の前	設問文中の「また」の後
既存販売先との関係を一層密接にするとともに	食品スーパーＸ社との商品企画
第９段落＋第10段落	第13段落＋第14段落

まず，第9段落と第10段落は，既存販売先の販売先料理長から口頭で指示される製品仕様や変更に関する内容である。そのポイントは，第10段落の最後にある「メモ程度のレシピを作成し活用していたが，整理されずにいる」という記述である。

　次に，第13段落と第14段落は，新規事業の総菜の商品企画の内容について記されている。そのポイントは，第13段落の最後にある「採用された外部人材は，中堅食品製造業で製品開発の実務や管理の経験がある」という記述である。

(3)　合格答案を作成する

　設問文中の「C社社長は，……自社企画製品の製造販売を実現したいと思っていた」という記述を踏まえると，創業から受託品の製造に特化してきたC社も，販売先からの受託品の具体的な指示がなくても，独自で製品の商品企画を進める必要がある。この点から，リンクした与件文を整理すると，自社企画製品については，整理されずにいるメモ程度のレシピを活用して，製品の企画開発を進めることが導ける。C社の中に埋もれている経営資源を「見える化」することが考えられる。

　同様に，食品スーパーX社との総菜の商品企画については，C社にはその経験がないため，採用された外部人材の中堅食品製造業での製品開発の実務や管理経験を活用することになる。その際，C社の受託製造品の開発プロセスを活用することも考えたい。この点，販売先料理長が来店して試作決定する際には必ず立ち会い，その過程も生かすことが考えられる。

【第5問】

(1)　設問文から書くべき答案骨子を描く

　本問は，結論＋理由並列型，そして方法並列型の論理パターンを組み合わせて活用することができる。

　総菜製品の新規事業に関するC社社長の構想について，その妥当性とその理由，またその際の留意点が問われている。第1問で，生産面の強みを2つの視点から分析しているため，本問で問われている妥当性とその理由は，「経営戦略は環境分析から導く」という定石に従い，結論（妥当性）＋理由2つで構成することができる。また，その際の留意点についても，生産面の観点から2つ助言することが妥当であろうと考えられる。

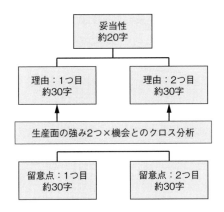

```
          妥当性
          約20字

  理由：1つ目        理由：2つ目
   約30字            約30字

     生産面の強み2つ×機会とのクロス分析

  留意点：1つ目      留意点：2つ目
   約30字            約30字
```

(2) 設問文と与件文をリンクさせ整理する

　設問文中の「新規事業」という文言から，3つ目の小見出し【新規事業】を構成する第13，14，15段落に着目する。最終段落の第15段落には，第5問の設問文と同じ内容の「現在の生産能力では対応が難しく，工場増築などによって生産能力を確保する必要がある」という記述があり，さらに「C社社長は，この新規事業に積極的に取り組む方針である」と明確に示されている。

　そして，第13段落には，X社の状況が説明されており，第14段落には，生産面の方針が示されている。

第13段落	第14段落
・X社の各店舗の売上金額は増加しているが，総菜コーナーの売上伸び率が低い。 ・中食需要に対応する総菜商品企画を求めている。 ・C社では，季節性があり高級感のある和食や洋食の総菜などを企画提案している。	・X社が各月販売計画を作成，納品数量は納品日の2日前に確定する。 ・納品は最低午前と午後の配送となる。 ・（新規事業は）当初は客単価の高い数店舗から始め，10数店舗まで徐々に拡大したい考えである。
「妥当性と理由」に活用	「その際の留意点」に活用

(3) 合格答案を作成する

　この新規事業は，C社からみて新市場開拓戦略（既存製品と新規顧客の組み合わせ）である。つまり，既存製品の優位性を新規顧客X社に投入する戦略になる。この点，第1問で指摘した生産面の強み2つを既存製品面の優位性として位置づけ，X社との新規取引という機会に投入することが戦略発想となる。

　まず，妥当性とその理由について考える。X社は，各店舗の売上金額は増加してい

るが，総菜コーナーの売上伸び率が低いのが現状であり，この問題点に対して，C社の商品企画の妥当性を判断することになる。このとき，「機会×強み」のクロス分析から，妥当性はある（高い）と結論づけることができる。

X社の売上構成（客数と客単価）とC社の新規事業と生産面の強みを整理すると，以下のようになる。

X社（新規顧客）とC社製品（既存製品）との関係	
客数の観点	客単価の観点
売上金額は増加しているので，(今後)売上数量を伸ばせる商品企画となる。	客単価の高い数店舗から始めるので，C社の企画商品がX社の収益に寄与できる。
X社の調理品とは異なるC社の企画商品で新たな購入層を取り込める。	季節性や高級感のある総菜企画は，客単価の高い店舗の中食需要に対応できる。
【生産面の強み①の発揮】 高級総菜の受託製造力	【生産面の強み②の発揮】 販売先へのコスト低減力

次に，その際の留意点については，設問文中の生産体制の構築内容を踏まえて，第14段落から，何らかの問題点や課題を抽出する。そして，C社の現状と比較して，その差異（ギャップ）を埋めるための問題解決や課題対応を答案で示すことになる。具体的には，以下のように整理することができる。

	留意点：1つ目	留意点：2つ目
第14段落	納品は最低午前と午後の配送となる。10数店舗まで徐々に拡大したい（X社）。	X社が各月販売計画を作成して，納品数量は納品日の2日前に確定する。
C社の現状	【第1段落】 営業部（6名）が配送業務を兼務。 【第12段落】 朝食用製品は前日午後に製造し当日早朝に納品，夕食用製品は当日14時までに製造し納品。	【第11段落】 販売先料理長から翌月の月度納品予定を受け月度生産計画を作成。 【第12段落】 販売先の日ごとの納品は，週初めに修正して確定。
対応方法	営業が兼務する配送体制を強化する（外注やアウトソーシングを活用するでも可）。	納品日2日前に確定する納品数量に対応した生産体制を再構築する。

●学習のポイント

(1) 白書による生産性向上に関する知識を活用する

本事例の第2問では，2018年版中小企業白書で提唱された生産性向上に関する知識（以下の整理表）を活用することができた。この知識は，昨年度（令和4年度）の第4問，令和元年度の第3問（設問1）でも活用できたので，正しくインプットしておきたい。

白書で提唱している生産性向上策
【生産性向上策を進めていく前提となる取り組み】 生産（業務）プロセスの見直し
【他の生産性向上策】 設備投資（新規投資・増産投資，省力化投資） IT導入（デジタル化） 多能工化・兼任化およびアウトソーシング

(2) 意味段落と形式段落など，国語的視点で与件文を整理する

事例Ⅲでは，出題者が国語的な手法で整理している与件文を素直に受け入れることで，設問文の題意に沿った思考がしやすくなる。

以下に，そのポイントを挙げる。

【意味段落と形式段落】での構成を受け入れること
事例Ⅲの与件文には，複数の形式段落で構成される小見出し（意味段落）がある。この意味のまとまりを受け入れた与件文の整理を行うこと。
【接続詞】は，意図的に盛り込まれている
接続詞が示されているところに要点がある。特に，並列の「また」，逆接の「しかし」，対比の「一方」，添加の「なお」などの接続詞の意味を理解しておくこと。
形式段落の【要点】は，1文目と最終文にある
形式段落の要点は，1文目と最終文にあるので，ここを重要視すること。特に，形式段落の最終文に答案で使用する要点が書かれているケースが多い。

(3) 直近10年間程度の過去問を教材とする

本年度の事例Ⅲは，令和3年度の革製バッグの製造販売事例や，平成28年度の調理用カット野菜の事例における第1問の環境分析と最終問題での新規事業の問われ方が類似している。そのため，少なくとも直近10年程度の過去問を教材として位置づけたい。

事例Ⅲでは，毎年，表面の文章は変わっていても，骨格となるものは変わっていない。過去問を何度も繰り返し学習し，回数を重ねるごとに，新たな気づきが得られ，事例Ⅲで普遍的に問われている論点が明らかになる。

田畑一佳（AAS 京都代表　中小企業診断士）
村上昌隆（AAS 関西合格コーチ　中小企業診断士）

中小企業の診断及び助言に関する実務の事例Ⅳ

　D社は，資本金1億円，総資産約30億円，売上高約45億円，従業員31名の，化粧品を製造する創業20年の企業である。D社は独自開発の原料を配合した基礎化粧品，サプリメントなどの企画・開発・販売を行っており，製品の生産はOEM生産によっている。

　同社は大都市圏の顧客をメインとしており，基本的に，卸売会社を通さずに，百貨店やドラッグストアなどの取り扱い店に直接製品を卸している。また，自社ECサイトを通じて美容液の定期購買サービスも開始している。

　直近では，実店舗やネット上での同業他社との競争激化により販売が低迷してきており，このままでは売上高がさらに減少する可能性が高いと予想される。また，今後は，輸送コストが高騰し，原材料等の仕入原価が上昇すると予想される。しかし，D社では，将来の成長を見込んで，当面は人件費等の削減は行わない方針である。

　D社の主力製品である基礎化粧品は，従来，製品のライフサイクルが長く，新製品開発の必要性もそれほど高くなかった。しかし，高齢化社会の到来とともに，近年では，顧客の健康志向，アンチエイジング志向が強まったため，他のメーカーが次々に新製品を市場に投入してきており，競争が激化している。

　こうした状況に対応するため，D社では男性向けアンチエイジング製品を新たな挑戦として開発し販売することを検討している。男性向けアンチエイジング製品は，これまでD社では扱ってこなかった製品分野であるが，バイオテクノロジーを用いて，同製品の基礎研究を進めてきた。

　化粧品業界を取り巻く環境は，新型コロナウイルスの感染拡大などにより厳しい状況にあったが，中長期的には市場の拡大が見込まれている。しかし，当該男性向けアンチエイジング製品は，今までにない画期的な製品であり，市場の状況が見通せない状況であるため，慎重な検討を要すると考えている。

　D社では，この新製品については，技術上の問題からOEM生産ではなく自社生産を行う予定であり，現在，そのための資金の確保を進めている。D社社長は，同業他社との競争が激化していることもあり，早急にこの設備投資に関する意思決定を行う

ことが求められている。

D社の直近2期分の財務諸表は以下のとおりである（令和3年度，令和4年度財務

貸借対照表

（単位：千円）

	令和3年度	令和4年度		令和3年度	令和4年度
〈資産の部〉			〈負債の部〉		
流動資産	2,676,193	2,777,545	流動負債	851,394	640,513
現金等	593,256	1,133,270	買掛金	191,034	197,162
売掛金・受取手形	1,085,840	864,915	短期借入金	120,000	70,000
製品・原材料等	948,537	740,810	未払金	197,262	104,341
その他の流動資産	48,560	38,550	未払法人税等	250,114	184,887
固定資産	186,973	197,354	その他の流動負債	92,984	84,123
建物・工具等	64,524	63,256	固定負債	22,500	27,153
無形固定資産	37,492	34,683	長期借入金	22,500	24,360
投資その他の資産	84,957	99,415	リース債務	—	2,793
			負債合計	873,894	667,666
			〈純資産の部〉		
			資本金	100,000	100,000
			資本剰余金	—	—
			利益剰余金	1,889,272	2,207,233
			純資産合計	1,989,272	2,307,233
資産合計	2,863,166	2,974,899	負債・純資産合計	2,863,166	2,974,899

損益計算書

（単位：千円）

	令和3年度	令和4年度
売上高	5,796,105	4,547,908
売上原価	2,185,856	1,743,821
売上総利益	3,610,249	2,804,087
販売費及び一般管理費	2,625,222	2,277,050
営業利益	985,027	527,037
営業外収益	368	11,608
営業外費用	2,676	1,613
経常利益	982,719	537,032
特別利益	—	—
特別損失	—	—
税引前当期純利益	982,719	537,032
法人税等	331,059	169,072
当期純利益	651,660	367,960

諸表）。D社社長は，自社が直面しているさまざまな経営課題について，特に財務的な観点から中小企業診断士に診断・助言を依頼してきた。

第1問（配点20点）

（設問1）

D社の2期間の財務諸表を用いて経営分析を行い，令和3年度と比較して悪化したと考えられる財務指標を2つ（①②），改善したと考えられる財務指標を1つ（③）取り上げ，それぞれについて，名称を(a)欄に，令和4年度の財務指標の値を(b)欄に記入せよ。解答に当たっては，(b)欄の値は小数点第3位を四捨五入して，小数点第2位まで表示すること。また，(b)欄のカッコ内に単位を明記すること。

（設問2）

設問1で解答した悪化したと考えられる2つの財務指標のうちの1つを取り上げ，悪化した原因を80字以内で述べよ。

第2問（配点30点）

（設問1）

D社の2期間の財務データからCVP分析を行い，D社の収益性の分析を行う。原価予測は営業利益の段階まで行い，2期間で変動費率は一定と仮定する。

以上の仮定に基づいてD社の2期間の財務データを用いて，(1)変動費率および(2)固定費を求め，(3)令和4年度の損益分岐点売上高を計算せよ。また，(4)求めた損益分岐点売上高を前提に，令和3年度と令和4年度で損益分岐点比率がどれだけ変動したかを計算せよ。損益分岐点比率が低下した場合は，△を数値の前に付けること。

解答に当たっては，変動費率は小数点第3位を四捨五入して，小数点第2位まで表示すること。また，固定費および損益分岐点売上高は，小数点第2位まで表示した変動費率で計算し，千円未満を四捨五入して表示すること。

（設問2）

D社のサプリメントの製品系列では，W製品，X製品，Y製品の3種類の製品を扱っている。各製品別の損益状況を損益計算書の形式で示すと，次のとおりである。ここで，この3製品のうち，X製品は営業利益が赤字に陥っているので，その販売を中止すべきかどうか検討している。

X製品の販売を中止してもX製品に代わる有利な取り扱い製品はないが，その場合にはX製品の販売によってX製品の個別固定費の80％が回避可能であるとともに，

製品別損益計算書

(単位：万円)

	W製品	X製品	Y製品	合計
売上高	80,000	100,000	10,000	190,000
変動費	56,000	80,000	6,000	142,000
限界利益	24,000	20,000	4,000	48,000
固定費				
個別固定費	10,000	15,000	1,500	26,500
共通費	8,000	10,000	1,000	19,000
計	18,000	25,000	2,500	45,500
営業利益	6,000	△5,000	1,500	2,500

X製品と部分的に重複した効能を有するY製品に一部の需要が移動すると予想される。

　(1)需要の移動がないとき，X製品の販売を中止すべきか否かについて，カッコ内の「ある」か「ない」に○を付して答えるとともに，20字以内で理由を説明せよ。さらに，(2)X製品の販売を中止した場合に，現状の営業利益合計2,500万円を下回らないためには，需要の移動によるY製品の売上高の増加額は最低いくら必要か。計算過程を示して答えよ。なお，割り切れない場合には，万円未満を四捨五入すること。

（設問3）

　D社では，売上高を基準に共通費を製品別に配賦している。この会計処理の妥当性について，あなたの考えを80字以内で述べよ。

第3問 (配点30点)

　D社は，研究開発を行ってきた男性向けアンチエイジング製品の生産に関わる設備投資を行うか否かについて検討している。

　以下の資料に基づいて各設問に答えよ。解答に当たっては，計算途中では端数処理は行わず，解答の最終段階で万円未満を四捨五入すること。また，計算結果がマイナスの場合は，△を数値の前に付けること。

〔資料〕

1．新製品の製造・販売に関するデータ

　現在の男性向けアンチエイジング市場の状況から，新製品の販売価格は1万円であり，初年度年間販売量は，0.7の確率で10,000個，0.3の確率で5,000個の販売が予想される。また，同製品に対する需要は5年間を見込み，2年度から5年度の年間販売量は，初年度の実績販売量と同数とする。

単位当たり変動費は0.4万円であり，毎年度の現金支出を伴う年間固定費は2,200万円と予想される。減価償却費については，次の「2．設備投資に関するデータ」に基づいて計算する。

初年度年間販売量ごとの正味運転資本の残高は，次のように推移すると予測している。運転資本は，5年度末に全額回収するため，5年度末の残高は「なし」となっている。なお，初年度期首における正味運転資本はない。

初年度販売量	初年度から4年度の各年度末残高	5年度末残高
10,000個	800万円	なし
5,000個	400万円	なし

2．設備投資に関するデータ

設備投資額は11,000万円であり，初年度期首に支出される。減価償却は，耐用年数5年で，残存価額をゼロとする定額法による。また，5年度末の処分価額は取得原価の10%である。

3．法人税等，キャッシュフロー，割引率に関するデータ

法人税等の税率は30%であり，D社は将来にわたって黒字を確保することが見込まれている。なお，初期投資以外のキャッシュフローは年度末に生じるものとする。

本プロジェクトでは，最低要求収益率は8％と想定し，これを割引率とする。利子率8％の複利現価係数と年金現価係数は次のとおりであり，割引計算にはこの係数を適用する。

	1年	2年	3年	4年	5年
複利現価係数	0.926	0.857	0.794	0.735	0.681
年金現価係数	0.926	1.783	2.577	3.312	3.993

（設問1）

年間販売量が(1)10,000個の場合と，(2)5,000個の場合の正味現在価値を求めよ。(1)については，計算過程も示すこと。そのうえで，(3)当該設備投資の正味現在価値の期待値を計算し，投資の可否について，カッコ内の「ある」か「ない」に○を付して答えよ。

（設問2）

(1)　初年度末に2年度以降の販売量が10,000個になるか5,000個になるかが明らかに

なると予想される。このとき，設備投資の実行タイミングを１年遅らせる場合の当該設備投資の正味現在価値はいくらか。計算過程を示して答えよ。１年遅らせる場合，初年度の固定費は回避可能である。また，２年度期首の正味運転資本の残高はゼロであり，その後は資料における残高と同様である。なお，１年遅らせる場合，設備の耐用年数は４年になるが，その残存価額および処分価額は変化しないものとする。

(2) 上記(1)の計算結果により，当該設備投資を初年度期首に実行すべきか，２年度期首に実行すべきかについて，根拠となる数値を示しながら50字以内で説明せよ。

第４問（配点20点）

（設問１）

D社は，基礎化粧品などの企画・開発・販売に特化しており，OEM生産によって委託先に製品の生産を委託している。OEM生産の財務的利点について50字以内で述べよ。

（設問２）

D社が新たな製品分野として男性向けアンチエイジング製品を開発し販売することは，財務的にどのような利点があるかについて50字以内で述べよ。

解答の着眼

●出題傾向

本年度の事例Ⅳは昨年度と比べて易化しているが，どの問題も時間をかければ得点機会がある一方で，処理すべき変数（数値）の量が多いことから，入力ミスや計算ミスを回避する取り組みが重視される問題となった。

すべての問題に取り組まずに，確実に得点できる問題の評価・選択が要求され，時間管理能力が得点差を生む設計の問題となっている。

●解答例

第１問（配点20点）

（設問１）

① (a)売上高販管費率　(b)50.07（％）

② (a)固定資産回転率 (b)23.04（回）

③ (a)自己資本比率 (b)77.56（％）

（設問2）

売	上	高	販	管	費	率	が	悪	化	し	た	原	因	は	,	実	店	舗	や
ネ	ッ	ト	上	で	の	同	業	他	社	と	の	競	争	激	化	で	販	売	が
低	迷	し	て	売	上	が	減	少	し	,	顧	客	対	応	に	要	す	る	人
件	費	等	の	固	定	費	が	収	益	を	圧	迫	し	た	た	め	。		

第2問（配点30点）

（設問1）

(1)63.31（％）

(2)1,141,590（千円）

(3)3,111,448（千円）

(4)14.73（％）

（設問2）

(1)X製品の販売を中止すべきで（ある・ない）。

中	止	に	よ	り	全	体	の	営	業	利	益	が	赤	字	に	な	る	た	め	。

(2)20,000（万円）

【計算過程】

　　X製品の中止により失われる貢献利益：8,000万円

　　Y製品の限界利益率：40％

　　Y製品の必要売上高増加額：8,000万円÷40％＝20,000万円

（設問3）

妥	当	性	は	低	い	。	製	品	ご	と	に	事	業	規	模	や	費	用	構
造	が	異	な	る	こ	と	と	,	投	下	資	本	の	規	模	や	従	業	員
数	等	が	考	慮	さ	れ	て	い	な	い	こ	と	か	ら	,	製	品	別	の
正	確	な	営	業	利	益	を	評	価	で	き	な	い	た	め	。			

第3問（配点30点）

（設問1）

(1) 2,585（万円）

【計算過程】

各年度の税引後 CF：$3,800 \times (1 - 0.3) + 2,200 \times 0.3 = 3,320$

正味現在価値：$3,320 \times 3.993 + (800 + 770) \times 0.681 - 800 \times 0.926 - 11,000$

$= 2,585.13 \fallingdotseq 2,585$

(2) △5,702（万円）

(3) 99（万円）　　この投資は行うべきで（⦿ある⦿・ない）。

（設問2）

(1) 620（万円）

【計算過程】

・各年度の税引後 CF

販売量10,000個の場合：$3,800 \times (1 - 0.3) + 2,750 \times 0.3 = 3,485$

販売量5,000個の場合：$800 \times (1 - 0.3) + 2,750 \times 0.3 = 1,385$

・正味現在価値

販売量10,000個の場合：$3,485 \times 3.312 \times 0.926 + (800 + 770) \times 0.681 - 800 \times 0.857$

$- 11,000 \times 0.926 = 885.75832$

販売量5,000の場合：0　（投資しない）

・正味現在価値の期待値：$885.75832 \times 0.7 + 0 \times 0.3 = 620.030824 \fallingdotseq 620$

(2)

2	年	度	期	首	に	実	行	す	る	。	販	売	量	が	予	想	で	き	る
2	年	度	期	首	に	実	行	す	る	と	期	待	正	味	現	在	価	値	が
521	万	円	多	く	な	る	た	め	。										

第4問（配点20点）

（設問1）

生	産	設	備	投	資	が	不	要	で	負	債	に	依	存	せ	ず	，	支	払
利	息	や	労	務	費	等	の	固	定	費	を	抑	制	し	，	高	い	資	本
利	益	率	が	得	ら	れ	る	。											

—5·64—

（設問2）

既	存	販	路	や	人	材	が	生	か	せ	，		画	期	的	な	製	品	を	高
価	格	で	販	売	す	る	こ	と	で	輸	送	コ	ス	ト	等	が	吸	収	で
き	，	収	益	性	が	改	善	す	る	。									

●解説

【第1問】

経営比率分析の問題である。2期分の財務諸表を比較するタイプの問題で，悪化した指標2つ，改善した指標1つと，それぞれの値が求められている。昨年度の出題では，生産性指標を1つ含める制約があったが，本年度はそれはなく，従業員数データも2期分ないことから，生産性の指摘は期待されていないと判断できる。

(1) 与件文からの判断

まず，与件根拠から指標を想定してみる。

・D社は独自開発の原料を配合した基礎化粧品，サプリメントなどの企画・開発・販売を行っており，製品の生産はOEM生産によっている（第1段落）。

D社は化粧品製造業だが，自社で生産せずにOEM生産を委託している。このため，生産設備を自社で保有せずに済み，製造業としては少額資本での事業が可能になる。固定資産投資に必要な借入金等も不要になり，負債依存度が低くなる。この特徴から「有形固定資産回転率」が指摘できるが，本問はD社自身の2期分の比較であり，他社との比較ではないため，「改善」した指標の候補にはならない。

・直近では，実店舗やネット上での同業他社との競争激化により販売が低迷してきており，このままでは売上高がさらに減少する可能性が高いと予想される（第3段落）。

・今後は，輸送コストが高騰し，原材料等の仕入原価が上昇すると予想される。しかし，D社では，将来の成長を見込んで，当面は人件費等の削減は行わない方針である（第3段落）。

「売上高が『さらに』減少する可能性が高い」とあるため，すでに売上高は減少していると判断できる。また，「将来の成長を見込んで，当面は人件費等の削減は行わない」との記述から，売上高の減少に対して，すでに人件費負担が大きくなっていることが想定できる。そして，D社は自社生産せずにOEM生産を委託している企業であることから，この人件費は製造原価の労務費でなく，販管費の人件費であると判断

できる。

以上から，悪化した指標として「売上高販管費率」が想定できる。

(2) 財務指標からの判断

次に，実際に財務指標を算定して考えてみる。

①収益性指標

財務指標	令和3年度	令和4年度	変化	結果
売上高売上原価比率	37.71%	38.34%	0.63%	悪化
売上高総利益率	62.29%	61.66%	− 0.63%	悪化
売上高販管費率	45.29%	50.07%	4.78%	悪化
売上高営業利益率	16.99%	11.59%	− 5.41%	悪化
売上高営業外費用比率	0.04%	− 0.22%	− 0.26%	改善
売上高経常利益率	16.95%	11.81%	− 5.15%	悪化
売上高当期純利益率	11.24%	8.09%	− 3.15%	悪化

収益性比率は，売上高営業外費用比率以外すべて悪化しているが，前述した与件想定から「売上高販管費率」が候補になる。売上高売上原価比率も悪化しているが，その変化は小さいことや，D社がファブレスメーカーであることを踏まえると優先度は低い。

②効率性指標

財務指標	令和3年度	令和4年度	変化	結果
棚卸資産回転率	6.11	6.14	0.03	改善
有形固定資産回転率	89.83	71.90	− 17.93	悪化
固定資産回転率	31.00	23.04	− 7.96	悪化
売上債権回転率	5.34	5.26	− 0.08	悪化
総資本回転率	2.02	1.53	− 0.50	悪化

棚卸資産回転率以外，すべて悪化している。特に有形固定資産回転率の悪化が目立つが，D社はもともと有形固定資産投資規模が小さく，かつ金額も減少しており，悪化した主要因は売上高の減少であることから，有形固定資産投資の有無は出題者の意図ではないと解釈できる。一方，長期運用目的の投資その他の資産が増加しており，売上高の減少により「固定資産回転率」が悪化していることから，悪化指標の候補となる。

③安全性指標

財務指標	令和3年度	令和4年度	変化	結果
流動比率	314.33%	433.64%	119.31%	改善
当座比率	197.22%	311.97%	114.75%	改善
固定比率	9.40%	8.55%	− 0.85%	悪化
固定長期適合率	9.29%	8.45%	− 0.84%	悪化
負債比率	43.93%	28.94%	− 14.99%	改善
自己資本比率	69.48%	77.56%	8.08%	改善

　長期安全性が悪化しているが，固定比率も固定長期適合率も令和3年度の時点で相当程度低いため，出題者の意図ではないと判断できる。また，短期安全性と資本調達構造の安全性はそれぞれ改善しているが，改善した主要因は利益剰余金の増加であることから，「自己資本比率」が優先される。

　以上より，悪化した指標として「売上高販管費率」と「固定資産回転率」，改善した指標として「自己資本比率」が指摘できる。

（設問2）

　（設問1）で解答した悪化したと考えられる2つの財務指標のうちの1つを取り上げ，悪化した原因を指摘させる問題である。

　悪化した指標として売上高販管費率と固定資産回転率が指摘できるが，売上高販管費率が悪化した原因は与件根拠に明示されているため，こちらを選択する。

　（設問1）で想定したとおり，売上高販管費率が悪化したのは，競争激化による売上高の減少に対して，人件費等の固定費負担が大きくなったことが原因と想定できるため，①売上高の減少要因，②販管費負担の上昇要因の指摘をすればよい。

【第2問】

（設問1）

　CVP分析の問題である。(1)変動費，(2)固定費，(3)損益分岐点売上高，(4)損益分岐点比率の変化の4点が要求されている。

(1)　変動費と固定費

　2期間の財務データから固変分解する問題は，平成19年度第2問（設問1）で出題されているため，同様の方法で求めることが可能である。しかし，「固定費および損益分岐点売上高は，小数点第2位まで表示した変動費率で計算」という制約条件に注意する必要がある。四捨五入前の値を使用すると，正しく固定費を求めることができ

なくなる。

以下，連立方程式を用いて変動費率（α）と固定費（FC）を求める。

・令和3年度：$5,796,105 - 5,796,105\alpha - FC = 985,027$

・令和4年度：$4,547,908 - 4,547,908\alpha - FC = 527,037$

$1,248,197 - 1,248,197\alpha = 457,990$

$\alpha = 0.633078\cdots \fallingdotseq 63.31\%$

上記変動費率（α）を令和4年度の式に代入する。

$4,547,908 - 4,547,908 \times 63.31\% - FC = 527,037$

$FC = 1,141,590.4452 \fallingdotseq 1,141,590$（千円）

(2) 損益分岐点売上高

損益分岐点売上高＝固定費÷（100％－変動費率）より，

$1,141,590.4452 \div (100\% - 63.31\%) = 3,111,448.47424 \fallingdotseq 3,111,448$（千円）

(3) 損益分岐点比率の変化

「求めた損益分岐点売上高を前提に」との制約から，千円未満を四捨五入した数値を使用すると解釈する。

・令和3年度の損益分岐点比率：$3,111,448 \div 5,796,105 \times 100\% = 53.68170\cdots$（％）……①

・令和4年度の損益分岐点比率：$3,111,448 \div 4,547,908 \times 100\% = 68.41492\cdots$（％）……②

・損益分岐点比率の変化＝②－①＝$14.73322\cdots \fallingdotseq 14.73\%$

（設問2）

(1)では，営業利益が赤字に陥っているX製品の販売を中止した後に需要の移動がない場合のX製品の販売中止の可否，(2)では，Y製品に需要が移動した場合に必要なY製品の売上増加額が問われている。

(1) 需要の移動がない場合のX製品販売中止の可否

X製品の販売をしている現在，サプリメント製品全体で，2,500万円の営業利益を計上しているが，X製品の販売中止により，X製品の個別固定費15,000万円の20％と共通費10,000万円の費用合計13,000万円が残る。

需要の移動がない場合，W製品とY製品の営業利益は変わらないため，サプリメント製品全体の営業利益は，6,000＋1,500－13,000＝△5,500万円となり，営業赤字に転落するため，X製品の販売を中止すべきではない。

(2) Y製品に需要が移動した場合に必要なY製品の売上増加額

X製品の販売中止により失われる貢献利益は8,000万円，Y製品の限界利益率は40％であるから，Y製品の必要売上高増加額は，8,000万円÷40％＝20,000万円となる。

（設問3）

売上高を基準に共通費を製品別に配賦する会計処理の妥当性を問われている。

設問要求は，共通費を「売上高を基準に製品別に配賦する」会計処理の妥当性である。つまり，配賦基準の妥当性が問われているのであって，配賦処理そのものの妥当性が問われているわけではない。

試験委員である細海昌一郎氏の編著書『原価会計の基礎と応用』（創成社）の323ページに，以下の記述がある。

「前述のように，本社費・共通費の合理的な配賦基準を見出すことは困難であるが，できる限り合理的な配賦基準を設定することが望ましい。しかし，実際には，費用対効果を考慮して，売上高基準，投下資本基準，従業員基準，算式基準などによって配賦が行われている」（下線部は筆者が加筆）

この記述から，共通費の配賦に合理的な基準を設定することが望ましいが，実際は費用対効果が優先されているため，合理的とはいえないとの解釈ができる。

3つの製品は売上高規模や変動費などの費用構造が異なる。売上規模に応じた共通費の配賦は，各製品の費用負担能力を考慮したにすぎず，製品ごとの投資規模や従業員数などが考慮されていないので，製品別の正確な営業利益を評価することができない。このため，売上高基準による共通費の配賦は妥当性に欠けると判断できる。

【第3問】

正味現在価値法によって設備投資の経済性計算をさせる問題である。

（設問1）

(1) 年間販売量が10,000個の場合の正味現在価値

以下の手順で計算される。

・各年度の税引前CF：（1万円−0.4万円）×10,000個−2,200万円＝3,800万円

・各年度の減価償却費：11,000÷5＝2,200万円

・各年度の税引後CF：現金収支×（1−税率）＋減価償却費×税率＝3,800×0.7 ＋2,200×0.3＝3,320万円

・初年度末の正味運転資本による現金支出：800万円

・5年度末の正味運転資本の回収による収入：800万円

・5年度末の設備の処分による収入（税引後）：11,000×10％×（1－0.3）＝770万円
・正味現在価値：3,320×3.993＋（800＋770）×0.681－800×0.926－11,000＝2,585.13≒
2,585万円

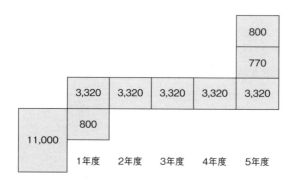

(2) 年間販売量が5,000個の場合の正味現在価値

以下の手順で計算される。

・各年度の税引前CF：（1万円－0.4万円）×5,000個－2,200万円＝800万円
・各年度の税引後のCF：現金収支×（1－税率）＋減価償却費×税率＝800×0.7
＋2,200×0.3＝1,220万円
・初年度末の正味運転資本による現金支出：400万円
・5年度末の正味運転資本の回収による収入：400万円
・正味現在価値：1,220×3.993＋（400＋770）×0.681－400×0.926－11,000＝△5,702.17≒
5,702万円

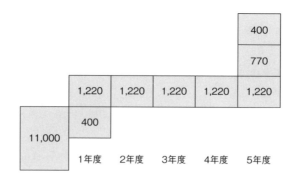

(3) 当該設備投資の正味現在価値の期待値

年間販売量が10,000個の場合の正味現在価値×0.7＋年間販売量が5,000個の場合の正味現在価値×0.3＝2,585.13×0.7＋△5,702.17×0.3＝98.94…万円より，正味現在価値の期待値が正になるため，投資の妥当性があると判断できる。

（設問2）

(1)では，初年度末に2年度以降の販売量が明らかになると予想されるとき，設備投資の実行タイミングを1年遅らせる場合の当該設備投資の正味現在価値が求められている。この場合，販売個数が10,000個になった場合と5,000個になった場合のそれぞれの正味現在価値を求め，投資の可否を決定してから期待値を求める。

①販売個数が10,000個になった場合の正味現在価値

・各年度の税引前CF：（1万円－0.4万円）×10,000個－2,200万円＝3,800万円

・各年度の減価償却費：11,000÷4＝2,750万円

・各年度の税引後CF：現金収支×（1－税率）＋減価償却費×税率＝3,800×0.7 ＋2,750×0.3＝3,485万円

・2年度末の正味運転資本による現金支出：800万円

・5年度末の正味運転資本の回収による収入：800万円

・5年度末の設備の処分による収入（税引後）：11,000×10%×（1－0.3）＝770万円

・正味現在価値：3,485×3.312×0.926＋（800＋770）×0.681－800×0.857－11,000 ×0.926＝885.75832

　　→正味現在価値が正になるため，販売個数が10,000個になった場合は投資する。

②販売個数が5,000個になった場合の正味現在価値

・各年度の税引前CF：（1万円－0.4万円）×5,000個－2,200万円＝800万円

・各年度の減価償却費：$11,000 \div 4 = 2,750$万円
・各年度の税引後のCF：現金収支×（1 − 税率）＋減価償却費×税率＝800×0.7
 　$+2,750 \times 0.3 = 1,385$万円
・2年度末の正味運転資本による現金支出：400万円
・5年度末の正味運転資本の回収による収入：400万円
・5年度末の設備の処分による収入（税引後）：$11,000 \times 10\% \times (1 - 0.3) = 770$万円
・正味現在価値：$1,385 \times 3.312 \times 0.926 + (400 + 770) \times 0.681 - 400 \times 0.857 - 11,000$
 　$\times 0.926 = \triangle 5,484.35688$
 　→正味現在価値が負になるため，販売個数が5,000個になった場合は投資しない。

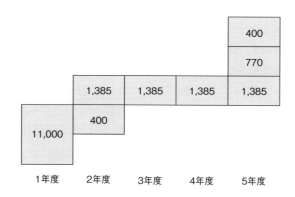

③設備投資の正味現在価値

　以上により，当該設備投資の正味現在価値は，以下のように計算される。

　$885.75832 \times 0.7 + 0 \times 0.3 = 620.030824 \fallingdotseq 620$万円

　(2)では，(1)の計算結果により，当該設備投資を初年度期首に実行すべきか，2年度期首に実行すべきかの判断が求められている。

　計算結果のとおり，販売量の予測が可能な場合，2年度期首に実行することで，期待正味現在価値は620万円となり，初年度期首に実行した場合の99万円より521万円多くなる。このため，2年度期首に実行すべきである。

【第4問】

　D社の新規事業展開について，財務的視点からの利点を求めている。

（設問1）

　D社がOEM生産によって委託先に製品の生産を委託していることの財務的利点が

問われている。

　OEM生産の委託により，D社自ら生産設備の投資をする必要がなくなるため，設備投資に必要な資金調達が不要になる。これにより負債依存度は低くなり，負債による支払利息の負担や，労務費や減価償却費などの固定費負担がなくなるといった利点がある。

　D社の自己資本比率の高さの原因は，生産設備投資を抑えて高い収益を確保してきたことである。令和4年度においても，売上高が減少する中で3億円以上の税引後利益を計上し，負債を減らしながら現金預金を積み上げている。D社のOEM生産委託（ファブレス）によるビジネスモデルには，投下資本利益率を高めるという財務的利点があったと評価できる。

（設問2）

　D社が新たな製品分野として男性向けアンチエイジング製品を開発し販売することの財務的利点が問われている。

　次の与件文に着目する。

・今後は，輸送コストが高騰し，原材料等の仕入原価が上昇すると予想される。しかし，D社では，将来の成長を見込んで，当面は人件費等の削減は行わない方針である（第3段落）。

　今後は，輸送コストが高騰し，原材料等の仕入原価が上昇することが予想されているが，D社は当面は人件費等の削減は行わない方針である。D社は現状の人員が今後の新製品販売に生かせると考えていると判断できる。

・同社は大都市圏の顧客をメインとしており，基本的に，卸売会社を通さずに，百貨店やドラッグストアなどの取り扱い店に直接製品を卸している（第2段落）。

　D社は既存事業ですでに直接の販路を持っているため，新たな販路開拓のための営業費用が抑制でき，既存の人材（営業要員などが想定できる）や販売チャネルを生かして早期に販売を伸ばすことができる。

・当該男性向けアンチエイジング製品は，今までにない画期的な製品であり，市場の状況が見通せない状況であるため，慎重な検討を要すると考えている（第6段落）。

　D社の新製品は，今までにない画期的な製品であり，市場の状況が見通せないリスクがある一方で，競争業者がいないため，市場先行者として画期的な製品に見合った高価格販売が可能になる。これにより，今度予想される輸送コストや原材料の仕入原価の上昇を吸収し，収益性を改善することが期待できる。

●学習のポイント

　本年度の事例Ⅳは，個別計算問題を一つひとつ見れば，計算処理の工数はそれほど多くなく，時間をかければ得点することはそれほど難しくないように感じる。そのため，これから1年間，じっくりと時間をかけてトレーニングすれば解けるようになるだろうと考えがちである。

　事例Ⅳが2次試験の最初の科目なら，この対策は有効に機能するだろう。しかし，事例Ⅳは4科目目の試験である。3つの事例を解いた後，集中力も精神力も低下している中で初見問題に対応すると，平時では問題なく機能した情報処理の精度は低下し，計算ミスも発生しやすくなる。これから1年間努力して計算能力を鍛えても，この状況に変化はない（体力を強化することはできても，集中力や持久力を強化することは難しい）。

　本年度の事例Ⅳの難易度でA評価を目指すなら，経営分析と第2問や第4問の記述問題でしっかりと得点したうえで，第2問のCVP問題で得点できれば十分である。そのためには，時間をかけない問題（優先度の低い問題），解かない問題を見極め，解くべき問題に十分な時間を配分することが重要になる。

　本年度の場合，第2問のCVP分析で固変分解の制約条件に引っかかり，第3問のNPV問題で処分価額や正味運転資本の解釈ミスで失点した受験者は，事例Ⅳ対策を根本的に改める必要がある。敗因は実力不足でなく，戦略上の失策である。局地的な戦力をいくら鍛えても，兵站に瑕疵があれば，もろく崩れるものである。

　本年度の計算問題では，端数処理を含めた計算処理上の制約や条件が詳細に示される傾向変化があり，あいまいな設定の解釈に迷い，時間を浪費するリスクが低下した。この傾向変化は事例Ⅳの作問上の改善であると解釈でき，今後も継続することが予想される。

　多くの受験者が計算問題に力を入れているが，中小企業診断士に要求される財務・会計の応用能力は，計算能力などではない。その事実を理解し，本試験で実現可能な対策を講じることが，事例Ⅳ攻略の鍵になるだろう。

　　　　　　江口明宏（EBA中小企業診断士スクール統括講師　中小企業診断士）

令和4年度
中小企業診断士第2次試験

問題の読み方・解答の着眼点

出題傾向と学習のポイント
全事例で作問者交代の可能性が高く，事例Ⅰ～Ⅲの出来が
合否の決め手となった

１．令和４年度の各事例の特徴

本年度の２次試験は，全事例で昨年度と作問者が代わったと思われる。求められる能力自体に変化はないが，来年度はこれまでとは異なる設計の問題への対応が必要になる。

(1) 事例Ⅰ（組織（人事を含む）を中心とした経営の戦略及び管理に関する実務の事例）

昨年度と比較して難化し，４事例の中でも難易度は高くなった。その理由としては，①「ドメイン」，「ファブレス」など，期待される理論が明確な設問がなかったこと，②５問のうち「今後」時制の問題が４問出題されたことが挙げられる（昨年度は２問）。

①により，設問から理論をあらかじめ想定することができず，題意を正確に把握することが困難になる。また②について，主にこれまでのＡ社の取り組みや要因を整理する能力が求められる過去時制の問題と比べ，今後時制の問題は，Ａ社の現時点の状況を正確に把握する能力と今後のあるべき姿を想定する能力が求められるため，難易度が高くなる。本年度は第２問以外，「Ａ社の現時点の状況」が把握しにくい設計となった。

一方で，与件設計はシンプルで解釈に迷う記述は少なく，時制情報も丁寧に説明されているため，設問に対応する与件根拠は，比較的特定しやすくなっている。来年度以降の対策として，指摘した２つの難しさに対応できる能力を鍛える学習方法が有効になる。

(2) 事例Ⅱ（マーケティング・流通を中心とした経営の戦略及び管理に関する実務の事例）

昨年度と比較するとやや難易度が上がったが，４事例の中では比較的取り組みやす

かった。

まず，3年連続で出題されたSWOT分析の代わりに，平成30年度に初めて出題された3C分析が再び出題された（第1問）。環境分析を行うこと自体は変わらないが，30字もしくは40字で4つに分けて記述するSWOT分析と比べ，1ヵ所に150字で記述するために解答作成の負荷が大きく，第1問以外への時間を十分に確保できなかった受験者も多かったと思われる。

また，第2問の商品コンセプトの設定や販路の特定，第3問の期待される施策や顧客ターゲットの選択（顕在ニーズが見つけられない）は難易度が高く，B社や地域の資源を対応づけしにくい問題となっている。さらに，第4問は，与件文に具体的な協業先の記述がないことや，設問中の「協業が長期的に成功する」の文言の解釈の難しさもあり，4問の中から取り組みやすい問題を特定することが難しかった。

しかし，3つの助言問題はいずれもチャネルが異なる（自社店舗とオンライン，それ以外）ことから，各チャネルに適した経営資源を意識することで，ある程度は対応づけられる。設問内の制約条件は細かく設定されているため，題意は把握しやすい。

(3) 事例Ⅲ（生産・技術を中心とした経営の戦略及び管理に関する実務の事例）

昨年度と比べて難易度が下がっており，4事例の中で最も難易度が低かった。その要因は，①設問ごとに要求が明確で，題意の把握が容易であったこと，②与件設計が素直で，各設問に対応づけしやすかったこと，③期待される理論が比較的わかりやすかったこと，が挙げられる。

①については，第1問で例年出題される強み・弱みを指摘させる問題の代わりに，販売面と生産面の課題（リスク要素であり，従来の弱みに対応する）が問われており，与件根拠の特定がしやすくなっていた。また，生産面の問題が3問出題されているが，第2問が量産製品初回納品までの期間短縮，第3問が（量産品の）小ロット化対応，第4問が生産業務の情報の交換と共有に限定したデジタル化（つまり，生産の自動化などは対象外）と，要求が明確に分離でき，与件根拠が特定しやすくなっていた。

②については，段落ごとの役割が明確にされており，テキスト情報を補足する目的で図表も挿入されていたため，情報の整理がしやすくなっていた。①と合わせて設問に対応する与件根拠の特定を容易にしている。

③については，与件の記述が過去に出された問題と似たような設計であったため，助言内容が想定しやすくなっていた。

(4) **事例Ⅳ（財務・会計を中心とした経営の戦略及び管理に関する実務の事例）**

昨年度より難化し，４事例中，最も難易度が高くなった。多くの受験者は，受験直後に素点で４割取れなかったと感じただろう。本年度難化した要因は，①経営分析で生産性が要求されたこと，②個別問題の情報処理の負荷が高かったことの２点が挙げられる。

①については，生産性を選択させる問題が初見であったこと，付加価値の計算式が想定もしくは特定できなかったことが対応を困難にしていた。本来は得点源となる経営分析問題が難化したことで，第２問以降の個別問題の時間配分に大きく影響したと思われる。

②については，第３問の設備投資の経済性計算問題は，（設問２）の年間キャッシュフローの計算について，販売台数に使用する数値を間違えやすい（50台なのか20台なのか）設計になっており，投資時点を「２年目期首」という設定にするなど，正しく情報を整理するのが難しくなっていた。（設問３）ではキャッシュフローの継続価値や在庫回収なども要求されたが，（設問２）のキャッシュフローを前提としていることもあり，対応は困難だったと思われる。

２．各事例の解答アプローチ

(1) 事例Ⅰ

第１問

「株式会社化（法人化）する以前」と時制を特定できるヒントがあり，難易度は低い。「農業経験者が豊富な従業員」，「地域特産品の認知度」などの強み，「従業員の低い定着率」，「品質と出荷が不安定」などの弱みをしっかりと記述したい。

第２問

第１問の強み・弱みを回収する意図の問題であることに気づけば対応が容易になる。また，要求が新規就農者の獲得と定着であり，加工事業や販売事業の人材確保ではない点に注意が必要になる。就農者の獲得には第１問の強みである認知度を生かし，定着には農業経験者が豊富な従業員による育成が記述できる。人材が定着しない理由が与件文の第７段落にまとめて記述されているため，それぞれの要因に対応する施策（育成，交流，自由裁量）が記述できる。

第３問

要求は「どのような（＝状態）」取引関係を築いていくべきかであり，「どのように（＝手段）」ではないため，関係構築のための助言は不要であり，理想的な取引関係

のみを助言すればよい。与件文の第8段落にある「売上高の依存割合増加」,「対応に忙殺され, 新たな品種の生産ができない」などの記述から, A社の課題が余力（経営資源）の確保であることが想定できると, 対応能力の蓄積という利点と合わせた解答（依存度低下自体がテーマではない）が作成できる。

第4問

（設問1）

設問要求は「組織構造」であり,「組織形態」ではない。これらの解釈にはさまざまあるが, 試験委員の小川正博氏は両者を区別しているため, 機能別組織や事業部制組織といった組織形態は設問要求から外れると考えたい。組織構造には, (1)公式化, (2)分業化, (3)権威の階層構造, (4)中央集権化, (5)専門性, (6)雇用者の人員比率, (7)業務の調整方法などの要素がある。与件文の第6段落「明確な役割分担がなされていない」, 第10段落「生産を兼務する従業員だけでは対応できなくなりつつある」を(2)分業化,「自社商品に関する消費者の声を取得できるようになった」を(7)業務の調整方法,「今後も地域に根ざした農業を基盤に据えつつ, 新たな分野に挑戦したい」を直営店で得た情報をトップが把握する構造（(4)中央集権化）にそれぞれ対応させることができる。

なお, 40名という従業員数から, そもそも事業部制組織や, 事業部制組織（資源制約上, 不可能）を前提とするマトリックス組織は期待されていないと判断できる。

（設問2）

事業承継問題は3年連続で出題されている。「後継者を中心とした組織体制」という要求から, 後継者がA社全体を俯瞰できる組織体制の構築が課題であることがわかる。与件文の第10段落「後継者は農業については門外漢」などの記述から, 現経営者自らが農業を教えたり, 常務が食品加工を経験させたりしながら後継者を育成し, 提案力をもつ若手従業員に直営店の責任者として権限委譲するといった助言ができる。

(2) **事例Ⅱ**

第1問

3C分析は平成30年度以来, 2度目の出題となる。B社, 競合他社, 顧客の情報のうち, 外部（競合他社と顧客）の与件情報が少ないため, まず外部情報を整理し, それからB社の情報を整理するという手順で処理することで, 答案作成時の試行錯誤を抑制できる。

加点機会の多い問題であるため, ある程度の時間を確保して得点したい。

第2問

　地元事業者との協業を前提としているが，直接の要求は，商品コンセプトと販路の明示であり，第4問のように協業先の明示は要求されていない。

　題意は，地元事業者との協業を前提に，商品コンセプトを決定し，第一次産業の再活性化と県の社会経済活動の促進が得られるような販路を決定する問題と解釈できる。

　商品コンセプトは，「X県からの依頼」，「第一次産業の再活性化」の制約から与件文にある「土産物」，「特産品」を対応づけることができ，「B社の製造加工技術力を生かして」という制約からB社資源の「贈答品にもなり」，「相手先ブランドでの食肉加工品製造を請け負うことも可能」を対応づけることができる。それらから，土産用・贈答用商品の地域ブランドとしての開発が助言できる。

　販路については，設問文中の「県の社会経済活動の促進」という文言から，来街者や地域内経済の活性化が期待されていると解釈されるため，土産店だけでなく閉店の危機に瀕している地域内のホテルや旅館を販路として指定できる。

第3問

　顧客ターゲットの特定と品揃えの2点を明示し，直営店の食肉小売店の販売力強化を図るための施策を記述させる問題である。顧客ニーズが特定しにくいためにターゲットは指摘しにくいが，B社の直営小売店に来店できる商圏内にいる顧客で，食肉専門店に魅力を感じる客を指摘できれば加点されると考えられる。

　品揃えの視点では，「直営店の食肉小売店の販売力強化」という制約条件がヒントになる。競合他社との差別化の観点から，食肉専門店の強みを生かした最高級品質の食肉や，自社ブランドの加工品の強化が助言できる。

第4問

　オンライン販売業者との協業を前提に，協業先の指摘と協業が長期的に成功するための提案をさせる問題である。設問制約の「協業が長期的に成功する」の解釈が重要で，B社はもちろん，協業先にとって長期的に利益がある提案が期待されている。

　協業先については，与件文第11段落の「B社紹介ページはネット上で埋もれ，消費者の目にはほとんど留まらないようだった」という記述から，B社が取り扱うクオリティの高い食肉や食肉加工品を求めるターゲット層を販路として獲得している販売業者か，獲得可能な知名度を持つ販売業者を指摘する。

　協業が長期的に成功するための提案については，協業先の利益という視点から，相手先ブランドで製造することを助言できる。設問内にニーズの根拠が具体的にあるため，「献立の考案」ニーズに対して「メニュー提案ノウハウ」，「調理」ニーズに対し

て「途中工程まで調理した料理」を対応づけることは容易である。

(3) 事例Ⅲ

第1問

2020年以降の外部環境変化の中でのＣ社の課題について、販売面・生産面から記述する問題である。

販売面は、与件文から外食業界依存が読み取れる。生産面の課題は複数あるが、時制条件から小ロット化対応（在庫抑制）や段取り改善まで絞り込める。

第2問

設問文中の「新規受注」、「量産製品初回納品まで長期化」という文言から、金型製作期間の短縮を課題として指摘できる。設計業務の混乱原因が金型設計と製品設計の兼務であることが明らかで、また金型組立と金型仕上も金型修理・改善作業と兼務になっていることから、各業務を専任させることで金型設計や組立・仕上工程の負荷が軽減され、生産性が向上する。

第3問

第2問が金型製作、第3問は製品量産工程を対象とした問題となる。

設問文中の「発注ロットサイズ減少」、「小ロット」から段取り回数の増加を想定できる。また、小ロット生産に対応するために生産計画の作成（または見直しの）サイクルを短くすることや、これに合わせて資材発注サイクルも短くすることと、資材の納品管理をすることなどを理論想定できる。

第4問

全5問中で最も難易度が高い問題であり、デジタル化の対象が情報の交換と共有であることを意識しないと、題意を外すリスクがある。

Ｘ社からの新規受注は、納期がこれまでの月1回から週1回になるため、各業務でパソコンで入力し、紙ベースで共有していた生産関連情報はデータを統合してから共有する。さらに、Ｘ社から共有される四半期ごとの月販売予測を資材手配計画に反映させ、Ｘ社がまとめてからＣ社に送付する発注データは、Ｃ社が直接、各店舗の在庫データと物流センター在庫、発注点を共有し、これを生産計画に反映することで生産着手時期を早めることができる。

本問は設問文中の「生産業務のスピードアップ」という表現を「生産リードタイム短縮」と区別できると解答の方向性が見えてくる。

第5問

第1問と関連づけると，外食業界依存からの脱却を課題に設定できる。X社との新規取引で獲得したアウトドア業界の製品製造ノウハウは，外食産業以外からの受注獲得に生かせる。コスト低減や生産性向上に結びつく提案ノウハウは，海外生産委託商品の仕入れ価格高騰を懸念する取引先の獲得に活用できる。取引先拡大のためのチャネルは，商談会が活用できる。

(4) 事例Ⅳ

第1問

（設問1）

中小企業診断士試験に関係する「付加価値」の定義には，①財務省「法人企業統計調査年報」によるもの，②経営力向上計画で用いられるもの（営業利益＋人件費＋減価償却費），③平成30年度1次試験「財務・会計」第10問に示されたものなどがある。ここでは，与件文から引用できる情報の正確性（①と③は支払利息を特定できない）から，②である可能性が高い。

（設問2）

D社が同業他社に比べ明らかに劣っている点を指摘させ，その要因を財務指標から読み取らせる問題であり，難易度が高い。特に「要因を財務指標から読み取る」という表現は初見かつ限られた時間内で解釈することは困難だったと思われる。

D社が明らかに劣っている労働生産性は，①売上高，②有形固定資産，③人件費の3つに分解できる。それぞれを計算すると，①から付加価値率は高いが従業員1人あたりの売上高が低いこと，②から労働装備率が低いことがわかる。③について，労働分配率は同業他社並みであり，①と②の指摘を意図していたと解釈できる。

第2問

セールスミックスについては，平成26年度に初めて出題され，今回で2回目となった。今回の難易度は平成26年度よりも低い。

（設問1）

制約条件が1つであり，情報整理が容易で計算負荷も少ないため，確実に得点したい問題である。

（設問2）

制約条件は（設問1）と合わせて2つである。第2問は（設問2）まで解けるとA評価がみえてくる。

第3問

（設問1）

内外作決定の問題であり，整理する情報量も計算負荷も少ないため，得点しておきたいが，前文情報を深読みしたり，配賦固定費の解釈に戸惑ったりするリスクがある。

（設問2）

年間キャッシュフローの計算は，計算処理の負荷自体は少ないが，情報整理で混乱する要素があるうえ，回収期間法は投資額に初期在庫投資を加算する要素があるため，正答率は低くなったと思われる。

（設問3）

（設問2）のキャッシュフローを使用することに加え，継続価値の現在価値や在庫投資の回収後の価値を計算するなど，計算処理の負荷は大きい。

第4問

2つのリスクのうち，為替変動リスクは想定しやすいが，もう1つのリスクは難易度が高い。与件文中の「当該事業のノウハウ不足」，「良質な中古自動車の買取り」という文言から，中古車事業の在庫の売れ残り（過剰在庫）をリスクとして想定できれば十分だと思われる。マネジメントについては，事業ノウハウの補完を目的とした提携や買収を助言できる。

江口明宏（EBA 中小企業診断士スクール統括講師　中小企業診断士）

中小企業の診断及び助言に関する実務の事例Ⅰ

　A社は，サツマイモ，レタス，トマト，苺，トウモロコシなどを栽培・販売する農業法人（株式会社）である。資本金は1,000万円（現経営者とその弟が折半出資），従業員数は40名（パート従業員10名を含む）である。A社の所在地は，水稲農家や転作農家が多い地域である。

　A社は，戦前より代々，家族経営で水稲農家を営んできた。69歳になる現経営者は，幼い頃から農作業に触れてきた体験を通じて農業の面白さを自覚し，父親からは農業のイロハを叩き込まれた。当初，現経営者は水稲農業を引き継いだが，普通の農家と違うことがしたいと決心し，先代経営者から資金面のサポートを受け，1970年代初頭に施設園芸用ハウスを建設して苺の栽培と販売を始める。同社の苺は，糖度が高いことに加え，大粒で形状や色合いが良く人気を博した。県外からの需要に対応するため，1970年代後半にはハウス1棟，1980年代初頭にはハウス2棟を増設した。その頃から贈答用果物として地元の百貨店を中心に販売され始めた。1980年代後半にかけて，順調に売上高を拡大することができた。

　他方，バブル経済崩壊後，贈答用の高級苺の売上高は陰りを見せ始める。現経営者は，次の一手として1990年代後半に作り方にこだわった野菜の栽培を始めた。当時限られた人員であったが，現経営者を含め農業経験が豊富な従業員が互いにうまく連携し，サツマイモを皮切りに，レタス，トマト，トウモロコシなど栽培する品種を徐々に広げていった。この頃から業務量の増加に伴い，パート従業員を雇用するようになった。

　A社は，バブル経済崩壊後の収益の減少を乗り越え，順調に事業を展開していたが，1990年代後半以降，価格競争の影響を受けるようになった。その頃，首都圏の大手流通業に勤めていた現経営者の弟が入社した。現経営者が生産を担い，弟は常務取締役として販売やその他の経営管理を担い，二人三脚で経営を行うようになる。現経営者と常務は，新しい収益の柱を模索する。そこで，打ち出したのが，「人にやさしく，環境にやさしい農業」というコンセプトであった。常務は，販売先の開拓に苦労したが，有機野菜の販売業者を見つけることができた。A社は，この販売業者のアド

バイスを受けながら，最終消費者が求める野菜作りを行い，2000年代前半に有機JAS
とJGAP（農業生産工程管理）の認証を受けた。

　また，A社では，地元の菓子メーカーと連携し，同社の栽培するサツマイモを使っ
た洋菓子を共同開発した。もともと，A社のサツマイモは，上品な甘さとホクホクと
した食感があり人気商品であった。地元菓子メーカーと開発した洋菓子は，販売開始
早々，地元の百貨店から贈答用としての引き合いが入る人気商品となった。この洋菓
子は，地域の新たな特産品としての認知度を高めた。

　他方，業容の拡大に伴い，経営が複雑化してきた。現経営者は職人気質で，仕事は
見て盗めというタイプであった。また，A社ではパート従業員だけではなく，家族や
親族以外の正社員採用も行い従業員数も増加していた。しかし，従業員間で明確な役
割分担がなされていなかった。そこに，需給調整の問題も生じてきた。作物は天候の
影響を受ける。また収穫時期の違いなどによる季節的な繁閑がある。そのため，A社
では，繁忙期は従業員総出でも人手が足りず，パート従業員をスポットで雇用して対
応する一方，閑散期は逆に人手が余るような状況であった。それに加え，主要な取引
先からは，安定した品質と出荷が求められていた。

　さらに，従業員の定着が悪く，新規就農者を確保することが難しかった。農業の仕
事は，なかなか定時出社・定時退社で完結できる仕事ではない。台風などの際には，
休日であっても突発的な対応が求められる。また，新参者が地域の農業関係者の中に
溶け込み関係をつくることも難しかった。A社では，農業経験者だけではなく，農業
未経験者にも中途採用の門戸を開いていたが，帰属意識の高い従業員を確保すること
が難しかった。県の農業大学校の卒業生など新卒採用も始めたが，長く働き続けてく
れる人材の確保は容易ではなかった。

　2000年代半ばには，有機野菜の販売業者が廃業することになり，A社はその事業を
土地や施設，既存顧客を含めて譲渡されることになった。A社は，そのタイミングで
株式会社化（法人化）をした。A社は，有機野菜の販売業者から事業を引き継いだ
際，運よく大手中食業者と直接取引する機会を得た。この取引は，A社に安定的な収
益をもたらすことになった。大手中食業者からの要求水準は厳しかったものの，A社
は同社との取引を通じて対応能力を蓄積することができた。大手中食業者からの信頼
も増し，売上高の依存割合が年々増加していった。このコロナ禍にあっても，大手中
食業者以外の販売先の売上高は減少したが，デリバリー需要を背景に同社からの売上
高は堅調であった。他方，ここ数年，A社では，大手中食業者への対応に忙殺される
あまり，新たな品種の生産が思うようにできていない状況であった。

ここ数年，Ａ社では，直営店や食品加工の分野に展開を行っている。これらの業務は，常務が中心となって5名の生産に従事する若手従業員と5名のパート従業員が兼任の形で従事している。Ａ社は，2010年代半ばに自社工場を設置するとともに，地元の農協と契約し倉庫を借りることになった。自社工場では，外部取引先からパン生地を調達し，自社栽培の新鮮で旬の野菜（トマトやレタスなど）やフルーツを使ったサンドイッチや総菜商品などを製造し，既存の大手中食業者を含めた複数の業者に卸している。作り手や栽培方法が見える化された商品は，食の安全志向の高まりもあり人気を博している。

　現在，直営店は，昨年入社した常務の娘（Ａ社後継者）が担当している。後継者は，大学卒業後，一貫して飲食サービス業で店舗マネジメントや商品開発の業務に従事してきた。農業については門外漢であったものの，現経営者や常務からの説得もあり，40歳の時に入社した。直営店では，サンドイッチや総菜商品，地元菓子メーカーと共同開発した洋菓子に加え，後継者が若手従業員からの提案を上手に取り入れ，搾りたてのトマトジュース，苺ジャムなどの商品を開発し，販売にこぎ着けている。現在，直営店はＡ社敷地の一部に設置されている。大きな駐車場を併設しており，地元の顧客に加え，噂を聞きつけて買い付けにくる都市部の顧客も取り込んでいる。また最近，若手従業員の提案で，オープンカフェ形式による飲食サービス（直営店に併設）を提供するようになった。消費者との接点ができることで，少しずつではあるがＡ社は自社商品に関する消費者の声を取得できるようになった。この分野は，着実に売上高を伸ばしてきたが，一方で，人手不足が顕著になってきており，生産を兼務する従業員だけでは対応できなくなりつつあった。Ａ社は，今後も地域に根ざした農業を基盤に据えつつ，新たな分野に挑戦したいと考えている。

　コロナ禍をなんとか乗り切ったＡ社であるが，これまで経営の中枢を担ってきた現経営者と常務ともに60歳代後半を迎え，本格的に後継者への世代交代を検討し始める時期に差し掛かっている。現経営者は，今後のＡ社の事業展開について中小企業診断士に助言を求めた。

第1問（配点20点）

　Ａ社が株式会社化（法人化）する以前において，同社の強みと弱みを100字以内で分析せよ。

第2問 （配点20点）

　A社が新規就農者を獲得し定着させるために必要な施策について，中小企業診断士として100字以内で助言せよ。

第3問 （配点20点）

　A社は大手中食業者とどのような取引関係を築いていくべきか，中小企業診断士として100字以内で助言せよ。

第4問 （配点40点）

　A社の今後の戦略展開にあたって，以下の設問に答えよ。

（設問1）

　A社は今後の事業展開にあたり，どのような組織構造を構築すべきか，中小企業診断士として50字以内で助言せよ。

（設問2）

　現経営者は，今後5年程度の期間で，後継者を中心とした組織体制にすることを検討している。その際，どのように権限委譲や人員配置を行っていくべきか，中小企業診断士として100字以内で助言せよ。

解答の着眼

●出題傾向

(1) 事例のテーマ

　本年度の事例Ⅰでは，農業法人が取り上げられた。A社は，「人にやさしく，環境にやさしい農業」をコンセプトに，現経営陣のもとで長年成長を遂げてきた。しかし，創業から40年以上が経過し，外部環境の変化に対応するための主要取引先との関係の見直しや，人材の獲得，組織構造の変革，後継者への円滑な事業承継等の課題が出てきている。こうした課題を解決する方法を探るのが，事例全体のテーマである。

　A社は，従業員が社長を含め40名と，事例Ⅰでは比較的小規模な企業である。そのため，組織論的な施策については実現可能性を考慮する必要がある。

事例Ⅰの事例企業は，ここ数年，ファブレスの製造業，農産物の乾燥機製造業，酒造業，印刷業等の製造業が中心になっていた。本年度は「農業法人」という事例Ⅰでは初めての出題業種となった。他事例では，平成28年度の事例Ⅲに出題歴がある。

また，本年度の事例企業A社は，純粋な農業生産だけではなく，自社工場での生産や直営店での販売・サービス等，幅広い分野で活動しているところにも特色がある。事例Ⅰのここ3年間の事例企業は，単一の業種を営んでいるわけではないことが共通している。

(3) 設問構造

本事例の各設問を構造面から整理すると，以下のようになる。

・第1問　環境分析問題：過去の時点での強みと弱みの分析
・第2問　戦術助言問題：従業員の獲得と定着のための施策に関する助言
・第3問　戦略助言問題：大手取引先との関係性再構築に関する助言
・第4問
　（設問1）戦術助言問題：今後の組織構造の構築についての助言
　（設問2）戦術助言問題：後継者への事業承継に関する注意点に関する助言

このように，5問中3問が戦術系の問題となっている。かなり戦術寄りの構成であり，5問中4問を戦略系の問題が占めた昨年度の構成からは大幅に変化している。また，5問中4問が助言問題であり，昨年度（2問），一昨年度（1問）と比べると，こちらも大幅に変化している。

以上の変化を考えると，昨年度とは異なる出題委員が作問した可能性が高い。

●解答例

第1問（配点20点）

強	み	は	，	①	地	域	特	産	品	と	し	て	認	知	度	と	人	気	が
高	い	自	社	商	品	②	経	験	豊	富	な	従	業	員	の	連	携	③	有
機	Ｊ	Ａ	Ｓ	等	の	認	証	を	受	け	て	い	る	。	弱	み	は	，	①
役	割	分	担	が	不	明	確	で	組	織	体	制	に	不	備	が	あ	る	②
従	業	員	の	定	着	が	悪	く	人	材	確	保	が	困	難	で	あ	る	。

第 2 問（配点20点）

獲	得	面	で	は	,	コ	ン	セ	プ	ト	を	前	面	に	打	ち	出	し	環
境	問	題	に	対	す	る	意	識	の	高	い	人	材	を	獲	得	す	る	こ
と	。	定	着	面	で	は	,	①	地	元	と	の	積	極	的	な	交	流	の
場	を	設	け	地	域	農	家	と	の	融	合	を	図	る	②	提	案	制	度
導	入	で	従	業	員	の	意	欲	向	上	を	図	る	こ	と	で	あ	る	。

第 3 問（配点20点）

互	い	の	強	み	を	生	か	し	た	ア	ラ	イ	ア	ン	ス	関	係	を	築
い	て	い	く	こ	と	を	助	言	す	る	。	具	体	的	に	は	,	A	社
直	営	店	か	ら	の	顧	客	の	声	や	,	A	社	従	業	員	か	ら	の
提	案	等	を	情	報	共	有	し	新	商	品	の	共	同	開	発	を	行	う
と	共	に	,	A	社	新	品	種	開	発	へ	の	参	画	を	求	め	る	。

第 4 問（配点40点）

（設問 1 ）

ト	ッ	プ	の	統	制	が	容	易	で	業	務	効	率	化	・	ノ	ウ	ハ	ウ
蓄	積	に	有	効	な	直	営	店	等	の	部	門	別	に	分	け	た	機	能
別	組	織	と	す	べ	き	で	あ	る	。									

（設問 2 ）

権	限	委	譲	は	,	後	継	者	の	能	力	面	や	意	識	面	を	考	慮
し	な	が	ら	長	期	計	画	に	基	づ	き	漸	増	的	に	行	う	こ	と	。
人	員	配	置	は	,	補	佐	役	の	人	選	と	共	に	現	経	営	層	が
当	面	は	相	談	役	等	に	と	ど	ま	り	,	後	継	者	を	バ	ッ	ク
ア	ッ	プ	す	る	体	制	を	取	る	こ	と	を	助	言	す	る	。		

●解説

【第 1 問】

⑴　解答を導く思考プロセス

①設問文から出題の趣旨と制約条件を分析する

イ　出題の趣旨

　A社の強みと弱みを分析させるストレートな環境分析問題である。SWOT 分析の S と W を正面から問う問題は，事例Ⅲで頻出であるが，事例Ⅰではかなり珍しい。

ロ　制約条件

　設問文はシンプルであり，典型的な制約条件は見られない。

②関連する与件文と基本知識から解答を導く

　本問に関連する与件文は，以下の部分である。

イ　地元菓子メーカーと開発した洋菓子は，販売開始早々，地元の百貨店から贈答用としての引き合いが入る人気商品となった。この洋菓子は，地域の新たな特産品としての認知度を高めた（第 5 段落）。

ロ　当時限られた人員であったが，現経営者を含め農業経験が豊富な従業員が互いにうまく連携し，サツマイモを皮切りに，レタス，トマト，トウモロコシなど栽培する品種を徐々に広げていった（第 3 段落）。

ハ　A社は，この販売業者のアドバイスを受けながら，最終消費者が求める野菜作りを行い，2000年代前半に有機 JAS と JGAP（農業生産工程管理）の認証を受けた（第 4 段落）。

ニ　しかし，従業員間で明確な役割分担がなされていなかった（第 6 段落）。

ホ　さらに，従業員の定着が悪く，新規就農者を確保することが難しかった（第 7 段落）。

　SWOT 分析系問題における強みの選択は，VRIO の I（模倣困難性）に当たるかどうかが基準となる。与件文イは，この洋菓子が人気商品であるだけでなく，地域の新たな特産品としての認知度，いいかえれば，地域での強いブランド力を保持していると解釈でき，これは競合が模倣しにくい強みといえる。

　与件文ロについては，これも模倣困難性の代表例といえる人に宿る能力と歴史の積み重ねを示唆している。

　与件文ハについては，イ，ロほど模倣困難性は強くないが，知的財産権に近いものとして捉え，今後の販路拡大等に有利となることから強みと判断する。

弱みについては，結果としての現象ではなく，その現象を生み出している真因であり，かつ内在化したものを優先的に選択するのが定石である。

　与件文ニの内容は現象寄りであるが，後の問題に関係することや，実際にそれが良くない結果につながっていると解釈できるため，解答内容に入れる。

　与件文ホは，構造的な弱みを示しており，かつ後の設問に関係するため，解答内容に入れる。

(2) 過去問題との類似点・相違点

　環境分析系の問題において，事例Ⅱ・Ⅲは，いわゆる SWOT 分析系の問題がほとんどを占めるのに対して，事例Ⅰでは固定したパターンがない。前述したとおり，本年度はSとWを正面から問われた珍しいケースである。

【第2問】

(1) 解答を導く思考プロセス

①設問文から出題の趣旨と制約条件を分析する

イ　出題の趣旨

　設問要求は，新規就農者を獲得し定着させるために必要な施策であり，レイヤーは戦術助言問題である。最終問題で頻出の目的を定めた具体的施策を問う出題であり，与件文の記述をもとに，1次知識を応用する力が試される。第2問に戦術助言問題が来ることも，事例Ⅰの過去問題の傾向とは少し乖離がある。

　また，設問要求の文言に素直に従うなら，解答の内容には「獲得」するための施策と「定着」させるための施策の両方が必要と考えられ，主語を2つに分ける必要がある。

ロ　制約条件

　対象は新規就農者であり，生産工場や直営店の従業員ではないことに注意しなければならない。

②関連する与件文と基本知識から解答を導く

　本問に関連する与件文は，以下の部分である。

イ　さらに，従業員の定着が悪く，新規就農者を確保することが難しかった。農業の仕事は，なかなか定時出社・定時退社で完結できる仕事ではない。台風などの際には，休日であっても突発的な対応が求められる（第7段落）。

ロ　また，新参者が地域の農業関係者の中に溶け込み関係をつくることも難しかった

（第7段落）。

ハ　農業未経験者にも中途採用の門戸を開いていたが，帰属意識の高い従業員を確保することが難しかった（第7段落）。

ニ　そこで，打ち出したのが，「人にやさしく，環境にやさしい農業」というコンセプトであった（第4段落）。

ホ　また最近，若手従業員の提案で，オープンカフェ形式による飲食サービス（直営店に併設）を提供するようになった（第10段落）。

　従業員の定着を妨げる原因については，第7段落を中心に記述がある。まず，与件文イに書かれていることが原因の1つと考えられる。

　しかし，この問題については，遠洋漁業が一度出港するとしばらくは陸に上がれないことと同じように，農業生産という業種に内在化されたものであり，解決の方法は存在しないと考えられる。もちろん，植物工場のようなものも存在するが，本事例のA社が全面的にそのような転換をするとは考えにくい。

　与件文ロの問題については，交流の機会等を設ける施策を打つことで一定の効果は期待できるだろう。与件文ハ中の「帰属意識」という文言が少し気になる。帰属意識が薄いとは，自分が所属する企業や組織に愛着や誇りを持つことができていないともいいかえられる。企業理念やビジョンの共有ができていない場合もある。

　また，「定着」と「獲得」が同時に問われているということはその間に関係があるとも考えられる。そこで，そもそも採用の段階から「人にやさしく，環境にやさしい農業」というA社の企業理念に共感する人材が獲得できれば，従業員の定着率も上がると推測できる。

　与件文ホをはじめ，与件文の第10段落には「提案」という言葉が2回出てくる。いわゆる重複表現であり，過去問題でもそのような表現が解答の重要ポイントとなることが多い。

　1次知識的にも，企業理念に共感した従業員が，自分の提案で企業を良い方向に変えていくことができるような環境であれば，動機づけ要因が満たされ，定着もより進むと考えられる。

⑵　過去問題との類似点・相違点

　ここ10年の事例Ⅰをみると，採用や定着に関する問題は，平成28年度の最終問題に出題歴がある。従業員の獲得と定着に関する問題は，中小企業にとって切実なものであり，今後も出題の可能性は十分に考えられる。

【第3問】

(1) 解答を導く思考プロセス

①設問から出題の趣旨と制約条件を分析する

イ　出題の趣旨

　取引先（ターゲット）との関係に関する設問であり，レイヤーはドメインに関係する戦略の助言問題である。設問要求は，「どのような取引関係を築いていくべきか」という漠然とした表現になっている。

　このような問題が出題されたときの対処としては，まずはドメインの領域に関する論点であることをしっかりと意識する必要がある。そのうえで，与件文の該当箇所からメッセージを読み解く，過去問題に類題の記憶がある場合は参考にするなど，総合的に考える必要がある。

ロ　制約条件

　設問文はシンプルであり，典型的な制約条件は見られない。

②関連する与件文と基本知識から解答を導く

　本問に関連する与件文は，以下の部分である。

イ　運よく大手中食業者と直接取引する機会を得た。この取引は，A社に安定的な収益をもたらすことになった（第8段落）。

ロ　A社は同社との取引を通じて対応能力を蓄積することができた（第8段落）。

ハ　大手中食業者からの信頼も増し，売上高の依存割合が年々増加していった（第8段落）。

ニ　大手中食業者への対応に忙殺されるあまり，新たな品種の生産が思うようにできていない状況であった（第8段落）。

ホ　A社では，地元の菓子メーカーと連携し，同社の栽培するサツマイモを使った洋菓子を共同開発した（第5段落）。

ヘ　消費者との接点ができることで，少しずつではあるがA社は自社商品に関する消費者の声を取得できるようになった（第10段落）。

　与件文イ，ロには，大手中食業者との取引のプラス面が記述されている。一方，与件文ハでは，プラス要因（大手中食業者からの信頼増加）の後に，マイナス要因にとれる記述（売上依存割合が増加）が続いている。

　与件文ニの内容は，確かに良くない現象ではあるが売上利益に悪影響を及ぼしているかは不明である。

　大きなストーリーとして与件文をとらえると，与件文の内容にプラスの内容が多い

ことから，この大手中食業者との関係は今後も維持発展の方向性，すなわちアライアンス関係であることは推測される（与件文ハについては，誤った解釈をして取引を縮小する方向の解答を書いた受験者もいるかもしれないが，残念ながらそれは考えにくい。理由は後述する）。

与件文ホにおける企業連携での成功経験や，与件文ニにおける大手中食業者からの信頼増加も，その実現可能性を示唆している。

ただし，アライアンスは Win-Win の関係が基本になるが，第8段落の記述には，A社が大手中食業者に与えるものについての記述がほとんどない。

しかし，与件文への内容は，大手中食業者が持っていない情報が手に入るようになってきていることを示唆している。また，与件文ニについても，品種選定に関する情報を持つ大手中食業者が新品種開発に参画することは，両社の利益になると考えても無理はない。

● 「依存脱却」についての誤解

本問では与件文ハに影響され，大手中食業者からの依存脱却の方向で解答した受験者が多数存在したと思われる。多くの受験者が誤解しているところなので，ここで補足説明をしておく。

まず，ある取引先への依存から脱却を図る場合には，その取引先との取引量を減らす（売上の減少につながる）のではなく，他の取引先を増やして，相対的に依存度を下げることが基本である。

もちろん，買手の交渉力を振りかざして赤字受注を迫るような取引先であれば別であるが，2次試験では少し考えにくく，本問の大手中食業者はそれには当たらない。

さらに，本問は大手中食業者との取引関係の構築についての解答を求めている。大手中食業者以外の取引を増やす方向性を解答としても，題意に適合しない。また，与件文ハには，大手中食業者の売上依存割合が年々増加しているとの記述があるが，増加に関する数値情報がないことも重要である。

どこからを依存とするかは不明であるが，60%から80%への増加も，20%から30%への増加も，増加には変わらない。しかし，後者ならほとんど問題はないであろう。

(2) 過去問題との類似点・相違点

事例Ⅰでは，組織論にかかわる典型的な論点からの出題の他に，戦略に関する問題が頻出している。過去問題をみると，成長戦略に関係する問題が圧倒的に多い。本問は，取引先との今後の関係性を考えさせるという意味では，令和3年度第4問の類題

と考えられる。

【第4問】

（設問1）

(1) 解答を導く思考プロセス

①設問から出題の趣旨と制約条件を分析する

イ　出題の趣旨

　両設問に共通するリード文に，「A社の今後の戦略展開」という言葉がある。このような場合，例年の出題パターンであれば，成長戦略を正面から問う戦略系の問題になることが多いが，本問の場合は両設問ともに戦術問題となっている。

　各組織構造のメリット・デメリットについての正確な1次知識を，与件文の中に記述されているA社の状況に対応させる能力が試されている。

　そもそも，現時点でどのような組織であるかについて与件文にはまったく記述がないことが解答を困難にしているが，これは平成28年度，30年度等，過去問題では珍しいことではない。

ロ　制約条件

　設問文には，直接的な制約条件は見当たらない。

②関連する与件と基本知識から解答を導く

　本問に関連する与件文は，以下の部分である。

イ　しかし，従業員間で明確な役割分担がなされていなかった（第6段落）。

ロ　直営店や食品加工の分野に展開を行っている。これらの業務は，常務が中心となって5名の生産に従事する若手従業員と5名のパート従業員が兼任の形で従事している（第9段落）。

ハ　A社は，今後も地域に根ざした農業を基盤に据えつつ，新たな分野に挑戦したいと考えている（第10段落）。

　与件文イの内容は，時系列でいえば明らかに以前のことであるが，現在，是正されているかどうかは不明である。

　与件文ロには，直営店と農業生産現場との役割分担が中途半端な状態になっていることが示唆されている。過去問題において，従業員が複数の業務を兼任している状態は，（事例を問わず）改善すべき問題であることが圧倒的に多くなっている。

　では，具体的にどのような組織構造が望ましいだろうか。まず，問題文に「構築」という言葉があることや，与件文ハにA社の将来の方向性が示されていることから，

短期的ではなく，長期的な組織構造が要求されていると考えられる。

　A社では，農業生産現場，生産工場，直営店等，それぞれの業務内容が異なる。そのため，兼務ではなく別部門にして専業化するほうが効率的であると推測できる。与件文ロも，その方向を示唆していると考えられる。

　設問文ではっきりと組織構造が問われていることから，解答には「～組織」のように組織名を明示することが必要と考えられる。

　長期かつ固定的な組織構造として，本問の解答候補には，機能別組織，マトリックス組織，事業部制組織が挙がる。その中で事業部制組織と解答した受験者も多数存在したと予測されるが，以下の2点の理由から正解とは考えにくい。

　まず，会社そのものの規模である。与件文によれば，A社の従業員（正社員）は30名である。30名の企業が事業部制を採用してはいけないというルールがあるわけではないが，通常，事業部には一定の完結した能力が求められることを考えると，常識的に考えて無理があるだろう。

　もう1点は，与件文ロにあるように，直営店や食品加工部門は合わせて10名で業務を行っており，それらの部門を事業部とするのはやはり無理がある。

　では，機能別組織とマトリックス組織のどちらを選択するかであるが，解答例では，A社のこれからの展開に当たって，ノウハウの蓄積と効率化の必要性が与件文全体から示唆されていると考え，機能別組織としている。

(2)　**過去問題との類似点・相違点**

　本問は，大きく各種の組織構造のメリット・デメリットの理解を試す問題であり，近年のトレンドでもある。平成28年度，30年度にも類題が出題されており，今後の出題の可能性も高い。

（設問2）

(1)　**解答を導く思考プロセス**

①設問から出題の趣旨と制約条件を分析する

イ　出題の趣旨

　今後5年程度の期間で，後継者を中心とした組織体制にするための権限委譲や人員配置を問う問題であり，（設問1）に続き戦術の助言問題である。抽象化したいい方をすれば，スムーズな事業承継のための施策が問われている。

　近年，ベビーブーム世代の経営者の高齢化もあり，事業承継は日本全体の問題となっている。中小企業白書でも，何らかの形で毎年のように取り上げられている。2

次試験にも出題されるテーマだといわれながら，これまで出題がなかったのが不思議である。

　　ロ　制約条件

　「今後5年程度の期間」，「後継者を中心とした組織体制」という2つの重要な条件が付されている。

　②関連する与件と基本知識から解答を導く

　本問と関連する与件文は，以下の部分である。

イ　直営店は，昨年入社した常務の娘（A社後継者）が担当している。後継者は，大学卒業後，一貫して飲食サービス業で店舗マネジメントや商品開発の業務に従事してきた（第10段落）。

ロ　農業については門外漢であったものの，現経営者や常務からの説得もあり，40歳の時に入社した（第10段落）。

ハ　後継者が若手従業員からの提案を上手に取り入れ，搾りたてのトマトジュース，苺ジャムなどの商品を開発し，販売にこぎ着けている（第10段落）。

ニ　現経営者が生産を担い，弟は常務取締役として販売やその他の経営管理を担い，二人三脚で経営を行うようになる（第4段落）。

ホ　これまで経営の中枢を担ってきた現経営者と常務ともに60歳代後半を迎え，本格的に後継者への世代交代を検討し始める時期に差し掛かっている（第11段落）。

　まず，権限委譲から考える。事業承継における権限委譲の原則として，一度に大きな権限委譲を行うのではなく，漸増的に時間をかけて行うことが重要である。

　そのうえで，後継者についてみると，与件文イから，直営店の運営に関しては十分な能力を持っていることが推測される。そのため，現時点ですでに権限委譲が行われているとも解釈できる。反対に与件文ロには，「農業については門外漢」とあるため，農業生産の現場については，現経営者がしっかりと教育した後に権限委譲することが望ましい。工場生産についても，同じことが推測される。

　また，与件文ハの「こぎ着けている」という表現から，現在は直営店の仕事で手一杯とも取れ，意識的にもまだ早いことを示唆しているとも解釈できる。そのため，解答例では，「長期計画」という文言を使用している。

　次に，人員配置を考える。基本的には，バックアップ体制の構築が必要と考えられる。

　その内容については，大きく2つの切り口が考えられる。まずは，補佐役の選定である。番頭・参謀など，経営者の意思決定を補佐する人間が存在することが望まし

い。与件文ニでは，A社では補佐役は常務が引き受けてきたことが読み取れる。さらに，与件文ホには，経営者と常務の両名が，近い将来引退することが示唆されている。問題の制約条件に5年とあるのは，補佐役の人選に充てる期間と考えると整合性がとれる。加えて，後継者による経営が軌道に乗るまでは，現在の実質的な経営者である両名が顧問や相談役として残ることによって，今後起こりうる不測の事態に備えることも必要だろう。

(2) 過去問題との類似点・相違点

本問は，形式的には中長期的な課題の解決のための組織論的な施策を問う王道の問題であり，多数の年度で出題歴がある。平成27年度，29年度，30年度，令和2年度の問題も，内容に違いはあるが，問題構造としては同じである。

●学習のポイント

本年度の事例Ⅰは，5問中3問が戦術問題であった。目的を定めた戦術問題は，正確な知識があれば確実に得点できる。特に，人事システムの施策が何に対してどのような効果が期待できるのか，組織構造のメリット・デメリットはどのようなものかなどについては，正確に理解し，記述できるように準備してほしい。

近年，1次試験に独学またはそれに近い通信教育で臨む受験者が増加している。しかし，2次試験は1次試験とはシチュエーションがまったく異なる。問題集を解けば自分の間違いが即座にわかる1次試験と違い，2次試験で自分の解答に至る思考の間違いを自分で気づいて自分で正すことは極めて困難である。武術にたとえるなら，1次試験は必要になる筋力・持久力がついているか，簡単な型ができるかが試される。一方，2次試験は一定の能力を持つ実力者たちの実戦的な試合となる。独学で勝ち抜くことは至難の業である。ぜひ，師匠やコーチの指導を受け，本気の練習試合も経験したうえで，本番に臨むことをお勧めしたい。

平野純一（KECビジネススクール主任講師　中小企業診断士）

中小企業の診断及び助言に関する実務の事例Ⅱ

　B社は資本金3,000万円，従業者数は45名（うちパート従業員21名）で，食肉と食肉加工品の製造・販売を行う事業者である。現在の事業所は本社，工場，直営小売店1店舗である。2021年度の販売額は約9億円で，取扱商品は牛肉・豚肉・鶏肉・食肉加工品である。

　B社はX県の大都市近郊に立地する。高速道路のインターチェンジからも近く，車の利便性は良いエリアだ。B社の周辺には，大規模な田畑を所有する古くからの住民もいるが，工業団地があるため，現役世代が家族で居住する集合住宅も多い。

　1955年，B社はこの地で牛肉，豚肉，鶏肉，肉の端材を使った揚げたてコロッケなどの総菜を販売する食肉小売店を開業した。当時の食肉消費拡大の波に乗って順調に売り上げを伸ばしたB社は，1960年代に入ると，食肉小売事業に加え，地域の百貨店や近隣のスーパーなどの大型小売業へ食肉を納入する事業を手がけるようになった。

　百貨店やスーパーを取引先としてきたこともあって，B社の商品はクオリティの高さに定評がある。仕入れ元からのB社に対する信頼も厚く，良い食肉を仕入れられる体制が整っている。B社は，百貨店向けには贈答用を含めた最高級品質の食肉や食肉加工品の販売を行い，直営の食肉小売店では対面接客による買物客のニーズに合わせた販売を行い，スーパー向けには食卓で日常使いしやすいカット肉やスライス肉などの販売を行っており，さまざまな食肉の消費機会に対応できる事業者である。

　大型小売業の成長とともにB社も成長していたが，1980年代後半以降，スーパーは大手食肉卸売業者と取引を行うようになったため，B社からスーパーへの納入量は徐々に減少していった。現在，B社の周囲5km圏内には広大な駐車場を構える全国チェーンのスーパーが3店舗あり，食肉も取り扱っているが，いずれもB社との取引関係はない。

　こうした経営環境の変化を前に，B社社長は，直営の食肉小売店での販売と百貨店やスーパーを主要取引先とする商売を続けていくことに危機を感じた。そこで1990年代に入ってすぐ，次に挙げる3点で事業内容の見直しを行った。

　第1に，新たな取引先の開拓である。従来の百貨店やスーパーとの取引に加え，県

内や隣接県のホテル・旅館，飲食店などに活路を見出した。Ｂ社のあるＸ県は，都市部と自然豊かな場所がともに存在し，高速道路で行き来できる。また，野菜・果物・畜産などの農業，漁業，機械や食品などの工業，大型ショッピングセンターなどの商業，観光サービス業がバランスよく発展している。山の幸，海の幸の特産品にも恵まれ，大規模な集客施設もあれば，四季それぞれに見どころのある観光エリアもあり，新たな取引先探しには事欠かなかった。

第２に，自社工場を新設し，食肉加工品製造も行えるようにした。高い技術力を有する職人をＢ社に招き入れ，良質でおいしい食肉加工品を製造できる体制を整えた。これによって，Ｂ社は最高級のハムやソーセージ，ローストビーフなどの食肉加工品を自社ブランドで開発できるようになった。単品販売もできるうえ，詰め合わせれば贈答品にもなり，これら食肉加工品は直営小売店や高速道路の土産物店，道の駅などで販売している。また，取引先のニーズに応じて，相手先ブランドでの食肉加工品製造を請け負うことも可能になった。

これと関連して第３に，取引先へのコンサルテーションも手がけるようになった。自社工場設立以前，Ｂ社は食肉販売を主な事業としていたため，取り扱う商品は標準的なカットやスライスを施した食肉であり，高度な加工を必要としなかった。しかし，ホテル・旅館や飲食店との取引の場合，販売先の調理の都合に合わせた形状のカットや，指定された個数でのパッキング，途中工程までの調理済み商品が求められるなど，顧客ニーズにきめ細かく合わせることが必要となってきた。Ｂ社は自社工場という加工の場をもつことによって，個々の顧客の要望に応じた納品が可能になった。最近では，飲食店に対してメニュー提案を行ったり，その半加工を請け負ったりすることも増えている。

事業見直しを進めた現在，Ｂ社取引先の多くは1990年代以降に開拓した事業者となった。2019年度時点でのＢ社の売上構成比は，卸売事業が９割，直営小売事業が１割である。折からのインバウンド需要の拡大を受け，ホテル・旅館との取引は絶好調であった。加えて2020年夏には東京オリンピック・パラリンピックを控え，Ｂ社はさらなる飛躍を期待し，冷凍在庫も積み増していた。

ところが，国内での新型コロナウイルス感染症の発生を受け，ホテル・旅館や飲食店などを主要取引先とするＢ社の経営は大打撃を受けた。Ｂ社の2020年度の売り上げは，2019年度のおよそ半分となった。2021年度の売り上げも2020年度から多少回復がみられる程度だ。東京オリンピック・パラリンピックのために積み増した冷凍在庫をさばくため，Ｂ社は大手ネットショッピングモールに出店し，焼肉用やステーキ用と

して冷凍肉の販売も試してみた。しかし，コロナ禍で同じことを考えた食肉販売業者は多く，B社紹介ページはネット上で埋もれ，消費者の目にはほとんど留まらないようだった。B社にとってせめてもの救いは，直営の食肉小売店であった。コロナ禍の巣ごもり需要拡大の影響で，開業以来，とくに何の手も打って来なかった食肉小売店での販売だけが急上昇した。料理の楽しさに目覚めた客や，作りたての揚げ物を買い求める客が，食肉専門店の魅力に気づいて足を運ぶようになった結果だった。

B社社長はこの2年以上，コロナ禍で長期にわたって取引が激減しているホテル・旅館や，続々と閉店する飲食店を目の当たりにしてきた。もちろんB社の販売先の多くはまだ残っているが，コロナ収束後，これらの事業者がすぐにコロナ前の水準で取引してくれるようになるとはとても思えずにいる。

B社社長は高齢のため，同社専務を務める息子がまもなく事業を承継する予定だ。アフターコロナと事業承継を見据え，B社社長は自社事業の再構築を行うべく，中小企業診断士に相談した。B社はこのところ卸売事業を主軸としてきた。しかし，中小企業診断士との対話を重ねていくうち，B社社長は自社の売り上げが他社の動向に左右されていることに気づき，今後はB社自身が最終消費者と直接結びつく事業領域を強化すべきであると納得するに至った。B社社長は，自社の強みを生かした新たな事業展開ができるよう，中小企業診断士にさらなる助言を求めた。

第1問 （配点30点）

B社の現状について，3C（Customer：顧客，Competitor：競合，Company：自社）分析の観点から150字以内で述べよ。

第2問 （配点20点）

B社は，X県から「地元事業者と協業し，第一次産業を再活性化させ，県の社会経済活動の促進に力を貸してほしい」という依頼を受け，B社の製造加工技術力を生かして新たな商品開発を行うことにした。商品コンセプトと販路を明確にして，100字以内で助言せよ。

第3問 （配点20点）

アフターコロナを見据えて，B社は直営の食肉小売店の販売力強化を図りたいと考えている。どのような施策をとればよいか，顧客ターゲットと品揃えの観点から100字以内で助言せよ。

第4問（配点30点）

　B社社長は，新規事業として，最終消費者へのオンライン販売チャネル開拓に乗り出すつもりである。ただし，コロナ禍で試した大手ネットショッピングモールでの自社単独の食肉販売がうまくいかなかった経験から，オンライン販売事業者との協業によって行うことを考えている。

　中小企業診断士に相談したところ，B社社長は日本政策金融公庫『消費者動向調査』（令和4年1月）を示された。これによると，家庭での食に関する家事で最も簡便化したい工程は「献立の考案」（29.4％），「調理」（19.8％），「後片付け」（18.2％），「食材の購入」（10.7％），「容器等のごみの処分」（8.5％），「盛り付け・配膳」（3.3％），「特にない」（10.3％）とのことであった。

　B社はどのようなオンライン販売事業者と協業すべきか，また，この際，協業が長期的に成功するためにB社はどのような提案を行うべきか，150字以内で助言せよ。

解答の着眼

●出題傾向

(1)　事例のテーマ・概要

　本年度の事例Ⅱは，アフターコロナと事業承継を見据えた自社事業の再構築をテーマとしたマーケティング戦略事例であった。

　B社は，X県の大都市近郊に立地する食肉と食肉加工品の製造・販売を行う事業者である。1955年に肉の端材を使った揚げたてコロッケなどの総菜を販売する食肉小売店を開業したのを振り出しに，百貨店やスーパーなどへの卸売事業も拡大し，さまざまな食肉の消費機会に対応できる事業者として成長してきた。

　経営環境の変化を踏まえ，1990年代以降，新たな取引先の開拓，自社工場の新設による製造加工技術力向上，取引先へのコンサルテーションなどを展開し，さらなる成長を図り，東京オリンピック・パラリンピックによる飛躍も期待されたが，近年はコロナ禍で経営に大打撃を受けている。高齢の社長から息子の専務への事業承継も予定しており，社長は自社の強みを生かした新たな事業展開ができるように診断士に助言を求める，というストーリーとなっている。

(2) 出題の特徴

①出題業種

令和2年度以降，製造業の出題が続いているが，本年度の事例企業は，製造業だけでなく直営小売店を持っているのが特徴的である。

②難易度

形式面では，与件文が2ページ半ほどで情報量は多い。図表等は添付されていないが，第4問の設問文中に日本政策金融公庫『消費者動向調査』（令和4年1月）のデータが記載されている。問題数は4問，解答文字数は500字（150字×2，100字×2）以内という構成になっており，例年並みの記述量である。

内容面では，平成30年度に初めて出題された3C分析が4年ぶりに問われたこと，今後何をすべきかを中心に問われていることなど，近年の出題傾向を踏襲したものとなっている。

与件情報や設問文の制約条件が多い分，情報を整理・把握する負担は大きいものの，解答の方向性について，与件情報に基づいて丁寧に処理することができれば，ある程度の得点は望めただろう。しかし，問題数が少ない分，1問あたりの配点が大きいので，80分という限られた状況の中でミスなく的確に対応するのは難しかった。また，与件情報から乖離したアイデア論を書きやすい点も含めて，近年の本試験レベルと同程度とみてよいだろう。

総合的にみて，本年度の事例Ⅱの難易度は，例年並みと考えられる。

③設問別の特徴

第1問

B社の現状について，3C分析を求められている。解答字数が150字（以内）なので，顧客・競合・自社について50字ずつを目安にバランスよく記述したい。基本的には，与件文中の情報を抜き出してまとめればよいだろう。

なお，B社の事業は卸売事業と直営小売事業に分かれているため，それぞれ顧客や競合が異なる点に注意が必要である。

第2問

X県の社会経済活動促進に貢献するための，B社の製造加工技術力を生かした新たな商品開発が問われている。制約条件は，商品コンセプトと販路を明確にすることである。

与件文中のX県に関する記述や販路に関連する情報をベースに，従来の事例Ⅱのセオリーどおりに発想すればよい。1次試験科目の「中小企業経営・政策」などで地域

ブランドについての学習経験があれば，まったく解答できないことはないだろう。一方，与件情報から大きく逸脱しないように留意が必要である。

第3問

直営の食肉小売店の販売力強化施策が問われている。制約条件は，顧客ターゲットと品揃えの観点から解答することである。

こちらも，与件文中の直営店に関する記述や顧客動向を踏まえれば，ある程度，解答をまとめることはできるはずである。

第4問

協業すべきオンライン販売業者と，協業が長期的に成功するためのB社の提案が問われている。設問文だけで3段落もあるので，注意深く設問要求や制約条件を読み取らなければならない。

第1段落では，過去に失敗したオンライン販売について触れられていることから，その反省を生かすべきと考えたい。続く第2段落では，日本政策金融公庫『消費者動向調査』の情報が示されている。これは過去問で見られた付属資料と同等の扱いと考えてよいだろう。消費者のニーズが書かれているので，それを素直に満たす方向性で考える。

解答字数は150字（以内）なので，設問要求と制約条件を踏まえて丁寧にまとめなければならない。かなり解答内容がバラつくことが予想される。

④制約条件の重要性

昨年度に引き続き，本年度もすべての設問文の中に何らかの制約条件が付されていた。この制約条件に従い，忠実に解答することができたかどうかが，得点に大きく影響したと思われる。

(3) 設問構造

2次試験の問題は，環境分析，戦略策定，戦術策定（機能戦略問題）の3つのレイヤーに分けることができる。本年度の事例Ⅱは，図表1のように新商品開発や新規事

図表1　本年度事例Ⅱの設問構造

第1問	環境分析問題	3C分析
第2問	新商品開発	商品コンセプト・販路
第3問	既存販売強化	顧客ターゲット・品揃え
第4問	新規事業開発	販売事業者選定・提案

業開発のように戦略寄りの問題と，既存小売店の販売力強化施策のように戦術寄りの問題がバランスよく出題されていた。

●解答例

第1問（配点30点）

顧	客	：	ホ	テ	ル	・	旅	館	や	飲	食	店	，	百	貨	店	や	土	産
物	店	・	道	の	駅	，	集	合	住	宅	家	族	や	食	肉	専	門	店	の
魅	力	に	気	づ	い	た	消	費	者	。	競	合	：	大	手	食	肉	卸	売
事	業	者	，	全	国	チ	ェ	ー	ン	ス	ー	パ	ー	，	ネ	ッ	ト	食	肉
販	売	業	者	。	自	社	：	強	み	は	自	社	工	場	と	高	い	技	術
力	を	持	つ	職	人	，	高	品	質	食	肉	仕	入	体	制	，	コ	ン	サ
ル	力	。	弱	み	は	売	上	が	他	社	動	向	に	左	右	さ	れ	る	事
業	構	造	で	卸	売	事	業	依	存	。									

第2問（配点20点）

商	品	コ	ン	セ	プ	ト	は	，	県	産	畜	産	物	の	食	肉	加	工	品
と	，	山	の	幸	・	海	の	幸	の	特	産	品	を	組	み	合	わ	せ	た
地	域	ブ	ラ	ン	ド	で	あ	る	。	販	路	は	，	高	速	道	路	の	土
産	物	店	や	道	の	駅	，	観	光	エ	リ	ア	や	大	規	模	な	集	客
施	設	，	地	域	百	貨	店	な	ど	の	大	型	小	売	業	で	あ	る	。

第3問（配点20点）

顧	客	タ	ー	ゲ	ッ	ト	は	，	①	料	理	の	楽	し	さ	に	目	覚	め
た	客	，	②	作	り	た	て	の	揚	げ	物	を	求	め	る	客	で	あ	る	。
品	揃	え	は	，	①	日	常	使	い	し	や	す	い	調	理	の	都	合	に
合	わ	せ	た	カ	ッ	ト	食	材	と	レ	シ	ピ	の	セ	ッ	ト	商	品	，
②	揚	げ	た	て	コ	ロ	ッ	ケ	な	ど	こ	だ	わ	り	総	菜	で	あ	る	。

第4問（配点30点）

協業は，こだわりの食材や献立を定期的に宅配するオンライン販売事業者と行う。提案は，家事で簡便化したいニーズを満たす商品提供である。具体的には，①対面接客で収集した顧客ニーズを活かした献立の提案，②途中工程まで調理済みの商品やレトルト食品等の開発，③適宜コンサルテーションを実施し協業の長期的成功を図る。

●解説

【第1問】

(1) 設問解釈

　経営戦略策定プロセスの経営環境分析に関する問題である。ここ数年は，ストレートにSWOT分析が問われていたが，本年度は平成30年度以来の3C分析問題である。

　とはいえ，同じ環境分析問題なので，処理方法はSWOT分析のセオリーを流用できる。

(2) 解答を導く思考プロセス

①設問の制約条件を確認する

　「B社の現状について」とあるため，時制が現在の記述や段落に着目すればよい。この基準を満たさない解答要素は不可となる。

②関連する与件と基本知識から解答を導く

　与件文から，B社の顧客・競合・自社に関する情報を抽出し分析を行う。

【顧客に関する記述】

　B社の顧客について検討する前に，B社のビジネスについて，与件文の次の記述に注目する。

イ　2019年度時点でのB社の売上構成比は，卸売事業が9割，直営小売店が1割である（第10段落）。

　複数事業を営んでいることから，それぞれの顧客も異なることが想定できる。そこで，事業別に顧客に関する記述を確認する。

ロ　B社は，百貨店向けには贈答用を含めた最高級品質の食肉や食肉加工品の販売を行い，直営の食肉小売店では対面接客による買物客のニーズに合わせた販売を行い，スーパー向けには食卓で日常使いしやすいカット肉やスライス肉などの販売を行っており，さまざまな食肉の消費機会に対応できる事業者である（第4段落）。

ハ　従来の百貨店やスーパーとの取引に加え，県内や隣接県のホテル・旅館，飲食店などに活路を見出した（第7段落）。

ニ　これら食肉加工品は直営小売店や高速道路の土産物店，道の駅などで販売している（第8段落）。

ホ　B社からスーパーへの納入量は徐々に減少していった（第5段落）。

ヘ　B社の周辺には，大規模な田畑を所有する古くからの住民もいるが，工業団地があるため，現役世代が家族で居住する集合住宅も多い（第2段落）。

ト　料理の楽しさに目覚めた客や，作りたての揚げ物を買い求める客が，食肉専門店の魅力に気づいて足を運ぶようになった結果だった（第11段落）。

卸売事業の顧客はロ・ハ・ニに示されているが，ホよりスーパーは対象外となる。
小売事業の顧客は，ヘとトに示されている。

【競合に関する記述】

競合については，与件文の次の記述に注目する。

イ　スーパーは大手食肉卸売業者と取引を行うようになった……（第5段落）。

ロ　現在，B社の周囲5km圏内には広大な駐車場を構える全国チェーンのスーパーが3店舗あり，食肉も取り扱っているが，いずれもB社との取引関係はない。（第5段落）。

ハ　B社は大手ネットショッピングモールに出店し，焼肉用やステーキ用として冷凍肉の販売も試してみた。しかし，コロナ禍で同じことを考えた食肉販売業者は多く……（第11段落）。

卸売事業の競合はイ・ハ，小売事業の競合はロから読み取れる。

【自社に関する記述】

平成30年度に出題された時と同様に，3C分析の自社については，強み・弱みの両面で処理すべきである。

与件文の次の記述に注目する。

イ　B社の商品はクオリティの高さに定評がある。仕入れ元からのB社に対する信頼も厚く，良い食肉を仕入れられる体制が整っている（第4段落）。

ロ　自社工場を新設し，食肉加工品製造も行えるようにした。高い技術力を有する職

人をB社に招き入れ，良質でおいしい食肉加工品を製造できる体制を整えた（第8段落）。

ハ　取引先へのコンサルテーションも手がけるようになった。……最近では，飲食店に対してメニュー提案を行ったり，その半加工を請け負ったりすることも増えている（第9段落）。

ニ　B社社長は自社の売り上げが他社の動向に左右されていることに気づき，今後はB社自身が最終消費者と直接結びつく事業領域を強化すべきであると納得するに至った（第13段落）。

B社の強みはイ・ロ・ハ，弱みはニから読み取れる。

本問のような環境分析問題に対しては，的確な処理方法を確立しておいてほしい。そもそも何のために環境分析をするのか。それは，強みを今後の戦略に生かし，弱みを克服するためである。つまり，与件文から単に解答要素を抽出するだけでは不十分で，後の設問との整合性や一貫性を意識して要素を絞り込む処理が重要となる。

【第2問】

(1)　設問解釈

新商品開発の商品コンセプトと販路が問われている。なお，過去問で商品コンセプトが直接，問われたことはない。このような設問は，アイデア論で何でも答案が書けてしまうが，それは非常にリスクが高い処理方法である。一見，アイデアが求められているように思えても，設問要求や制約・ヒントを丁寧に読み解き，素直に，誰でも書ける内容に落とし込むことを意識したい。

(2)　解答を導く思考プロセス

①設問の制約条件を確認する

まず，X県からの依頼での新商品開発であることに注目すべきである。つまり，X県のニーズを満たさなければならない。具体的には，地元事業者と協業し，第一次産業を再活性化させ，県の社会経済活動の促進に貢献することが求められている。

また，その際には，B社の製造加工技術力を生かした新商品開発をする必要がある。

②関連する与件と基本知識から解答を導く

B社の製造加工技術力が生きる，地元事業者や第一次産業に関連する与件文を確認する。

イ　B社のあるX県は，都市部と自然豊かな場所がともに存在し，高速道路で行き来

できる。また，野菜・果物・畜産などの農業，漁業，機械や食品などの工業，大型ショッピングセンターなどの商業，観光サービス業がバランスよく発展している。山の幸，海の幸の特産品にも恵まれ，大規模な集客施設もあれば，四季それぞれに見どころのある観光エリアもあり，新たな取引先探しには事欠かなかった（第7段落）。

第一次産業は農業や漁業なので，それらと協業した場合，当然，山の幸，海の幸の特産品は活用すべき地域資源となる。B社の食肉製造加工技術力については，与件文に次の記述がある。

ロ　取引先のニーズに応じて，相手先ブランドでの食肉加工品製造を請け負うことも可能になった（第8段落）。

相手先ブランドで製造を請け負うことができるということは，X県から依頼を受けて，地域ブランドを作ることができるわけである。これについては，1次試験科目「中小企業経営・政策」で学習する農商工連携の知識などもうまく活用したい。新商品のコンセプトは，地域ブランドを軸にすればよいだろう。

次に，地域ブランドをどこで売るべきか。販路に関する与件文を確認すると，次の記述が目に留まる。

ハ　地域の百貨店や近隣のスーパーなどの大型小売業へ食肉を納入する事業を手がけるようになった（第3段落）。

ニ　大規模な集客施設もあれば，四季それぞれに見どころのある観光エリアもあり，新たな取引先探しには事欠かなかった（第7段落）。

ホ　これら食肉加工品は直営小売店や高速道路の土産物店，道の駅などで販売している（第8段落）。

地域ブランドであれば，地域内外に広く購入してもらうことで，X県からの依頼である県の社会経済活動の促進を実現することができる。そのため，販路についてはハ，ニ，ホをヒントに，幅広く複数提案しておけばよいだろう。

【第3問】

(1)　設問解釈

直営の食肉小売店の販売力強化を図るための施策が問われている。一見シンプルな設問に思えるが，かなり解釈が悩ましい。

設問文中の「アフターコロナを見据えて」については，コロナ後をどのように想定するかでも異なる。また，「販売力」とは，売上なのか商品力なのか，または接客力なのかなど，複数の解釈ができる。

このように，解釈に迷った時は，設問文の制約条件にヒントがないかを確認すべきである。

(2)　解答を導く思考プロセス
①設問の制約条件を確認する
　顧客ターゲットと品揃えの観点から助言することが求められている。つまり，事例Ⅱのセオリーである，ターゲット顧客のニーズをB社の強みを生かして全力で満たす方向で考えればよいのである。その結果，出題者が求める販売力強化が実現されるだろう。具体的にニーズを満たす手段として，品揃えを助言すればよい。
　ターゲット顧客を設定する場合は，B社の強みが生かせるかどうかがポイントになる。過去問でも頻出パターンなので，処理手順として習得しておいてほしい。
②関連する与件と基本知識から解答を導く
　直営の食肉小売店の顧客ターゲットに関する与件文の記述を確認する。
イ　B社にとってせめてもの救いは，直営の食肉小売店であった。コロナ禍の巣ごもり需要拡大の影響で，開業以来，とくに何の手も打って来なかった食肉小売店での販売だけが急上昇した。料理の楽しさに目覚めた客や，作りたての揚げ物を買い求める客が，食肉専門店の魅力に気づいて足を運ぶようになった結果だった（第11段落）。
　この与件から，ターゲットは，料理の楽しさに目覚めた客と，作りたての揚げ物を買い求める客であることがわかるが，それぞれのニーズを満たす品揃えをどのように考えるべきか。ここも，第2問と同様にアイデア論で何でも書けそうだが，あくまでも与件文中にヒントを探し，解答が飛躍しないように注意すべきである。
　そこで，B社の強みが生かせそうなヒントを与件文から探すと，調理に関する次のような記述が見つかる。
ロ　しかし，ホテル・旅館や飲食店との取引の場合，販売先の調理の都合に合わせた形状のカットや，指定された個数でのパッキング，途中工程までの調理済み商品が求められるなど，顧客ニーズにきめ細かく合わせることが必要となってきた。……最近では，飲食店に対してメニュー提案を行ったり，その半加工を請け負ったりすることも増えている（第9段落）。
　ホテル・旅館や飲食店など，卸売事業の取引先に対し，きめ細かい対応が行われていることが記述されている。このノウハウを，直営小売事業にも活用すればよい。
　さらに，与件文の次の記述にも注目する。

ハ　1955年，B社はこの地で牛肉，豚肉，鶏肉，肉の端材を使った揚げたてコロッケ
　　などの総菜を販売する食肉小売店を開業した（第3段落）。

　この与件からは，創業時から揚げたてコロッケなどの総菜の販売ノウハウが蓄積さ
れていることが推測される。

　解答例は，以上の検討をまとめたものであるが，本問は，解答内容にかなりバラツ
キが出る設問だと思われる。過去問のパターンから見ると，このような設問の場合
は，ある程度，論理の一貫性や実現可能性，与件文との整合性などの点で評価されれ
ば，加点される傾向にある。とはいえ，試験対策としては，与件文に忠実に，設問要
求を処理する基本的な手順を身につけておきたい。

【第4問】

(1)　設問解釈

　設問文だけで3段落あり，かなり情報量が多いため，丁寧に読み解く必要がある。
問われているのは，B社が協業すべきオンライン販売事業者と，行うべき提案であ
る。解答文字数が150字以内なので，制約条件を漏れなく処理しなければならない。

(2)　解答を導く思考プロセス

①設問の制約条件を確認する

　設問文の第1段落には，オンライン販売が過去に失敗した経緯が記載されている。
つまり，この失敗を踏まえて，異なる戦略を実行しなければならないことになる。

　次の第2段落では，日本政策金融公庫『消費者動向調査』のアンケート結果が与え
られている。平成25年度以降の過去問に見られた付属資料の位置づけである。出題者
は意図を持って情報提供しているので，必ず活用しなければならない。

　最後の第3段落で，協業が長期的に成功するために「B社が」どのような提案をす
るべきかが問われている。「B社への提案」ではないので，ここの解釈を間違えると
致命的である。

②関連する与件と基本知識から解答を導く

　与件文の次の記述に注目する。

イ　東京オリンピック・パラリンピックのために積み増した冷凍在庫をさばくため，
　　B社は大手ネットショッピングモールに出店し，焼肉用やステーキ用として冷凍肉
　　の販売も試してみた。しかし，コロナ禍で同じことを考えた食肉販売業者は多く，
　　B社紹介ページはネット上で埋もれ，消費者の目にはほとんど留まらないようだっ

た（第11段落）。

　この与件から，過去の失敗の経緯が読み取れる。単に冷凍肉を販売するだけでは差別化できず，付加価値が低い。それでは，どのように付加価値を高めるべきか。ここでも，第3問と同様に，事例Ⅱのセオリーであるターゲットのニーズを満たす処理を行えばよい。

　そこで，設問文の次の記述に注目する。

ロ　家庭での食に関する家事で最も簡便化したい工程は「献立の考案」（29.4％），「調理」（19.8％），「後片付け」（18.2％），「食材の購入」（10.7％），「容器等のごみの処分」（8.5％），「盛り付け・配膳」（3.3％），「特にない」（10.3％）とのことであった。

　これに，次の与件文を対応させて考える。

ハ　最近では，飲食店に対してメニュー提案を行ったり，その半加工を請け負ったりすることも増えている（第9段落）。

ニ　販売先の調理の都合に合わせた形状のカットや，指定された個数でのパッキング，途中工程までの調理済み商品が求められるなど，顧客ニーズにきめ細かく合わせることが必要となってきた。B社は自社工場という加工の場をもつことによって，個々の顧客の要望に応じた納品が可能になった（第9段落）。

　簡便化したい工程として最も回答割合が高い「献立の考案」については，B社が現在実施しているメニュー提案（与件文ハ）が活用できる。また，次点の「調理」については，調理済み商品（与件文ニ）が対応する。

　付属資料のニーズ情報をどこまで満たすかの判断が難しい。回答割合が与えられているので，「上位○番目まで」，「合計が過半数を超えたら」など，自分の判断基準で線引きをすればよい。ただ，少なくとも上位2つについては，与件文にヒントがあるので，確実に言及しておかなければならない。

　一方，協業先のオンライン販売事業者については，ある程度，推測が求められるが，オンライン上で申し込むと定期的に食材を宅配してくれるサービスを思い浮かべた受験者が多いだろう。これに，「こだわり」や「差別化」などの事例Ⅱの定番キーワードを絡めて処理したい。また，第1問の3C分析でコンサル力に言及しているので，それを活用する方向で一貫性をとりたい。

　なお，余談になるが，平成14年度の事例Ⅱでは，フレンチの食材卸売業者が食材小売に進出する事例が出題された。その中で，日常的料理の簡便化志向という顧客ニーズが登場する。それに対し，レトルトや調理済み，ミールソリューション的なアプ

ローチでの解答が求められた。この考え方は，現在でも通用するので，過去に出題された論点として頭に入れておいてもよいだろう。

●学習のポイント

(1) 事例別の処理パターンの構築

　2次試験では，異なる4つの事例が出題される。与件文も事例ごとに特徴が異なるため，与件文中の単語の捉え方やチェックするポイントは，事例ごとに変えなければならない。

　また，与件文には，受験者を解答に導くように，各事例特有のヒントやキーワードが盛り込まれているが，それに気づくことができなければ，解答の方向性を外したり，解答要素を漏らしてしまうことになる。こうした事態を避けるためにも，事例ごとに与件文の読み方を確立する必要がある。

　考え方についても同様で，事例別に適切な処理をする思考力が求められる。2次試験対策として重要なのは，与件文・設問文というインプットに対して，適切な処理を行い，解答というアウトプットを出すことにある。この処理方法が決まってなかったり，毎回バラバラだったりすると，当然，答案の品質が落ちることになる。

(2) 過去問分析

　2次試験では，他の受験者より優れた解答を書く必要はない。中小企業診断士として，あたりまえのことをあたりまえに書ければ合格できる。だからこそ，過去問演習で，「診断士のあたりまえ」の感覚を身につけておかなければならない。

　1次試験と違って，2次試験ではある程度，解答に幅が認められる。野球のストライクゾーン（ゾーンの広さは，設問ごとに異なるが）をイメージするとわかりやすいだろう。仮に，過去問をまったく学習していなかった場合は，ストライクゾーン自体がわからないまま，やみくもにボールを投げるようなものである。

　そのような最悪な事態にならないためにも，日ごろから過去問に慣れ親しみ，このように問われたらこう処理するなどと，自分自身のノウハウを積み重ねておく必要がある。

　そのためには，最低3年分，できれば5年分を目安に，可能な限り早く過去問演習に着手するようにしてほしい。

金城順之介（LEC専任講師　中小企業診断士／1級販売士）

中小企業の診断及び助言に関する実務の事例Ⅲ

【企業概要】

　C社は1964年創業，資本金2,500万円，従業員60名の金属製品製造業である。製品は，売上の7割を占めるアルミニウムおよびステンレス製プレス加工製品（以下「プレス加工製品」という）と，残り3割のステンレス製板金加工製品（以下「板金加工製品」という）である。プレス加工製品は金型を使用して成形する鍋，トレー，ポットなどの繰返受注製品で，板金加工製品は鋼材を切断や曲げ，溶接加工して製作する調理台，収納ラック，ワゴンなどの個別受注製品である。どちらもホテル，旅館，外食産業などの調理場で使用される製品で，業務用食器・什器の卸売企業2社を販売先としている。

　C社は，卸売企業が企画する業務用什器の板金加工製品を受託生産する企業として創業した。その後金属プレスや金型製作設備を導入してプレス加工製品の生産を始めている。難易度の高い金型製作技術の向上に努めて，ノウハウを蓄積してきたため，コスト低減や生産性向上に結びつく提案などが可能である。

　近年は観光需要で受注量は毎年増加していたが，2020年からの新型コロナウイルス感染拡大による外国人の新規入国規制や，外食産業の営業自粛による影響を受けて減少している。

【生産の現状】

　生産部門は，生産管理課，資材課，設計課，金型製作課，プレス加工課，製品仕上課，板金加工課，品質管理課で構成されている。

　プレス加工製品の生産プロセスには，金型を製作する金型製作工程と，その金型を利用して同じ製品の繰返受注生産を行う製品量産工程がある（次ページの図参照）。

　C社の金型製作工程は，発注元から提示される形状やサイズの概要を表したデザイン図を基に仕様を確認した後に「金型設計」を行い，金型を構成する部品を製作する「金型部品加工」，加工した部品を組み立てる「金型組立」，その後の調整や研磨などを行う「金型仕上」を経て，「試作確認」を行い，さらに試作品の品質を発注元との

間で確認して完成する。設計開始から完成までの金型製作期間は，難易度によって異なるが，短いもので約２週間，長いもので約１か月を要する。

「金型設計」は，設計課が２次元CADを活用し担当している。発注元との仕様確認が遅くなることや，発注元からの設計変更，仕様変更の要請があり，設計期間が長くなることもある。また設計課では，個別受注の板金加工製品の製品設計も担当するため，設計業務の混乱が生じ金型製作期間全体に影響することもしばしば生じている。

「金型組立」，「金型仕上」は，プレス加工技術にも習熟するベテラン技能者が担当しているが，高齢化している。担当者は，金型の修理や改善作業も兼務し，製品の品質や製造コストに影響を及ぼす重要なスキルが必要なことから，若手の養成を検討している。

金型が完成した後の製品量産工程は，発注元から納品月の前月中旬に製品別の生産依頼数と納品指定日が通知され，それに基づいて前月月末までに「月度生産計画」を作成して「資材発注」する。プレス加工課では「プレス加工」を行い，製品仕上課で取っ手などの部品を組み付ける「製品部品組付」と製品の最終調整をする「製品仕上」を行い，通常月１回発注元へ納品する。

図　C社のプレス加工製品の生産プロセス

C社の「プレス加工」は，生産能力に制約があり，C社全体の生産進捗に影響している。プレス加工機ごとに担当する作業員が材料の出し入れと設備操作を行い，加工製品を変えるときには，その作業員が金型交換作業と材料準備作業など長時間の段取作業を一人で行っている。

　プレス加工製品の生産計画は「プレス加工」の計画だけが立案され，「製品部品組付」，「製品仕上」はプレス加工終了順に作業する。生産計画は，各製品の1日間の加工数量でそれぞれの基準日程を決めて立案する。以前は発注元もこれを理解して，C社の加工ロットサイズを基本に発注し，C社で生産した全量を受領して，発注元で在庫対応していた。しかし，最近は発注元の在庫量削減方針によって発注ロットサイズが減少している。ただC社では，基準日程によって設定しているロットサイズで加工を続け，確定受注量以外はC社内で在庫している。

　C社の受注から納品に至る社内業務では，各業務でパソコンを活用しているが，情報の交換と共有はいまだに紙ベースで行われている。

【新規製品事業】

　数年前C社では受注拡大を狙って，雑貨・日用品の商談会に出展したことがある。その際商談成立には至らなかったが，中堅ホームセンターX社から品質を高く評価された。今回そのX社から新規取引の商談が持ち込まれた。

　X社では，コロナ禍の2020年以降も売上が順調に推移しているが，その要因の一つとしてアウトドア商品売上の貢献がある。しかし新型コロナウイルスのパンデミックにより，中国や東南アジア諸国企業に生産委託しているPB商品の納品に支障が生じて，生産，物流など現在のサプライチェーンの維持が難しくなっている。また今後も海外生産委託商品の仕入れ価格の高騰が懸念されることから，生産委託先をC社へ変更することについてC社と相互に検討を行った。

　C社社長は，当該事業の市場成長性と自社の強みを考慮して戦略とビジネスプロセスを見直し，積極的にこの事業に取り組むこととした。

　X社の要請は，X社のアウトドア用PB商品のうち，中価格帯の食器セット，鍋，その他調理器具などアルミニウム製プレス加工製品の生産である。ただC社社長は，今後高価格な製品に拡大することも期待している。

　X社からの受注は，商品在庫と店舗仕分けの機能を持つ在庫型物流センターへの納品となり，商品の発注・納品は，次のようになる。まず四半期ごとにX社が商品企画と月販売予測を立案し，C社に情報提供される。確定納品情報については，X社各

店舗の発注データを毎週月曜日にX社本社で集計する。在庫量からその集計数を差し引いて発注点に達した製品についてX社の発注データがC社に送付される。納期は発注日から7日後の設定である。1回の発注ロットサイズは，現状のプレス加工製品と比べるとかなり小ロットになる。

第1問（配点20点）
　2020年以降今日までの外部経営環境の変化の中で，C社の販売面，生産面の課題を80字以内で述べよ。

第2問（配点20点）
　C社の主力製品であるプレス加工製品の新規受注では，新規引合いから量産製品初回納品まで長期化することがある。しかし，プレス加工製品では短納期生産が一般化している。C社が新規受注の短納期化を図るための課題とその対応策を120字以内で述べよ。

第3問（配点20点）
　C社の販売先である業務用食器・什器卸売企業からの発注ロットサイズが減少している。また，検討しているホームセンターX社の新規取引でも，1回の発注ロットサイズはさらに小ロットになる。このような顧客企業の発注方法の変化に対応すべきC社の生産面の対応策を120字以内で述べよ。

第4問（配点20点）
　C社社長は，ホームセンターX社との新規取引を契機として，生産業務の情報の交換と共有についてデジタル化を進め，生産業務のスピードアップを図りたいと考えている。C社で優先すべきデジタル化の内容と，そのための社内活動はどのように進めるべきか，120字以内で述べよ。

第5問（配点20点）
　C社社長が積極的に取り組みたいと考えているホームセンターX社との新規取引に応えることは，C社の今後の戦略にどのような可能性を持つのか，中小企業診断士として100字以内で助言せよ。

解答の着眼

●出題傾向

本年度事例Ⅲの各設問の配点，解答字数，戦略レベルと題意は，以下のとおりである。

設問	配点	字数	戦略レベルと題意
第1問	20点	80字	【分析】成長戦略 2020年以降今日までの外部経営環境の変化の中でのC社の販売面，生産面の課題
第2問	20点	120字	【分析と提案】生産戦略 C社が新規受注の短納期化を図るための課題とその対応策
第3問	20点	120字	【分析と提案】生産戦略 顧客企業の発注方法の変化に対するC社の生産面の対応策
第4問	20点	120字	【分析と提案】生産戦略（IT戦略） C社で優先すべきデジタル化の内容と，そのための社内活動の進め方
第5問	20点	100字	【提案】成長戦略 X社との新規取引に応えることがC社の今後の戦略に対して持つ可能性

また，本事例で設定されているC社製品とその取引チャネルは，以下のように整理できる。

取引チャネル	C社の製品
（新規）中堅 ホームセンターX社	アウトドア用PB商品 中価格帯のプレス加工製品
（既存）業務用食器・什器 の卸売企業2社	繰返受注製品 プレス加工製品
	個別受注製品 板金加工製品

問題数は5問で，成長戦略レベルの設問（第1問，第5問）と，生産戦略レベルの設問（第2問・第3問・第4問）に大別できる構成になっている。なお，第4問は

成長戦略レベル（2問）	生産戦略レベル（3問）
第1問，第5問	第2問，第3問，第4問

IT戦略についての設問であるが，生産戦略を支えるのが目的となるため，生産戦略レベルに含めている。

　生産戦略レベルの設問攻略のポイントは，解決すべき問題点を重複させないことである。つまり，第2問・第3問・第4問の各設問で解決すべき問題点について，「もれなくダブりなく」整理できているかである。そのために，与件文の【生産の現状】を構成している形式段落（第4段落から第12段落）を，設問ごとにすみ分け，各設問で解決すべき生産面の問題点を整理することがポイントになる。

　なお，3つ目の小見出し【新規製品事業】を構成する形式段落のうち，第17段落については，第3問の「X社の新規取引における1回の発注ロットサイズ」の内容が説明されているため，生産戦略レベルでリンクできる。

●解答例

第1問（配点20点）

販	売	面	の	課	題	は	受	注	量	が	減	少	し	て	い	る	卸	売	企
業	2	社	以	外	の	販	売	先	を	開	拓	す	る	こ	と	，	生	産	面
の	課	題	は	業	務	用	製	品	で	は	な	く	P	B	商	品	の	受	託
生	産	が	で	き	る	よ	う	生	産	プ	ロ	セ	ス	を	見	直	す	こ	と。

第2問（配点20点）

課	題	は	，	金	型	設	計	業	務	の	効	率	化	で	あ	る	。	対	応
策	は	，	①	発	注	元	と	の	仕	様	確	認	に	設	計	担	当	を	同
行	さ	せ	，	発	注	元	か	ら	の	設	計	変	更	や	仕	様	変	更	の
要	請	に	迅	速	に	対	応	す	る	，	②	金	型	設	計	と	板	金	加
工	製	品	の	製	品	設	計	の	重	複	担	当	を	取	り	や	め	，	金
型	設	計	に	専	念	さ	せ	設	計	業	務	の	混	乱	を	防	ぐ	。	

第 3 問（配点20点）

対応策は，①生産計画を月度から週度に変更し，各製品の納品指定日を基準に，プレス加工だけでなく納品までの全工程で立案する，②大日程計画を作成して資材発注を行い，生産能力に制約があるプレス加工作業に必要な人員を事前準備して段取り作業の進捗を図る。

第 4 問（配点20点）

内容は，3次元ＣＡＤを導入し，受注から納品に至るまでの生産業務情報を一元的にデータ化して情報交換しクラウド上で共有する。社内活動は，ベテラン技能者が兼務している金型の修正や改善作業を若手と一緒に担当して業務効率化を実感させることから進める。

第 5 問（配点20点）

可能性は，①ホームセンターＸ社に，コスト低減や生産性向上に結び付く提案で，高価格製品の開発を行う，②雑貨・日用品の商談会で，難易度の高い金型製作技術を訴求し，ＰＢ商品を受託生産する新規取引先を開拓する。

●解説

【第 1 問】

⑴ 設問文から書くべき答案骨子を描く

　C社の「販売面と生産面の課題」が問われているが，第5問の成長戦略との関係を重視する必要がある。

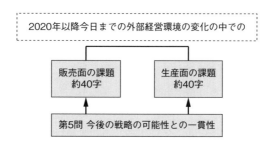

（2） 設問文と与件文をリンクさせ整理する

　成長戦略レベルの課題を分析するためには，成長戦略の方向性を与件文から確認する必要がある。【新規製品事業】中の第15段落に，Ｃ社の方向性が次のように書かれている。

　「Ｃ社社長は，当該事業の市場成長性と自社の強みを考慮して戦略とビジネスプロセスを見直し，積極的にこの事業に取り組むこととした」

　つまり，第５問では，Ｘ社の新規取引に応えることで市場成長性が高い取引先に対して，自社の強みを発揮した成長戦略をとること，ビジネスプロセスの見直しを図ることが読み取れる。

　次に，市場成長性についてもう少し整理すると，第13段落から，数年前Ｃ社では受注拡大を狙って，雑貨・日用品の商談会に出展して，中堅ホームセンターＸ社から品質を高く評価されたことが確認できる。

　そして，第14段落から，Ｘ社では，2020年以降も売上が順調に推移しており，その要因として，アウトドア商品売上の貢献があることが確認できる。Ｘ社からアウトドア用のＰＢ商品の新規取引の依頼があったことになる。

　出題傾向のところで説明したとおり，現在のＣ社の取引先は業務用食器・什器の卸売企業２社であり，取引製品は繰返受注製品のプレス加工製品と，個別受注製品の板金加工製品となる。

　最後に，「2020年以降今日までの外部経営環境の変化」について，第３段落に書かれている内容を整理すると，現状のＣ社の取引先である業務用食器・什器の卸売企業２社は，ホテルや旅館，外食産業などの調理場で使用される製品を取り扱っているため，受注量が減少していることが確認できる。

（3） 合格答案を作成する

　問われている「販売面」を「取引先」，「生産面」を「製品」と置き換えると，以下

のように整理できる。

販売面	生産面
(現状) ホテル旅館，外食産業の影響を受け，卸売企業2社からの受注量が減少している	(現状) 業務用製品で繰返受注製品と個別受注製品を生産している
(今後) 市場成長性が高い雑貨・日用品やホームセンターなどの取引先を確保する	(今後) アウトドア用のPB商品の受託生産ができるように生産プロセスを見直す

　販売面の課題は，X社のような市場成長性の高い取引先を新たに開拓していくことになる。生産面の課題は，業務用製品ではなく，PB商品の受託生産ができるよう生産プロセスを見直すことになる。第5問の解説も参照してほしい。

【第2問】

(1)　設問文から書くべき答案骨子を描く

　課題とその対応策を120字以内で述べることが求められている。よって，「結論＋方法並列」型の論理パターン（ピラミッド型）を活用して，以下のような答案骨子を描くことができる。

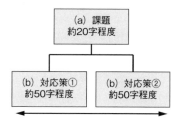

　切り口→リンクする与件文から設定する
　（結果として，第7段落の「また」の前後が切り口となる）

(2)　設問文と与件文をリンクさせ整理する

　設問文中の「長期化」という言葉でリンクできる与件文は，【生産の現状】中の第6段落の最終文「設計開始から完成までの金型製作期間は，難易度によって異なるが，短いもので約2週間，長いもので約1か月を要する」である。その具体的な原因は，次の第7段落を整理すると明らかになる。「また」という並列の接続詞の前後，2文目と3文目が，本問で対応すべき原因となる。

原因①：第7段落の2文目

発注元との仕様確認が遅くなることや，発注元からの設計変更，仕様変更の要請があり，設計期間が長くなることもある。

原因②：第7段落の3文目

設計課では，個別受注の板金加工製品の製品設計も担当するため，設計業務の混乱が生じ金型製作期間全体に影響することもしばしば生じている。

なお，第7段落の1文目に書かれている2次元CADの活用については，IT戦略を示唆するため，第4問で対応するのが適当と考えられる。

(3) 合格答案を作成する

まず，第7段落の2文目から，設計期間が長くなるのは，発注元との仕様確認が遅くなることや，発注元からの設計変更，仕様変更の要請があることが原因であるとわかる。

これに対応する手段として，第15段落でビジネスプロセスを見直す方向性が示されている点も踏まえると，与件文の図「C社のプレス加工製品の生産プロセス」から，営業課が行っている仕様確認について，設計課も同時に行うことが考えられる。

発注元から提示される形状やサイズの概要を表したデザイン図をもとに仕様を確認するプロセスについて，営業課だけではなく，設計担当者も同席して，設計課が主体となり仕様を確認することで，発注元との仕様確認や発注元からの設計変更，仕様変更の要請に対して，迅速に対応できる。

同様に，第7段落の3文目から，設計業務の混乱が金型製作期間全体に影響を及ぼしているのは，設計課で個別受注の板金加工製品の製品設計も担当していることが原因であるとわかる。これに対応する手段としては，金型設計に専念することで設計業務の混乱が生じないようにすることが考えられる。

最後に，これら2つの対応策の前提となり，C社が新規受注の短納期化を図るための課題をまとめることになる。解答例では，金型設計業務の効率化としている。

本問のように，対応策の因果関係が与件文を活用して答案に詳述できる場合は，結論部分の課題はできる限りシンプルに表現したい。くれぐれも，課題で多くの字数を使わないことである。なお，答案作成にあたっては，「問題点」ではなく，「課題」として表現することも忘れないようにしたい。

【第3問】

(1) 設問文から書くべき答案骨子を描く

「対応策」のみ問われているため，「方法並列」型の論理パターンを活用して作成する。よって，以下のような120字の答案骨子を描くことができる。

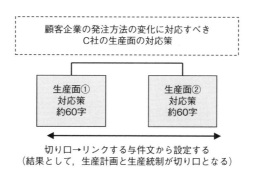

切り口→リンクする与件文から設定する
（結果として，生産計画と生産統制が切り口となる）

(2) 設問文と与件文をリンクさせ整理する

設問文の1文目の「また」前後で，それぞれ与件文をリンクすることができる。具体的には，またの前の「C社の販売先である業務用食器・什器卸売企業からの発注ロットサイズが減少している」の部分は，【生産の現状】中の第11段落にリンクできる。同様に，またの後の「検討しているホームセンターX社の新規取引でも，1回の発注ロットサイズはさらに小ロットになる」の部分は，【新規製品事業】中の第17段落にリンクできる。

本問にリンクできる与件文第11段落と第17段落の内容を抜粋すると，以下のとおりとなる。

第11段落	
1文目	プレス加工製品の生産計画は「プレス加工」の計画だけが立案され，「製品部品組付」，「製品仕上」はプレス加工終了順に作業する。
2文目	生産計画は，各製品の1日間の加工数量でそれぞれ基準日程を決めて立案する。
3文目	以前は発注元もこれを理解して，C社の加工ロットサイズを基本に発注し，C社で生産した全量を受領して，発注元で在庫対応していた。
4文目	しかし，最近は発注元の在庫量削減方針によって発注ロットサイズが減少している。
5文目	ただC社では，基準日程によって設定しているロットサイズで加工を続け，確定受注量以外はC社内で在庫している。

第17段落	
2文目	まず四半期ごとにX社が商品企画と月販売予測を立案し，C社に情報提供される。
3文目	確定納品情報については，X社各店舗の発注データを毎週月曜日にX社本社で集計する。
4文目	在庫量からその集計数を差し引いて発注点に達した製品についてX社の発注データがC社に送付される。
5文目	納期は発注日から7日後の設定である。
6文目	1回の発注ロットサイズは，現在のプレス加工製品と比べるとかなり小ロットになる。

　この2つの段落から，生産計画の問題が把握できるため，現状のC社の生産計画が書かれている第9段落にも注目する。さらに，第10段落の1文目「……C社全体の生産進捗に影響している」から，現状の生産統制にも注目する。

　これらの与件文を踏まえると，本問で問われている生産面の対応策は，毎年問われている生産計画と生産統制の対応策であることがわかる。

第9段落 生産計画	金型が完成した後の製品量産工程は，発注元から納品月の前月中旬に製品別の生産依頼数と納品指定日が通知され，それに基づいて前月月末までに「月度生産計画」を作成して「資材発注」する。プレス加工課では「プレス加工」を行い，製品仕上課で取っ手などの部品を組み付ける「製品部品組付」と製品の最終調整をする「製品仕上」を行い，通常月1回発注元へ納品する。
第10段落 生産統制	C社の「プレス加工」は，生産能力に制約があり，C社全体の生産進捗に影響している。プレス加工機ごとに担当する作業員が材料の出し入れと設備操作を行い，加工製品を変えるときには，その作業員が金型交換作業と材料準備作業など長時間の段取作業を一人で行っている。

(3) 合格答案を作成する

　生産計画面から情報を整理してその対応策を発想すると，第17段落にある7日の納期に対応するためには，現在の月度生産計画の立案サイクルを，週度に変更する必要がある。また，各製品の1日間の加工数量でそれぞれ基準日程を決めて生産計画を立案する（第11段落）方法から，製品別の生産依頼数と納品指定日で基準日程を決めるよう変更する必要がある。さらに，プレス加工の計画だけではなく，製品部品組付や製品仕上も含めた全工程を把握できる生産計画を立案する必要もある。

　生産統制について，これまでは月度生産計画で資材発注していた。今後は週度への

変更を行うため，資材発注の基準となる大日程の生産計画を新たに立案する必要がある。これにより，X社からの四半期ごとの商品企画と月販売予測に対応できることにもなる。さらに，プレス加工の生産能力の制約がC社全体の生産進捗に影響している状況（第10段落）の解決にもつながる。加えて，大日程計画を新たに立案することで，人員や機械，資金，設備などの必要な資源を事前に準備することができるため，長時間の段取作業を一人で行っている現状の問題点の解消にもつながることになる。

【第4問】

(1) 設問文から書くべき答案骨子を描く

「デジタル化の内容と社内活動」という2つの要素だけが問われているため，「方法並列」型の論理パターンを活用する。さらに，「デジタル化」が目的であるため，他の生産戦略を支えながらも答案をすみ分ける意識が必要となる。

これらを踏まえると，次のような120字の答案骨子を描くことができる。

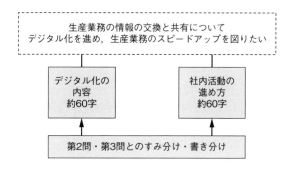

(2) 設問文と与件文をリンクさせ整理する

デジタル化でリンクできる与件文は，第7段落の1文目と第12段落となり，それぞれ以下のような内容になる。

与件文	内容
第7段落	「金型設計」は，設計課が2次元CADを活用し担当している
第12段落	C社の受注から納品に至る社内業務では，各業務でパソコンを活用しているが，情報の交換と共有はいまだに紙ベースで行われている

⑶ **合格答案を作成する**

　まず，2次元CADしか活用していない現状（第7段落）に対して，3次元CADの活用が提案できる。形状の把握だけでなく，あらゆる情報を一元的にデータ化できる特徴に着目した。

　たとえば，検討した設計情報や，部品調達の情報，製造情報，コスト情報まで3次元CADデータに含むことができるため，受注から納品に至る社内業務で，紙ベースではなく，パソコンを活用した情報の交換と共有ができることになる。

　さらに，設計変更や仕様変更も容易で，試作品を作成する回数の削減や，設計変更に伴ういわゆる手戻りの大幅な軽減ができ，3次元モデルから2次元の図面の作成も容易となるため，第2問の生産戦略を支えることもできる。

　次に，社内活動について，これまでリンクしていない第8段落に着目する。若手の養成を検討しているため，ここにデジタル化を浸透させる社内活動を提案することができる。これは，デジタル化で提案した3次元CADの特徴として，製品の立体そのものを作成するため，見たい視点から見たい角度で見たい面を見ることができ，製図の知識がない初心者でも複雑な立体を認識・把握しやすいメリットを生かすことができるからである。

　具体的には，ベテラン技能者は，金型の修理や改善作業も兼務している（第8段落）ため，この兼務している業務を若手と一緒に担当することで，製品の品質や製造コストに影響を及ぼす重要なスキルを習得させ，金型組立や金型仕上の業務を効率化することができることになる。

　なお，解答例の作成にあたっては，中小企業白書（2022年版）第2部第3章第2節2「デジタル化の取組状況」および，4「デジタル化に取り組む際の課題」を参照した。ここでは，デジタル化にあたって，まず業務効率化を実感することができる小さな成功体験の獲得が重要であることが示されている。中小企業の経営者は，身の丈に合ったIT投資による成功，すなわち，スモールスタート・クイックウィンを強く意識していくことで，段階的にデジタル化の取り組みを進めていくことの重要性を提唱している。

　具体的には，第一のステップとして，作業の効率化をマイルストーンとしたうえで，全体最適のプロセス構築の視点が加わることが重要となるとしている。

【第5問】

(1) 設問文から書くべき答案骨子を描く

　本問では，ホームセンターX社との新規取引に応えることが，C社の今後の戦略にどのような可能性を持つかについて，100字以内で助言することが問われている。第1問が販売面と生産面の2つの視点で分析しているため，本問も2つの可能性を助言することができる。よって，次のように「方法並列」型の論理パターンを活用することができる。

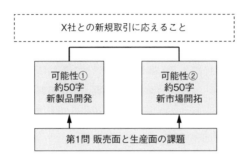

(2) 設問文と与件文をリンクさせ整理する

　設問文中の「新規取引」という言葉から，3つ目の小見出し【新規製品事業】に着目する。この部分を構成する段落とそのポイントは，以下のとおりとなる。

段落	要点（ポイント）
第13段落 市場 成長性	数年前C社では受注拡大を狙って，雑貨・日用品の商談会に出展して，中堅ホームセンターX社から品質を高く評価された。
第14段落 市場 成長性	X社では，コロナ禍の2020年以降も売上が順調に推移，その要因の一つにアウトドア商品売上の貢献がある。
第15段落 本事例の 方向性	C社社長は，市場成長性と自社の強みを考慮して戦略とビジネスプロセスを見直し，積極的にこの事業に取り組むことにした。
第16段落 今後の 戦略の 可能性	X社の要請は，X社のアウトドア用PB商品のうち，中価格帯の食器セット，鍋，その他調理器具などのアルミニウム製プレス加工製品の生産だが，C社社長は，今後は高価格な製品に拡大することも期待している。

なお，第17段落は第3問にリンクしたため割愛した。

　さらに，第15段落のポイントから，C社の強みを考慮する必要があるため，第2段落からC社の強みを整理する。

製品面の強み	市場面の強み
難易度の高い金型製作技術	コスト低減や生産性向上に結びつく提案が可能

(3)　合格答案を作成する

　今後の戦略の可能性として，C社社長は，現在X社から要請されているアウトドア用PB商品の中価格帯の食器セット以外に，高価格な製品に拡大することも期待している（第16段落）ことから，成長ベクトルの新製品開発戦略が発想できる。これを実現するためのC社の強みとして，コスト低減や生産性向上に結びつく提案が可能であることをあげることができる。そして，今後は，アウトドア用PB商品について，四半期ごとのX社からの商品企画と月販売予測に対応できるようビジネスモデルを見直していくことになる。

　次に，新市場開拓戦略の可能性を発想する。X社の新規取引に応えることは，市場成長性の高い取引先を確保することになる。X社との出会いは，雑貨・日用品の商談会であった（第13段落）。ここから，雑貨・日用品も市場成長性の高い分野だと判断することができる。X社の新規取引に応えるということは，アウトドア用PB商品を生産することに他ならない。ここから，業務用ではなく，家庭や個人用のPB商品を受託生産する方向に舵を切ることになる。新たな販路開拓もここを狙える可能性が期待できる。

●学習のポイント

(1)　中小企業白書における生産性向上の知識

　中小企業白書では，2018年度版以降，業務プロセスの見直しが，いずれの業種においても人手不足解消や生産性向上への効果をもたらしていると分析している。そして，他の生産性向上策として，設備投資（新規投資・増産投資および省力化投資），IT導入，多能工化・兼任化およびアウトソーシングをあげている。

　本事例でも，業務（ビジネス）プロセスを見直すことがテーマとして設定されており，第4問では，デジタル化とIT導入がセットで問われている。この白書知識は，

事例Ⅲを80分の中で整理するうえで効果的な知識となるので，以下に整理しておく。

白書が提唱している生産性向上策
【他の生産性向上策を進めていく前提となる取り組み】 業務プロセスの見直し
【他の生産性向上策】 ①設備投資（新規投資・増産投資，省力化投資） ②IT 導入（デジタル化） ③多能工化・兼任化およびアウトソーシング

(2)　日程別生産計画の知識の整理

　ここ数年間の生産戦略レベルの設問では，大日程計画を新たに立案するケースが多い。令和4年度は第3問，令和3年度は第2問，令和2年度は第2問，令和元年度は第3問（設問2）で大日程計画の知識が必要となった。そのため，日程別生産計画に関する知識を以下のように整理しておくことで，80分の現場で対応しやすくなる。

大日程計画
3〜12ヵ月程度の中長期的な生産計画のことで， 人員や機械，資金，設備などの必要な資源を事前 に準備をする。計画対象となる期間は長いが 計画は，基本的に毎月作成（更新）する。
中日程計画
短期生産計画や基準生産計画とも呼ばれ， 作る製品の種類と数を定める。 計画は，毎週あるいは毎月立案する。
小日程計画
中日程計画を実現するための 詳細な作業計画を立てる。 作業日程計画や作業指示とも呼ばれる。 計画は，毎日あるいは毎週立てる。

田畑一佳（AAS 京都代表　中小企業診断士）

村上昌隆（AAS 関西合格コーチ　中小企業診断士）

中小企業の診断及び助言に関する実務の事例Ⅳ

　D社は，1990年代半ばに中古タイヤ・アルミホイールの販売によって創業した会社であり，現在は廃車・事故車の引取り・買取りのほか中古自動車パーツの販売や再生資源の回収など総合自動車リサイクル業者として幅広く事業活動を行っている。D社の資本金は1,500万円で直近の売上高は約10億3,000万円である。

　創業当初D社は本社を置く地方都市を中心に事業を行っていたが，近年の環境問題や循環型社会に対する関心の高まりに伴って順調にビジネスを拡大し，今では海外販売網の展開やさらなる事業多角化を目指している。

　D社の事業はこれまで廃車・事故車から回収される中古パーツのリユース・リサイクルによる販売が中心であった。しかし，ここ数年海外における日本車の中古車市場が拡大し，それらに対する中古パーツの需要も急増していることから，現在D社では積層造形3Dプリンターを使用した自動車パーツの製造・販売に着手しようとしている。また上記事業と並行してD社は，これまで行ってきた廃車・事故車からのパーツ回収のほかに，より良質な中古車の買取りと再整備を通じた中古車販売事業も新たな事業として検討している。

　中古車販売事業については，日本車の需要が高い海外中古車市場だけでなく，わが国でも中古車に対する抵抗感の低下によって国内市場も拡大してきており，中古車販売に事業のウエイトを置く同業他社も近年大きく業績を伸ばしているといった状況である。D社は中古車市場が今後も堅調に成長するものと予測しており，中古車販売事業に進出することによって新たな収益源を確保するだけでなく，現在の中古パーツ販売事業にもプラスの相乗効果をもたらすと考えている。従って，D社では中古車販売事業に関して，当面は海外市場をメインターゲットにしつつも，将来的には国内市場への進出も見据えた当該事業の展開を目指している。

　しかしD社は，中古車販売事業が当面，海外市場を中心とすることや当該事業のノウハウが不足していることなどからリスクマネジメントが重要であると判断しており，この点について外部コンサルタントを加えて検討を重ねている。

　D社と同業他社の要約財務諸表は以下のとおりである。なお，従業員数はD社53

貸借対照表

(令和4年3月31日現在)

(単位：万円)

	D社	同業他社		D社	同業他社
〈資産の部〉			〈負債の部〉		
流動資産	33,441	29,701	流動負債	9,067	13,209
現金預金	25,657	18,212	固定負債	21,506	11,285
売掛金	4,365	5,297			
たな卸資産	3,097	5,215	負債合計	30,573	24,494
その他流動資産	322	977	〈純資産の部〉		
固定資産	27,600	20,999	資本金	1,500	4,500
有形固定資産	16,896	8,395	利益剰余金	28,968	21,706
無形固定資産	208	959			
投資その他の資産	10,496	11,645	純資産合計	30,468	26,206
資産合計	61,041	50,700	負債・純資産合計	61,041	50,700

損益計算書

自令和3年4月1日
至令和4年3月31日

(単位：万円)

	D社	同業他社
売上高	103,465	115,138
売上原価	41,813	78,543
売上総利益	61,652	36,595
販売費及び一般管理費		
人件費	22,307	10,799
広告宣伝費	5,305	3,685
減価償却費	2,367	425
地代家賃	3,114	4,428
租税公課	679	559
外注費	3,095	1,124
その他	9,783	4,248
販売費及び一般管理費合計	46,650	25,268
営業利益	15,002	11,327
営業外収益	1,810	247
営業外費用	302	170
経常利益	16,510	11,404
特別損失	—	54
税引前当期純利益	16,510	11,350
法人税等	4,953	3,405
当期純利益	11,557	7,945

名，同業他社23名である。

第1問 （配点25点）

（設問1）

　D社と同業他社の財務諸表を用いて経営分析を行い，同業他社と比較してD社が優れていると考えられる財務指標を2つ，D社の課題を示すと考えられる財務指標を1つ取り上げ，それぞれについて，名称を(a)欄に，その値を(b)欄に記入せよ。なお，優れていると考えられる指標を①，②の欄に，課題を示すと考えられる指標を③の欄に記入し，(b)欄の値については，小数点第3位を四捨五入し，単位をカッコ内に明記すること。また，解答においては生産性に関する指標を少なくとも1つ入れ，当該指標の計算においては「販売費及び一般管理費」の「その他」は含めない。

（設問2）

　D社が同業他社と比べて明らかに劣っている点を指摘し，その要因について財務指標から読み取れる問題を80字以内で述べよ。

第2問 （配点20点）

　D社は，海外における中古自動車パーツの需要が旺盛であることから，大型の金属積層造形3Dプリンターを導入した自動車パーツの製造・販売を計画している。この事業においてD社は，海外で特に需要の高い駆動系の製品Aと製品Bに特化して製造・販売を行う予定であるが，それぞれの製品には次のような特徴がある。製品Aは駆動系部品としては比較的大型で投入材料が多いものの，構造が単純で人手による研磨・仕上げにさほど手間がかからない。一方，製品Bは小型駆動系部品であり投入材料は少ないが，構造が複雑であるため人手による研磨・仕上げに時間がかかる。また，製品A，製品Bともに原材料はアルミニウムである。

　製品Aおよび製品Bに関するデータが次のように予測されているとき，以下の設問に答えよ。

〈製品データ〉

	製品A	製品B
販売価格	7,800円／個	10,000円／個
直接材料（400円／kg）	4kg／個	2kg／個
直接作業時間（1,200円／h）	2h／個	4h／個
共通固定費（年間）	4,000,000円	

（設問1）

D社では，労働時間が週40時間を超えないことや週休二日制などをモットーとしており，当該業務において年間最大直接作業時間は3,600時間とする予定である。このとき上記のデータにもとづいて利益を最大にするセールスミックスを計算し，その利益額を求め(a)欄に答えよ（単位：円）。また，(b)欄には計算過程を示すこと。

（設問2）

最近の国際情勢の不安定化によって原材料であるアルミニウム価格が高騰しているため，D社では当面，アルミニウムに関して消費量の上限を年間6,000kgとすることにした。設問1の条件とこの条件のもとで，利益を最大にするセールスミックスを計算し，その利益額を求め(a)欄に答えよ（単位：円）。また，(b)欄には計算過程を示すこと。

第3問 （配点35点）

D社は新規事業として，中古車の現金買取りを行い，それらに点検整備を施したうえで海外向けに販売する中古車販売事業について検討している。この事業では，取引先である現地販売店が中古車販売業務を行うため，当該事業のための追加的な販売スタッフなどは必要としない。

D社が現地で需要の高い車種についてわが国での中古車買取価格の相場を調査したところ，諸経費を含めたそれらの取得原価は1台あたり平均50万円であった。それらの中古車は，現地販売店に聞き取り調査をしたところ，輸送コスト等を含めてD社の追加的なコスト負担なしに1台あたり60万円（4,800ドル，想定レート：1ドル＝125円）で現地販売店が買い取ると予測される。また，同業他社等の状況から中古車販売事業においては期首に中古車販売台数1か月分の在庫投資が必要であることもわかった。

D社はこの事業において，初年度については月間30台の販売を計画している。

以下の設問に答えよ。

（設問1）

D社は買い取った中古車の点検整備について，既存の廃車・事故車解体用工場に余裕があるため月間30台までは臨時整備工を雇い，自社で行うことができると考えている。こうした中，D社の近隣で営業している自動車整備会社から，D社による中古車買取価格の2％の料金で点検整備業務を請け負う旨の提案があった。点検整備を自社で行う場合の費用データは以下のとおりである。

〈点検整備のための費用データ（1台あたり）〉

| 直接労務費 | 6,000円 |
| 間接費 | 7,500円 |

＊なお，間接費のうち，30％は変動費，
70％は固定費の配賦額である。

　このときD社は，中古車の買取価格がいくらまでなら点検整備を他社に業務委託すべきか計算し(a)欄に答えよ（単位：円）。また，(b)欄には計算過程を示すこと。なお，本設問では在庫に関連する費用は考慮しないものとする。

（設問2）

　D社が海外向け中古車販売事業の将来性について調査していたところ，現地販売店よりD社が販売を計画している中古車種が当地で人気があり，将来的にも十分な需要が見込めるとの連絡があった。こうした情報を受けてD社は，初年度においては月間30台の販売からスタートするが，2年目以降は5年間にわたって月間販売台数50台を維持する計画を立てた。

　この計画においてD社は，月間50台の販売台数が既存工場の余裕キャパシティを超えることから，中古車販売事業2年目期首に稼働可能となる工場の拡張について検討を始めた。D社がこの拡張について情報を収集したところ，余裕キャパシティを超える20台の点検整備を行うためには，建物および付属設備について設備投資額7,200万円の投資が必要になることがわかった。また，これに加えて今後拡張される工場での点検整備のために，新たな整備工を正規雇用することにした。この結果，工場拡張によって増加する20台の中古車にかかる1台あたりの点検整備費用は，直接労務費が10,000円，間接費が4,500円（現金支出費用であり，工場拡張によって増加する減価償却費は含まない）になる。

　この工場拡張に関する投資案について，D社はまず回収期間（年）を検討することにした。回収期間を求めるにあたってD社は，中古車の買取りと販売は現金でなされ，平均仕入価格や販売価格は今後も一定であると仮定した。なお，設備投資額と在庫投資の増加額は新規の工場が稼働する2年目期首にまとめて支出されることとなっている。また，D社の全社的利益（課税所得）は今後も黒字であることが予測されており，税率は30％とする。

　上記の条件と下記の設備投資に関するデータにもとづいて，この投資案の年間キャッシュフロー（初期投資額は含まない）を計算し(a)欄に答えよ（単位：円）。また，(b)欄には計算過程を示すこと。さらに，(c)欄には(a)欄で求めた年間キャッシュフ

ローを前提とした回収期間を計算し，記入せよ（単位：年）。なお，解答においては小数点第3位を四捨五入すること。

〈設備投資に関するデータ〉

設備投資額	7,200万円
耐用年数	15年
減価償却法	定額法
残存価額	初期投資額の10%

（設問3）

　D社は，工場拡張に関する投資案について回収期間に加えて正味現在価値法によっても採否の検討を行うことにした。当該投資案の正味現在価値を計算するにあたり，当初5年間は月間50台を販売し，その後は既存工場の収益性に鑑みて，当該拡張分において年間150万円のキャッシュフローが継続的に発生するものとする。また，5年間の販売期間終了後には増加した在庫分がすべて取り崩される。この条件のもとで当該投資案の投資時点における正味現在価値を計算し(a)欄に答えよ（単位：円）。また，(b)欄には計算過程を示すこと。

　なお，毎期のキャッシュフロー（初期投資額は含まない）は期末に一括して発生するものと仮定し，割引率は6%で以下の係数を用いて計算すること。また，解答においては小数点以下を四捨五入すること。

複利現価係数（5年）	0.7473
年金現価係数（5年）	4.2124

第4問（配点20点）

　D社が中古車販売事業を実行する際に考えられるリスクを財務的観点から2点指摘し，それらのマネジメントについて100字以内で助言せよ。

解答の着眼

●出題傾向

　本年度の事例Ⅳは，経営比率分析，線形計画法によるセールスミックス，業務的意

思決定会計（自製・外注の選択），投資の経済性計算，リスクマネジメントの助言について出題された。

第1問は，毎年出題されている経営比率分析の問題である。優れている指標と課題を示す指標，および同業他社に比べ明らかに劣っている点とその要因が問われており，出題の内容はこれまでと同様であったが，生産性の指標が初めて問われ，対応が難しい面があった。加えて，生産性の指標で使用する付加価値額については複数の定義が存在するので，解答するうえで悩んだ受験者もいたことと思われる。

最近の傾向のとおり，指標選定のためのヒントが与件文中に少なく，優れている指標，課題を示す指標とも解答候補が複数あり，指標の選定では例年よりもやや迷う問題であった。

第2問は，線形計画法によるセールスミックスの問題である。頻出の論点ではないが，本年度の問題の中では，比較的得点しやすい問題であったと考えられる。

第3問は，（設問1）が業務的意思決定会計（自製・外注の選択），（設問2），（設問3）が投資の経済性計算の問題である。（設問1）は本年度の問題の中では，得点しやすかったと考えられるが，変動費と固定費の切り分けにやや悩む問題であった。投資の経済性の問題は，昨年度の問題と同様に，文章量が多く条件設定が複雑であり，80分の時間的な制約の中で，すべての情報を整理して答案を書き切ることは非常に困難であったと思われる。

第4問は，中古車販売事業を行う際に考えられるリスクを財務的観点から2点述べ，リスクのマネジメントを助言する問題である。

全体を俯瞰すれば，計算負荷の軽い第1問，文章のみで解答できる第4問を優先的に解答して得点を確保したうえで，残りの計算問題を解いていくことが望ましい。第2問，第3問（設問1）のうち，正解できそうな問題は確実に得点するとともに，計算が難しい問題については，計算ができなくても計算過程を記述し，部分点を積み重ねることがポイントである。

●解答例

第1問（配点25点）

（設問1）

① (a)売上高総利益率

(b)59.59（％）

② (a)たな卸資産回転率

(b)33.41（回）

③　(a)付加価値生産性（労働生産性）

　　(b)820.17（万円／人）

（設問2）

D	社	は	,	同	業	他	社	と	比	べ	て	付	加	価	値	生	産	性	が
低	い	。	要	因	は	,	高	付	加	価	値	の	リ	サ	イ	ク	ル	業	で,
付	加	価	値	率	は	高	い	が	,	労	働	装	備	率	や	有	形	固	定
資	産	の	投	資	効	率	で	劣	っ	て	い	る	た	め	で	あ	る	。	

第2問（配点20点）

（設問1）

(a)2,840,000（円）

(b)

・製品1個の単位時間当たりの限界利益額

　製品A：1,900円

　製品B：1,100円

　よって，製品1個につき単位時間当たりの限界利益額が大きい製品Aのみを生産する。

・製品A生産可能個数：3,600÷2＝1,800個

・利益＝限界利益3,800円×1,800個－共通固定費4,000,000円＝2,840,000円

（設問2）

(a)2,200,000（円）

(b)

　製品Aの生産量をX個，製品Bの生産量をY個とする。

・直接作業時間：2X＋4Y≦3,600

・原材料の消費量：4X＋2Y≦6,000

・利益最大生産量：X＝1,400個，　Y＝200個

・利益＝製品A限界利益3,800円×1,400個＋製品B限界利益4,400円×200個－共通固定費4,000,000円＝2,200,000円

第3問（配点35点）

（設問1）

(a) 412,500（円）

(b)

・1台当たり変動費：直接労務費6,000円，間接費2,250円
・1台当たり固定費：間接費5,250円

　業務委託費用（中古車買取価格の2％）が変動費合計8,250円以下となる中古車買
取価格をX円とする。

・業務委託費用0.02X≦変動費8,250円
　X≦412,500円

（設問2）

(a) 15,660,000（円）

(b)

　設備投資による販売台数の増分20台の差額キャッシュフローを計算する。

・売上：60万円×20台×12ヵ月＝14,400万円
・原価：50万円×20台×12ヵ月＝12,000万円
・直接労務費：1万円×20台×12ヵ月＝240万円
・間接費：0.45万円×20台×12ヵ月＝108万円
・減価償却費：7,200万円×0.9÷15年＝432万円
・差額CF＝税引後利益1,134万円＋減価償却費432万円＝1,566万円

(c) 5.24（年）

（設問3）

(a) 2,694,555（円）

(b)

　投資開始（2年目期首）時点の正味現在価値を算出する。

・投資額：－設備投資額7,200万円－在庫投資額（50万円×20台）＝－8,200万円
・2～6年目までのCF：1,566万円×4.2124＝6,596.6184万円
・在庫取崩額：1,000万円×0.7473＝747.3万円
・7～11年目までのCF：150万円×4.2124×0.7473＝472.188978万円
・12～16年目までのCF：150万円×4.2124×0.7473×0.7473＝352.8668232万円
・設備の残存価値：720万円×0.7473×0.7473×0.7473＝300.4812956万円
・正味現在価値：上記各項目の合計＝269.4554968万円

第4問 (配点20点)

リ	ス	ク	は	，	①	海	外	市	場	で	の	販	売	に	よ	る	為	替	変
動	リ	ス	ク	，	②	中	古	車	販	売	事	業	の	ノ	ウ	ハ	ウ	不	足
に	よ	る	収	益	変	動	リ	ス	ク	で	あ	る	。	対	策	は	，	①	プ
ッ	ト	オ	プ	シ	ョ	ン	購	入	や	為	替	予	約	の	売	建	の	実	施,
②	試	験	販	売	の	実	施	に	よ	る	ノ	ウ	ハ	ウ	取	得	で	あ	る。

●解説

【第1問】

経営比率分析の問題である。

（設問1）

同業他社と比較してD社が優れていると考えられる財務指標2つと，D社の課題を示すと考えられる財務指標1つを取り上げ，指標の名称と計算値を解答することを求めている。また，解答においては，生産性に関する指標を少なくとも1つ入れ，当該指標の計算においては「販売費及び一般管理費」の「その他」は含めないよう求めている。

与件文には財務指標を選ぶヒントはほぼないので，財務諸表から選ぶことになる。財務諸表から，次の指標を選択することができる。

●優れていると考えられる指標

財務諸表から，売上高総利益率，たな卸資産回転率，流動比率，当座比率を想定することができる。

実際に同業他社の値と比較すると，売上高総利益率（D社59.59％，同業他社31.78％），たな卸資産回転率（D社33.41回，同業他社22.08回），流動比率（D社368.82％，同業他社224.85％），当座比率（D社331.11％，同業他社177.98％）のいずれも，D社が優れている。ただし，安全性の指標である流動比率，当座比率については同業他社も100％以上で，他の指標に比べてD社が大きく優れているともいいにくい。

●課題を示すと考えられる指標

財務諸表から，有形固定資産回転率，自己資本比率を想定することができる。

実際に同業他社の値と比較すると，有形固定資産回転率（D社6.12回，同業他社13.72回），自己資本比率（D社49.91％，同業他社51.69％）のいずれも，D社が劣っ

ている。ただし，安全性の指標である自己資本比率についてD社は50％近くあり，他
の指標に比べてD社が大きく劣っているともいいにくい。

●生産性の指標

　解答には，生産性に関する指標を少なくとも１つ入れ，当該指標の計算においては
「販売費及び一般管理費」の「その他」は含めないよう求められている。

　１次試験の「財務・会計」，「中小企業経営・政策」などで学習した付加価値生産性
（労働生産性）は，付加価値額÷従業員数（円／人）で計算できる。この算式中，付
加価値額については，日銀方式，中小企業庁方式などさまざまな算出方法があるが，
ここでは，「中小企業の財務指標（中小企業庁編）」で定義されている「経常利益＋人
件費＋支払利息・割引料－受取利息・配当金＋賃借料＋租税公課＋減価償却費」で計
算することとする。

　そうすると，付加価値生産性（労働生産性）は，D社820.17万円／人，同業他社
1,197.30万円／人となり，D社が明らかに劣っている。

　以上より，安全性の指標については求められていないと考えられ，生産性の指標を
少なくとも１つ入れることを踏まえると，劣っている指標としては，付加価値生産性
（労働生産性）を挙げることが妥当と考えられる。

　優れている指標は２つ挙げる必要あるので，売上高総利益率，たな卸資産回転率と
なる。

（設問２）

　D社が同業他社と比べて明らかに劣っている点を指摘し，その要因について財務指
標から読み取れる問題を述べることを求めている。

　（設問１）の③で挙げた課題を示す指標の背景にどのような問題があるか，キー
ワードを使って詳しく述べることが求められていると解釈したい。

　要因については，設問文に「財務指標から読み取れる問題」との条件が付されてい
る。付加価値生産性（労働生産性）は，「付加価値率×労働装備率×有形固定資産回
転率」と分解できる。このうち，付加価値率はD社42.01％，同業他社23.92％，労働
装備率はD社318.79万円／人，同業他社365万円／人，有形固定資産回転率はD社
6.12回，同業他社13.72回となる。

　この結果から，D社の付加価値生産性（労働生産性）が明らかに劣っている要因
は，労働装備率と有形固定資産回転率の低さであることがわかる。具体的な展開は，
解答例のとおりである。

【第2問】

　線形計画法によるセールスミックスの問題である。製品Ａ，製品Ｂの原材料は同じであり，製品Ａは投入材料が多いものの，構造が単純で人手による研磨・仕上げにさほど手間がかからない。一方，製品Ｂは投入材料が少ないが，構造が複雑であるため人手による研磨・仕上げに時間がかかる。この製品Ａおよび製品Ｂについて，与えられた販売価格，直接材料費，直接作業時間，共通固定費を考慮して利益が最大となるセールスミックスを求める問題である。

（設問１）

　年間最大直接作業時間を3,600時間とした場合の，利益を最大にするセールスミックスとその利益額を求めている。

［計算過程］

　製品１個につき単位時間当たりの限界利益額が大きい製品を優先して生産すると，利益が最大となる。製品Ａの販売数量をＸ個，製品Ｂの販売数量をＹ個とし，まずは，製品１個につき限界利益額を求めると，製品Ａは販売価格7,800円－直接材料費400円×４kg－直接作業費1,200円×２時間＝3,800円，製品Ｂは販売価格10,000円－直接材料費400円×２kg－直接作業費1,200円×４時間＝4,400円となる。

　したがって，製品１個についての単位時間当たりの限界利益額を比較すると，製品Ａは3,800円÷２時間＝1,900円，製品Ｂは4,400円÷４時間＝1,100円となり，製品Ａは製品Ｂよりも製品１個についての単位時間当たりの限界利益額が大きい。他に制約条件はないので，製品Ａのみを生産すると利益が最大となることがわかる。

　年間最大直接作業時間が3,600時間で，製品Ａは製品１個につき２時間の作業時間が必要となるので，製品Ａを1,800個，生産することができ（製品Ｂは０個），利益額は，製品Ａの限界利益3,800円×1,800個－共通固定費4,000,000円＝2,840,000円となる。

　直接作業時間の条件式は２Ｘ＋４Ｙ≦3,600，限界利益額の式は3,800Ｘ＋4,400Ｙとなり，グラフで示すと次ページのとおりで，限界利益が最大となるのは，Ｘ＝1,800，Ｙ＝０であることがわかる。

（設問２）

　（設問１）の条件に加えて，原材料（アルミニウム）の消費量の上限を年間6,000kgとした場合の，利益を最大にするセールスミックスとその利益額を求めている。

［計算過程］

　製品Ａの販売数量をＸ個，製品Ｂの販売数量をＹ個とする。直接作業時間の条件式

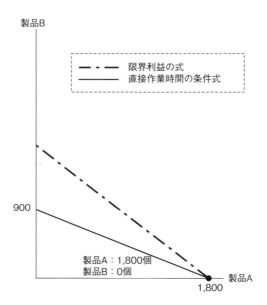

は2X＋4Y≦3,600，原材料の消費量の条件式は4X＋2Y≦6,000となる。限界利益額の式3,800X＋4,400Yとあわせてグラフで示すと下のとおりとなり，2X＋4Y≦3,600，4X＋2Y≦6,000の2つの条件式で囲まれた領域のうち，2つの条件式の交点であるX＝1,400，Y＝200で限界利益が最大となる。

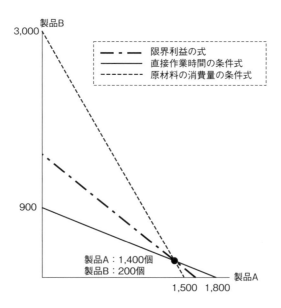

参考までに，2つの条件式で囲まれた領域の以下の3点で限界利益を計算すると，X＝1,400，Y＝200で限界利益が最大となることがわかる。

X＝1,500，Y＝0：限界利益＝5,700,000円

X＝0，Y＝900：限界利益＝3,960,000円

X＝1,400，Y＝200：限界利益＝6,200,000円

以上より，求める利益額は次のようになる。

利益＝製品Aの限界利益3,800円×1,400個＋製品Bの限界利益4,400円×200個
　　　－共通固定費4,000,000円＝2,200,000円

【第3問】

　D社は新規事業として，海外向けに販売する中古車販売事業を行うことを検討している。中古車の取得原価は1台あたり平均50万円，現地販売店の買取価格は1台あたり60万円とする。販売事業においては期首に中古車販売台数1ヵ月分の在庫投資が必要であり，初年度については月間30台の販売を計画している。

　これらの条件を踏まえて，各設問に解答することを求めている。

（設問1）

　業務的意思決定会計（自製・外注の選択）の問題である。自動車整備会社から中古車買取価格の2％の料金で点検整備業務を請け負う旨の提案に対して，〈点検整備のための費用データ（1台あたり）〉の内容をもとに，中古車の買取価格がいくらまでなら点検整備を他社に業務委託すべきかを求めている。

［計算過程］

　1台当たりの費用について，変動費は直接労務費6,000円，間接費2,250円の合計である8,250円，固定費は間接費5,250円となる。直接労務費は通常，固定費として扱われるが，「月間30台までは臨時整備工を雇い，自社で行うことができる」とあるので，変動費で扱うことになる。また，固定費は自製，外部委託のいずれでも発生する費用であり，自製するか，外注するかの意思決定に影響を与えない。

　したがって，中古車買取価格の2％である業務委託費用が変動費合計8,250円以下となる中古車買取価格X円を求めればいいことになる。

　業務委託費用0.02X≦変動費8,250円を計算すると，X≦412,500円となる。

（設問2）

　投資の経済性計算における年間キャッシュフローと回収期間法に関する問題である。税引後利益に非資金支出項目の調整を行い，初期投資額は含まないキャッシュフ

ローを計算し，投資額を踏まえて回収期間法で回収期間（年）を計算することを求めている。

［計算過程］

　まずは，投資を行う2年目以降の5年間の損益計算書を作成する。次に，損益計算書よりキャッシュフローを計算する。

　損益計算書は，次のように作成される。

2年目以降の5年間の損益計算書

（単位：万円）

売上	14,400
原価	12,000
直接労務費	240
間接費	108
減価償却費	432
税引前利益	1,620
法人税	486
税引後利益	1,134

　よって，キャッシュフローは，税引後利益1,134＋減価償却費432＝1,566（万円）となる。回収期間（年）は，5年＋（投資額8,200－CF1,566×5）÷1,566＝5.23627より5.24年となる（小数点第3位四捨五入）。正解するには，以下の点に対応する必要がある。

・余裕キャパシティを超える20台の点検整備を行うために設備投資を行うので，増分20台の差額キャッシュフローを計算する。

・投資額は設備投資額7,200万円に加えて，期首に中古車販売台数1ヵ月分（50台）の在庫投資を行うが，在庫投資額も増分20台分を考慮する。

・販売台数は1ヵ月分であり，損益計算書を作成する際には年間ベースの数値を求めるため，販売台数を12倍する必要がある。

（設問3）

　投資の経済性計算における正味現在価値法の問題である。

　拡張分において，年間150万円のキャッシュフローが継続的に発生する。また，5年間の販売期間終了後には増加した在庫分がすべて取り崩される。この条件のもとで当該投資案の投資時点における正味現在価値を計算することを求めている。

　割引率は6％で，複利現価係数（5年）と年金現価係数（5年）を用いて計算する。

[計算過程]

設問文に，投資案件の評価期間については記載されていない。「年間150万円の
キャッシュフローが継続的に発生する」とあるが，投資案件の評価期間を設備の（法
定）耐用年数15年で計算するものと解釈する。

設備が経済的効果を生じさせる期間（経済的耐用年数）を，課税所得等の計算で用
いられる（法定）耐用年数とすることは必ずしも適切ではない。一方で，正味現在価
値の計算を行う場合，通常の試験問題では（法定）耐用年数と経済的耐用年数は同じ
と仮定することが，一般的だと考えられるためである。

したがって，2年目から設備の耐用年数15年を迎える16年目まで，年間150万円の
キャッシュフローが継続的に発生するものと考えて対処する。もし，キャッシュフ
ローが永続的に発生すると考えるのであれば，設備の耐用年数経過後に設備の更新投
資が必要であるが，設問文には設備の更新投資に関する記述はない。

この考え方に従って，キャッシュフローの発生を図示すると下のようになり，以下
のキャッシュフローの現在価値の合計額が正味現在価値となる。

・投資額：－設備投資額7,200万円－在庫投資額（50万円×20台）＝－8,200万円
・2～6年目までのCF：1,566万円×4.2124＝6,596.6184万円
・在庫取崩額：1,000万円×0.7473＝747.3万円
・7～11年目までのCF：150万円×4.2124×0.7473＝472.188978万円
・12～16年目までのCF：150万円×4.2124×0.7473×0.7473＝352.8668232万円
・設備の残存価値：720万円×0.7473×0.7473×0.7473＝300.4812956万円

これらを合計し，小数点以下を四捨五入すれば，正味現在価値は2,694,555円とな
る。

キャッシュフローの発生状況と投資開始時点の正味現在価値

【第4問】

　中古車販売事業のリスクマネジメントの問題である。中古車販売事業を実行する際に考えられるリスクを財務的観点から2点指摘し，それらのマネジメントを助言することを求めている。

　与件文に，「D社は，中古車販売事業が当面，海外市場を中心とすることや当該事業のノウハウが不足していることなどからリスクマネジメントが重要であると判断しており…」と記されている。このヒントを活用して，海外市場での販売に関するリスク，中古車販売事業のノウハウ不足が起因となるリスクを述べていきたい。

　また，財務的観点のリスクを求めているので，収益変動リスク，在庫増加リスクなど，財務的観点のリスクであることが確実に伝わるキーワードを活用したい。設問の制約条件を守って展開できれば，幅広く加点される問題と考えられる。

●学習のポイント

　事例Ⅳは，2次試験の合否を分ける重要な科目である。しかも，得意とする受験者と苦手とする受験者が極端に分かれる科目でもある。苦手としている場合には，まずは，苦手意識を取り払うために，出題頻度の高い項目の基礎知識を確認していきたい。

　学習方法としては，出題頻度が高く，計算負荷の軽い経営比率分析から着手し，CVP分析，キャッシュフロー計算書の計算と説明，設備投資の経済性計算の順序で取り組んでいくとよい。

　それぞれの項目についての学習上の留意点は，以下のとおりである。

①**経営比率分析**：重要指標の選択方法と与件文を利用した分析・評価方法を研究し，書き方にも留意して，高得点を目指したい。

②**キャッシュフロー計算書**：キャッシュフロー計算書を作成し，キャッシュフローの状況を分析・説明できるようにしておきたい。

③**CVP分析**：変動費・固定費の分解と損益分岐点売上高や目標利益達成点売上高の計算および損益分岐点比率・安全余裕率の計算と評価ができるようにしておきたい。

④**正味現在価値法による投資の意思決定**：数値を正しく計算する力を高めておきたい。

　頻出項目について，1次試験のテキストや問題集を活用しながら2次試験の過去問演習をしっかり行うことで，財務・会計に関する基本的な知識の理解度を深め，計算のスピードや正確性を高めてほしい。

MMC 中小企業診断士スクール

令和３年度
中小企業診断士第２次試験

問題の読み方・解答の着眼点

出題傾向と学習のポイント
事例Ⅰは事業承継絡み，事例Ⅱはコロナ禍の目新しい出題，事例Ⅲは課題と与件の対応づけが難しく，事例Ⅳは例年並みの構成と難易度

１．令和３年度の各事例の特徴

⑴ 事例Ⅰ（組織（人事を含む）を中心とした経営の戦略及び管理に関する実務の事例）

本年度の事例Ⅰは，例年の経営戦略と人事施策を中心とした構成とは異なり，経営戦略と事業承継を中心とした設問構成となった。第１問～第３問は設問文からの題意の読み取りが容易だが，第４問と第５問（特に第５問）は解釈が難しく，これが要因となって与件根拠の切り分けが難しくなった。前半の３問は難易度が低く，後半２問の難易度が高くなっており，全体ではバランスの取れた難易度といえるだろう。

設問要求は，第１問～第３問は戦略効果を分析させる問題，第４問，第５問は戦略を助言させる問題となった。戦略助言の問題は平成29年度以来，４年ぶりの出題であり，例年どおり難易度が高い。

組織（主に内部組織）に関する問題は第２問と第５問で，いずれも事業承継絡みの出題となった。後継者に経験を積ませたり（第２問），経験を積ませた後に全事業を承継させる（第５問）という設定は，昨年度（それぞれ，第１問（設問２）と第４問）と同様であり，事業承継がますます重視されていることの表れと考えられる。

⑵ 事例Ⅱ（マーケティング・流通を中心とした経営の戦略及び管理に関する実務の事例）

本年度の事例Ⅱは，昨年度までとは異なり，新型コロナウイルス感染症の影響を考慮し，屋内イベントや対面販売などができない状況を踏まえた助言が求められるなど，難易度が高くなっている。第３問では，これに加え，フランチャイズの理論も踏まえた助言が求められ，対応が難しかったと思われる。

設問構成は，３年連続で出題されたSWOT（第１問），平成28年度以来，５年ぶりの出題となったオンライン販売（第２問），フランチャイズ向け施策（第３問），製品戦略とコミュニケーション戦略（第４問）の構成となった。

対応が難しい第3問の優先順位を下げ，それ以外の問題（特に，第1問と第2問）である程度，得点を積み上げることができるかどうかがポイントになったと思われる。

(3) 事例Ⅲ（生産・技術を中心とした経営の戦略及び管理に関する実務の事例）

　本年度の事例Ⅲは，平成29年度以来，4年ぶりに複数の課題（およびその対応策）を記述させる問題が出題され，難易度が高くなった。特に，第2問，第3問は，合計4つ（以上）の課題を指摘させる問題でありながら，与件中に課題を明示しない設計となっていたことから，与件根拠の各設問への対応づけが非常に難しかった。

　事例Ⅲでは，「問題点」を改善する問題と「課題」に対応する問題が出題されるが，問題点は必ず与件に明示されるのに対し，課題は明示されるとは限らない。課題は，「短納期要求」，「単価引き下げ要請」など，顧客要求として与件に示される場合もあるが，本年度はそのような表現が用いられなかったため，課題の特定が難しかった。

　一方で，与件文の分量は2,300字程度で，読む負担は例年よりも少なくなっている。このことから，出題者は，生産管理理論を正しく応用することで，設問に合致した与件情報を適切に対応づける能力を試したものと考えられる。具体的には，受注生産品（受託生産品）と見込生産品（自社ブランド製品）のそれぞれの生産課題を想定させたうえで，与件根拠を切り分ける応用能力が期待された。

　また，経営戦略の問題（第4問）では，2択の選択問題が出題されたが，これは平成28年度以来，5年ぶりであった。平成28年度の出題では，いずれかを選択することは条件として示されていなかったが，本年度では，設問に「どちらを選び」と明示されており，両建てで解答できない設計となっている。このため，「○○の場合はA，△△の場合はB」といった解答は加点されない可能性が高い。与件情報から，熟練職人の手作りによる高級感が期待されている可能性が高いと思われ，戦略の選択自体は平成28年度より易しいものの，対策を含めた解答構成の難易度は高かったと思われる。

　本年度の事例Ⅲで高得点を得るためには，第1問（強み・弱み）で確実に得点し，第4問で高付加価値事業を選択することに加え，見込生産品（第3問）と受注生産品（第2問）の与件根拠を切り分けて整理する処理が求められた。一方で，第2問においては，2つの課題を明確に切り分けることは難しいことから，差はつきにくかったと思われる。

⑷ 事例Ⅳ（財務・会計を中心とした経営の戦略及び管理に関する実務の事例）

本年度の事例Ⅳは，経営分析，設備投資の経済性計算，損益分岐点分析，記述問題が出題され，オーソドックスな設問構成となった。難易度も例年どおり（昨年度並み）で，設備投資の経済性計算問題の難易度が高く，損益分岐点分析は相対的に低くなっている。記述問題は，昨年度のように分権化やのれんといった会計理論を問う問題ではなく，多角化と財務面への影響を問う問題であったことから，会計理論を知らなくても記述しやすかっただろう。

本年度の事例ⅣでＡ評価（60点）を獲得するためには，第１問の経営分析，第４問の記述問題に優先して時間をかけ，第３問（設問１），（設問２）が正解できれば十分だったと思われる。第３問（設問２）の代わりに第２問（設問１）のキャッシュフロー計算問題で得点しても，同様の評価が期待できる。

また，70点以上得点するためには，第１問，第３問，第４問に加え，第２問に２設問以上，正解することが条件になる。

２．各事例の解答アプローチ

⑴ 事例Ｉ

第１問

設問に「ファブレス化」と明示されていること，「なぜファブレス化を行ったと考えられるか」というシンプルな問いであることから，題意や構成が明確な問題である。「経営資源の選択と集中」，「経営の柔軟化」，「外部専門企業の活用」などの理論を想定することで与件根拠を特定しやすくなる。

与件中に関係していそうな記述が非常に多いが，上記理論をあらかじめ想定しておくことで，「専門特化」，「細かいニーズに対応」，「ディレクション業務に特化」といった部分と対応づけしやすくなる。高得点を取るためには，外せない問題である。

第２問

「Ａ社での経験のなかった」，「３代目」，「統括」など，題意を把握しやすい重要な情報が多く与えられている。第１問同様，「なぜ任せたと考えられるか」というシンプルな問いとなっている。「企業風土に捉われない意思決定」，「ノウハウの活用」，「後継者育成」などをあらかじめ想定することで容易に対応できるレベルであり，第１問に続き，高得点を取るためには，正解しておきたい問題である。

第３問

事業ドメイン拡大の利点と欠点（メリットとデメリット）が問われており，この問

題も題意が把握しやすい。「事業機会の獲得」、「経営リスクの分散」、「情報的経営資源の多重利用」、「経営資源の分散」などを事前に想定することで、与件にある「紙媒体に依存しない分野」の部分と対応づけできる。

一方で、拡大した事業において現時点で成果が出ていない点は想定と異なるため、与件根拠の処理に時間がかかる設計となっていた。

第4問

経営戦略の助言問題であり、非常に難易度が高い。具体的な理論展開が難しいが、第1問の「ファブレス化」から「アウトソーシングのデメリット（アウトソーサーへの依存リスク）」を想定することで、本問がリスク戦略の問題であることが読み取れる。これにより、「提携関係構築」が想定できる。

しかし、例年どおり、経営戦略の助言問題は難易度が非常に高いことから、得点差はつきにくかったと思われる。

第5問

第4問以上に設問の解釈が難しい。特に、設問の「これから事業を存続させていく上での」の解釈が難しく、与件中にあるA社の経営課題「新規の需要を創造」が第4問と第5問のいずれかに対応するかの判断がしにくくなっている。

「印刷業を含めた全社の経営を引き継ぎ」、「長期的な課題」の2点から、デザイン部門の業績向上でなく、両部門を相乗させた受注が期待できる体制の構築が課題であると判断できるが、この解釈も非常に難しい。与件情報だけでは判断できない設計となっていることから、非常に難易度が高い。

(2) 事例Ⅱ

第1問

3年連続でSWOTの問題となった。昨年度までと異なり、字数制約が30字に減少しており、要素の選択にこれまで以上に時間を要することから、難易度は高くなった。与件中に、「強み」、「弱み」、「機会」、「脅威」の根拠が複数あるため、要素の選択と編集の負荷が大きいが、事例Ⅱにおいて得点差が生まれる重要な問題であるため、確実に時間をかけて処理したい。

第2問

オンライン販売に関する問題で、第1問に次いで難易度が低い。設問では、「どの商品を」と明示されており、「どのような商品」でないため、既存ラインナップ以外の商品を指摘しても、加点されない可能性が高い。

一方で，販売チャネル（Y社ECサイト）は容易に特定できる。販売方法も，Y社ECサイトの売上が拡大した要因（コラボ企画）がわかりやすく書かれているため，「○○とコラボ企画で販売する」という解答が作成しやすくなっている。ターゲット層については，「全国の食通」か「自宅での食事にこだわりを持つ家庭」かの判断が難しいが，チャネル上のターゲットという点で前者に，ニーズが顕在している点では後者にそれぞれ妥当性があることから，いずれも加点機会があると考えられる。

第3問

　本年度の事例Ⅱの中で，最も難易度が高い問題である。特に，高齢者顧客に対する取り組みを，フランチャイザーとフランチャイジーに分けて解答する必要があり，それぞれの対応づけが求められる点で難易度が高かった。

　たとえば，自粛した「試食販売」による客単価減少を補う施策を，フランチャイザーに助言すべきか，それともフランチャイジーに助言すべきかの判断が必要となるが，与件中にそれを識別できる明確な情報が与えられていないため，判断に時間を浪費するリスクがある。

　一方で，フランチャイジーが行っている「電話によるやりとり」など，比較的対応づけしやすい与件情報もあり，このあたりの要素を確実に解答に使用することで，ある程度の得点が期待できる。

第4問

　第2問より難易度は高いものの，「X市周辺の主婦層の顧客獲得」，「菓子類の新規開発」，「移動販売」などの目的や，「製品戦略」，「コミュニケーション戦略」と理論が明示されていることから，与件根拠は特定しやすくなっている。与件中の「X市商店街の繁盛店（京都修行の和菓子店）」，「インスタント・メッセンジャー（IM）」などの要素と対応づけることが可能であったと思われる。

(3) 事例Ⅲ

第1問

　例年，第1問で出題されているC社の「強み」，「弱み」を分析させる問題であり，配点も20点と高いため，外したくない問題である。C社の弱みが自社ブランド製品に関係することがわかると，第3問の処理負荷を下げることもできる。

第2問

　受託生産品の製造工程の効率化のための2つの課題と対応策を助言させる問題である。課題を2つに分けることが最も難しい。

受託生産品は受注生産であると想定でき，与件中にも明示されているため，第3問を先行して処理することで，受託生産品の課題自体は容易に特定できる。しかし，与件で特定できる複数の課題を2つに分けることは難しく，解答にかなりバラツキが出たことが想定される。

このように難易度が高い問題だが，第2問（受託生産品の課題）と第3問（見込生産品の課題）を区別できれば高得点も獲得できたと思われる。

第3問

見込生産する自社ブランド製品の課題だけを指摘する問題である。対応策は不要であるので，第2問よりもかなり難易度が低い。

生産面の課題としては，C社の高価格販売を支える「手作り感のある高級仕様」が一人の熟練職人が手作業で完成品まで担当していることを確認することで，「バッグを一人で製品化するために必要な製造全体の技術習熟」を対応づけることができる。本問の与件根拠が適切に対応できると，第2問はもちろん，第4問の処理負荷も削減できるため，本問は，事例III全体を通じて最も重要な問題に位置づけられる。

第4問

2つの戦略のうち1つを選ばせる意思決定と対応が求められている。第1問を適切に処理できると，C社の強みである「手作り感のある高級仕様（これを支える一人生産）」の活用が，「経営資源を有効に活用し，最大の効果を得るため」に妥当であるという判断ができる。

また，設問が課題でなく対応策を求めていることから，「バッグを一人で製品化するために必要な製造全体の技術習熟が進んでいない」という与件情報を，遡って第3問の生産面の課題として対応づけ，この技術習熟を進めることを，対応策として指摘する。

(4) 事例IV

第1問（経営分析）

平成30年度まで採用されていた「課題」となる指標が求められたことで，やや難易度は高くなった。指標の選択についても，優れる／課題の両方を2つずつ求められており，難易度は高い。

一方で，（設問2）の記述は昨年度の60字より20字も増えており，編集しやすくなった。配点も5点増えており，経営分析で得点を積み上げる機会が増えたといえるだろう。

第2問 （設備投資の経済性計算）

　取替投資の問題であり，機会費用の計算が必要になる。配点は30点と高いが，リスクはそれ以上に高い問題であることから，本問の優先度を下げ，第1問・第3問～第4問を先に処理してから，（設問1）にとりかかるというマネジメントが有効であった。

　（設問1）は固定資産売却損の計算ができれば得点できるため，相対的に難易度が低い。（設問2）は機会費用の計算が求められ，処理工数も増えるため，難易度は高い。

　（設問3）は（設問2）の計算が正しいことが前提となっており，（設問2）でミスすると得点できない。旧設備の減価償却費の機会費用の処理や，新設備の投資額と減価償却費の式を適切に記述する必要があるなど，計算ミスしやすい設計となっている。

第3問 （損益分岐点分析）

　（設問1）は設問文の量はそれなりに多いが，難易度は低い。単位当たりの変動費を求める設計は平成24年度第1問に出題されており，対応しやすかったと思われる。

　（設問2）は（設問1）で求めた単位当たり変動製造費用を使って単位当たり限界利益を求めることで，容易に解答できる。優先して解答する時間管理ができれば確実に得点できるレベルであり，A評価を取るためには，ぜひ正解したい問題であった。

第4問

　D社の多角化事業のうち，不採算事業を廃止した場合のメリットや，継続した場合の影響が問われている。

　（設問1）は移動販売事業を廃止（ネット通販事業へ一本化）した場合の財務面への短期的なメリットについての問題で，要求が明確で対応しやすい。

　一方，（設問2）は，（設問1）と比較して難易度が高かった。「継続することが必ずしも企業価値を低下させるとは考えていない。その理由を推測して」という設問要求が解釈しにくかった。「企業価値」という言葉が，題意を捉えにくくしており，第3問同様，優先度を上げ，時間を十分に確保して取り組みたい問題であった。

　　　　　江口明宏（EBA 中小企業診断士スクール統括講師　中小企業診断士）

中小企業の診断及び助言に関する実務の事例Ⅰ

　A社は首都圏を拠点とする，資本金2,000万円，従業員15名の印刷・広告制作会社である。1960年に家族経営の印刷会社として創業し，1990年より長男が2代目として引き継ぎ，30年にわたって経営を担ってきたが，2020年より3代目が事業を承継している。

　創業時は事務用品の分野において，事務用品メーカーの印刷下請と特殊なビジネスフォームの印刷加工を主な業務としていた。当初は印刷工場を稼働しており，職人が手作業で活字を並べて文章にした版を作って塗料を塗る活版印刷が主流で，製版から印刷，加工までの各工程は，専門的な技能・技術によって支えられ，社内，社外の職人の分業によって行われてきた。

　しかしながら1970年代からオフセット印刷機が普及し始めると，専門化された複数の工程を社内，社外で分業する体制が崩れ始め，それまで印刷職人の手作業によって行われてきた工程が大幅に省略され，大量・安価に印刷が仕上げられるようになった。

　さらに2000年頃より情報通信技術の進化によって印刷のデジタル化が加速し，版の作成を必要としないオンデマンド機が普及することによって，オフィスや広告需要の多くが，より安価な小ロット印刷のサービスに置き換わっていった。とりわけ一般的な事務用印刷の分野においては，技術革新によって高度な専門的技術や知識が不要となったため，印刷業ではない他分野からの新規参入が容易になり，さらに印刷の単価が下がっていった。

　こうした一連の技術革新に伴う経営環境の変化に直面する中で，多くの印刷会社が新しい印刷機へと設備を刷新してきたのに対して，A社では，2代目が社長に就任すると，保有していた印刷機，印刷工場を順次売却し，印刷機を持たない事業へと転換した。制作物のデザイン，製版，印刷，製本までの工程を一括受注し，製版や印刷工程を，凸版，凹版，平版などの版式の違いに応じて専門特化された協力企業に依頼することで，外部にサプライチェーンのネットワークを構築し，顧客の細かいニーズに対応できるような分業体制を整えることに注力した。A社では，割り付けやデザインと紙やインク，印圧などの仕様を決定して，印刷，製本，加飾などの各工程において

協力企業を手配して指示することが主な業務となっていった。当時，新しい技術に置き換わりつつあった事務用印刷などの事業を大幅に縮小し，多工程にわたり高品質，高精度な印刷を必要とする美術印刷の分野にのみ需要を絞ることで，高度で手間のかかる小ロットの印刷，出版における事業を幅広く展開できるようになった。その結果，イベントや展示に用いられる紙媒体の印刷物，見本や写真，図録，画集，アルバムなどの高精度な仕上がりが求められる分野において需要を獲得していった。

　1990年代から行われた事業の転換は，長期にわたって組織内部のあり方も大きく変えていった。印刷機を社内で保有していた時は，製版を専門とする職人を抱えていたが，定年を迎えるごとに版下制作工程，印刷工程を縮小し，それらの工程は協力企業に依頼することとなった。そして，図案の作成と顧客との接点となるコンサルティングの工程のみを社内に残し，顧客と版下職人，印刷工場を仲介し，印刷の段取りを決定して協力企業に対して指示を出し，各工程間の調整を専門に行うディレクション業務へと特化していった。

　他方で2000年代に入ると，同社はデザインと印刷コンテンツのデジタル化に経営資源を投入し，とりわけ高精細画像のデータ化においてプログラミングの専門知識を持つ人材を採用し始めた。社内では，複数の事業案件に対してそれぞれプロジェクトチームを編成し，対応することとなった。具体的には，アートディレクターがプロジェクトを統括して事業の進捗を管理し，外部の協力企業を束ねる形で，制作工程を調整しディレクションする体制となった。

　また，広告代理店に勤務していた3代目が加わると，2代目は図案制作の工程を版下制作から独立させて，新たにデザイン部門を社内に発足させ，3代目に部門の統括を任せた。3代目は，前職においてデザイナー，アーティストとの共同プロジェクトに参画していた人脈を生かし，ウェブデザイナーを2名採用した。こうした社内の人材の変化を受けて，紙媒体に依存しない分野にも事業を広げ，ウェブ制作，コンテンツ制作を通じて，地域内の中小企業が大半を占める既存の顧客に向けた広告制作へと業務を拡大した。しかしながら，新たな事業の案件を獲得していくことは難しかった。とりわけ，こうした新たな事業を既存の顧客に訴求するためには，新規の需要を創造していくことが求められた。また，中小企業向け広告制作の分野においては，既に数多くの競合他社が存在しているため，非常に厳しい競争環境であった。さらに新規の市場を開拓するための営業に資源を投入することも難しいために，印刷物を伴わない受注を増やしていくのに大いに苦労している。

　新規のデザイン部門と既存の印刷部門はともに，サプライチェーンの管理を担当

し，デザインの一部と，製版，印刷，加工に至る全ての工程におけるオペレーションは外部に依存している。必要に応じて外部のフォトグラファーやイラストレーター，コピーライター，製版業者，印刷職人との協力関係を構築することで，事業案件に合わせてプロジェクトチームが社内に形成されるようになった。

　2代目経営者の事業変革によって，印刷部門5名とデザイン部門10名の2部門体制で事業を行うようになり，正社員は15名を保っている。3代目は特に営業活動を行わず，主に初代，2代目の経営者が開拓した地場的な市場を引き継ぎ，既存顧客からの紹介や口コミを通じて新たな顧客を取り込んできたが，売り上げにおいて目立った回復のないまま現在に至っている。

第1問（配点20点）
　2代目経営者は，なぜ印刷工場を持たないファブレス化を行ったと考えられるか，100字以内で述べよ。

第2問（配点20点）
　2代目経営者は，なぜA社での経験のなかった3代目にデザイン部門の統括を任せたと考えられるか，100字以内で述べよ。

第3問（配点20点）
　A社は，現経営者である3代目が，印刷業から広告制作業へと事業ドメインを拡大させていった。これは，同社にどのような利点と欠点をもたらしたと考えられるか，100字以内で述べよ。

第4問（配点20点）
　2代目経営者は，プロジェクトごとに社内と外部の協力企業とが連携する形で事業を展開してきたが，3代目は，2代目が構築してきた外部企業との関係をいかに発展させていくことが求められるか，中小企業診断士として100字以内で助言せよ。

第5問（配点20点）
　新規事業であるデザイン部門を担う3代目が，印刷業を含めた全社の経営を引き継ぎ，これから事業を存続させていく上での長期的な課題とその解決策について100字以内で述べよ。

解答の着眼

●出題傾向

(1) 事例のテーマ

本年度は，印刷業が取り上げられた。先代に「ファブレス化」したが，3代目への代替わりとともに「広告制作」というソフト事業に業容を拡大して苦戦している印刷業者（事例企業）が，今後，外部環境の変化に対応するため，他業種との協業のあり方を見直し，長期的な課題を解決する方法を探るものである。

事例企業は，従業員が社長を含め15名と，事例Ⅰの過去の出題問題の中でも最少クラスであり，典型的な小企業である。

(2) 出題の特徴

事例Ⅰの事例企業はここ数年，ファブレスの製造業，農産物の乾燥機製造，酒造業など，製造業が中心になっている。本年度も，昨年度の酒造業に続き，2年連続で製造業の設定となった。ちなみに，本年度と同じ「印刷業」としては，比較的最近の平成28年度と，さらに10年ほど遡り，平成16年度に出題されている。事例Ⅲも含め，2次試験で最多の出題業種ということができる。

ただし，本年度の事例企業は，純粋な印刷業（製造業）だけではなく「広告制作」というサービス業も行っているところに特色がある。

本年度の事例Ⅰの難易度は，昨年度とほぼ同じ程度と思われる。

(3) 設問構造

本年度の設問構造をみると，5問中4問を戦略系の問題が占め，戦術問題，いいかえると純粋な「組織論」の問題が1問と，過去に例のない出題構成となった。過去の出題では，少なくとも戦術系の問題が2問あったことを考慮すると，かなり特殊といえるだろう。

そのような本事例の各設問を構造面から整理すると，以下のようになる。

・第1問　戦略分析問題（過去の戦略）
・第2問　戦略（戦術）分析問題（現在の戦略）
・第3問　戦略分析問題（内部成長戦略の利点と欠点の分析）

- 第4問　戦略助言問題（外部協力企業との関係）
- 第5問　戦術助言問題（長期的課題と解決策）

●解答例

第1問（配点20点）

①	印	刷	技	術	の	進	化	等	の	環	境	変	化	の	中	,	陳	腐	化
し	て	い	く	印	刷	機	器	等	を	自	社	で	所	有	す	る	リ	ス	ク
を	避	け	る	た	め	,	②	自	社	の	持	つ	ノ	ウ	ハ	ウ	に	経	営
資	源	を	集	中	し	,	高	精	度	な	美	術	印	刷	に	関	す	る	ニ
ッ	チ	市	場	で	顧	客	の	ニ	ー	ズ	に	対	応	す	る	た	め	。	

第2問（配点20点）

①	3	代	目	の	前	職	の	経	験	と	人	脈	を	生	か	し	,	社	内
に	新	た	な	ノ	ウ	ハ	ウ	と	ネ	ッ	ト	ワ	ー	ク	を	加	え	,	事
業	を	拡	大	し	て	よ	り	広	く	顧	客	ニ	ー	ズ	に	応	え	る	体
制	を	つ	く	る	た	め	,	②	権	限	委	譲	に	よ	る	経	営	者	教
育	を	行	い	,	円	滑	な	事	業	承	継	に	つ	な	げ	る	た	め	。

第3問（配点20点）

利	点	は	,	紙	媒	体	に	依	存	し	な	い	分	野	に	事	業	を	拡
げ	る	こ	と	で	既	存	顧	客	で	あ	る	地	域	中	小	企	業	に	対
す	る	ビ	ジ	ネ	ス	の	幅	が	広	が	っ	た	こ	と	。	欠	点	は	,
競	争	環	境	が	厳	し	い	中	,	人	員	や	資	金	の	投	入	も	難
し	く	,	受	注	を	獲	得	す	る	の	が	難	し	か	っ	た	こ	と	。

第4問（配点20点）

協	力	体	制	を	現	在	の	プ	ロ	ジ	ェ	ク	ト	ご	と	で	は	な	く
恒	常	的	な	ア	ラ	イ	ア	ン	ス	に	深	化	さ	せ	る	。	最	新	の
技	術	情	報	等	を	リ	ア	ル	タ	イ	ム	に	共	有	し	，	緊	密	な
連	携	を	図	る	こ	と	で	サ	プ	ラ	イ	チ	ェ	ー	ン	を	維	持	し
技	術	の	進	歩	や	環	境	の	変	化	に	共	同	で	対	応	す	る	。

第5問（配点20点）

課	題	は	，	既	存	顧	客	の	口	コ	ミ	等	に	依	存	し	た	営	業
か	ら	脱	却	し	，	継	続	的	に	新	規	顧	客	を	獲	得	す	る	体
制	の	構	築	で	あ	る	。	解	決	策	は	，	潜	在	的	な	ニ	ー	ズ
を	捉	え	新	規	需	要	を	創	造	す	る	た	め	，	提	案	営	業	力
を	有	す	る	人	員	を	確	保	し	，	営	業	部	門	を	新	設	す	る

●解説

【第1問】

(1) **解答を導く思考プロセス**

①設問文から出題の趣旨と制約条件を分析する

イ　出題の趣旨

　「ファブレス化」はドメインの変更（再構築）に関するものであり，基本的には戦略の分析問題といえる。ただし，それには「理由」があるはずなので，「環境」も含む可能性が高くなる。

　与件文との総合判断から，本問は「環境・戦略の分析問題」ということができる。

ロ　制約条件

　設問文は比較的シンプルであり，典型的な制約条件はみられない。

②関連する与件文と基本知識から解答を導く

　本問に関連する与件文は，以下の部分である。

イ　一連の技術革新に伴う経営環境の変化に直面する中で，……印刷機を持たない事業へと転換した（第5段落）

ロ　新しい技術に置き換わりつつあった事務用印刷などの事業を大幅に縮小し，……

美術印刷の分野にのみ需要を絞ることで，高度で手間のかかる小ロットの印刷，出版における事業を幅広く展開できるようになった（第5段落）

ハ　その結果，イベントや展示に用いられる紙媒体の印刷物，見本や写真，図録，画集，アルバムなどの高精度な仕上がりが求められる分野において需要を獲得していった（第5段落）

　これらの与件から，「守り」と「攻め」の両面での理由が読み取れる。まず，守りの面からは，イの「一連の技術革新に伴う経営環境の変化」やロの「新しい技術に置き換わりつつあった事務用印刷」という記述が，自前で設備等のモノを持つことのリスクを示唆していると解釈できる。

　次に「攻め」の面からは，貴重な内部資源を集中させることで生存を図るという意味で，1次試験でもおなじみのポーターの「差別化集中戦略」，コトラーの「ニッチ戦略」という王道を選択したといえる。ロ，ハの「美術印刷の分野にのみ需要を絞る」，「高精度な仕上がりが求められる分野において需要を獲得していった」という記述からも，A社は自社の得意分野に資源を集中して顧客を獲得していったと解釈できる。

　本事例の場合，ロの「事業を幅広く展開できるようになった」という記述から，差別化集中戦略よりもニッチ戦略が適切と考えられる。

⑵　**過去問題との相違を考える**

　事例Ⅰと Ⅱ・Ⅲ との違いとして，事例 Ⅱ・Ⅲ における環境分析系の問題は，いわゆる SWOT 分析系の問題がほとんどを占めるのに対して，事例 Ⅰ は以下の図の4つのパターンに該当することがほとんどである。本問は過去の戦略の分析であり，過去問題の傾向を引き継いでいると考えられる。

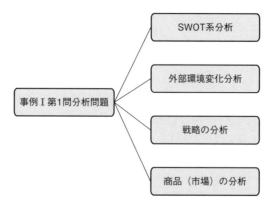

【第2問】

⑴ 解答を導く思考プロセス

①設問文から出題の趣旨と制約条件を分析する

イ　出題の趣旨

　本問は，A社での経験のなかった３代目にデザイン部門の統括を任せた理由を問うものであり，設問のみをみると，昇進・配置等，人事システムにかかる戦術問題に思えなくもないが，与件文を読み込むと，ドメインを拡大する意図がわかる。

　過去問題に頻出の内部成長に関する出題であり，与件文の記述をもとに１次知識を応用する力が求められる問題である。レイヤーは「戦略・戦術の分析問題」となる。

ロ　制約条件

　第１問に続きシンプルな設問文であり，典型的な制約条件はみられない。

②関連する与件文と基本知識から解答を導く

　本問に関連する与件文は，以下の部分である。

イ　また，広告代理店に勤務していた３代目が加わると，……新たにデザイン部門を社内に発足させ，３代目に部門の統括を任せた（第８段落）

ロ　３代目は，前職においてデザイナー，アーティストとの共同プロジェクトに参画していた人脈を生かし，ウェブデザイナーを２名採用した（第８段落）

ハ　紙媒体に依存しない分野にも事業を広げ，……地域内の中小企業が大半を占める既存の顧客に向けた広告制作へと業務を拡大した（第８段落）

ニ　（２代目が）30年にわたって経営を担ってきたが，2020年より３代目が事業を承継している（第１段落）

　戦略問題の基本であるドメインの視点で考える。

　まず，「誰に」（≒市場）を考えると，ハに「既存顧客に向けた」とあるため，それ以前と違いがないことがわかる。

　次に「何」（≒商品）を考える。ハに「広告制作へと業務を拡大した」とあるので，おおむね「新製品開発戦略」と考えられる。

　最後に，「どのように」（≒独自能力）の面では，ロの「人脈を生かし，ウェブデザイナーを２名採用した」が独自能力の強化に当たると考えられる。

　さらに，ドメイン自体との直接関係は薄いものの，イのように３代目を部門長に任命したことは，事例Ⅰの頻出論点である「後継者育成」に関する意図があったと推測される。ニはそのことの裏づけと解釈できる。

(2) 過去問題との相違を考える

　ここ10年の事例Ⅰでは，後継者問題が隠れ論点として，平成26年度，平成27年度，平成29年度，平成30年度と，4回も出題されており，その意味では本問は過去問題の傾向を引き継いでいると考えられる。

【第3問】

(1) 解答を導く思考プロセス

①設問から出題の趣旨と制約条件を分析する

イ　出題の趣旨

　本問は，事例Ⅰの過去問題にはあまりみられないタイプの問題であり，戸惑った受験者も多かったのではないだろうか。「利点と欠点」，いいかえると「メリットとデメリット」を聞く問題は，どちらかといえば事例Ⅱでの出題が多い。

　設問文には，ドメインの拡大が「同社にどのような利点と欠点をもたらしたと考えられるか」とあり，ドメインの拡大という戦略に付随する問題点の分析を問うている。よって，レイヤーは，「戦略の分析問題」といえる。問題構成としても，3問連続で戦略系の分析を問うという珍しいパターンになっている。

ロ　制約条件

　一見，直接的な制約条件は見当たらないが，利点と欠点を「もたらした」という表現から，現在，事象として顕在化していることを答えるべきだと解釈できる。実は，これが非常に重要な制約条件になる。

②関連する与件文と基本知識から解答を導く

　本問に関連する与件文は，以下の部分である。

イ　紙媒体に依存しない分野にも事業を広げ，……地域内の中小企業が大半を占める既存の顧客に向けた広告制作へと業務を拡大した（第8段落）

ロ　しかしながら，新たな事業の案件を獲得していくことは難しかった。とりわけ，こうした新たな事業を既存の顧客に訴求するためには，新規の需要を創造していくことが求められた（第8段落）

ハ　既に数多くの競合他社が存在しているため，非常に厳しい競争環境であった（第8段落）

ニ　新規の市場を開拓するための営業に資源を投入することも難しいために，印刷物を伴わない受注を増やしていくのに大いに苦労している（第8段落）

　まず，「利点」を考える。イには「紙媒体に依存しない分野にも事業を広げ」，「既

存の顧客に向けた広告制作へと業務を拡大した」という記述がある。

　拡大が見込みにくい紙媒体以外に業容を拡大したことにより，今後のビジネスに幅ができ，リスクヘッジにつながったと考えられる。また，「既存の顧客に向けた」という記述は，シナジー効果を示唆しているともとれる。しかし，それが「利点」とまでいえるかどうかは，ニの「受注を増やしていくのに大いに苦労している」という現在の状況に関する記述をみると，疑問が残る。

　次に，「欠点」を考える。ハには，外部環境が劣悪であったことが明示されている。ニにはその結果として，現在でも顧客の獲得がうまくできていないことが明確に記述されている。

　しかし，「欠点」（辞書的には，不十分なところ。足りないところ）という問いにフィットするかどうかが難しく，答案の表現には注意が必要である。

　ポイントは，内部資源を投入しないと成果（売上・利益）につながらなかった点である。

⑵　過去問題との相違を考える

　この問題については，過去問題に直接参考になるようなものが見当たらない。しかし，平成23年度事例Iの第1問（設問2）では，A社が近年，医家向け市場に注力している理由が求められており，新戦略のメリットと裏返しで旧戦略のデメリットを問うているので，まったくの新傾向問題ではないと考える。

【第4問】
⑴　解答を導く思考プロセス
①設問から出題の趣旨と制約条件を分析する
イ　出題の趣旨

　本問も，第3問に続き，事例Iの過去問題ではあまりお目にかからないタイプの問題であり，戸惑った受験者も多かったのではないだろうか。

　企業間連携を今後どのように発展させていくかと，外部成長戦略を問うているので，レイヤーは「戦略の助言問題」となる。
ロ　制約条件

　設問文には，直接的な制約条件は見当たらないが，本問は不要表現がカギを握る問題である。「不要表現」とは，読んで字のごとく「その表現がなくても問題が成立する設問文の一部分」のことである。

設問文のうち，前半の「2代目経営者は，プロジェクトごとに社内と外部の協力企業とが連携する形で事業を展開してきたが」の部分は削除しても問題として成立する。

与件文のヒントが少ないうえに，明確にあてはまる組織論の1次知識もないため，かなりの難問といえるが，不要表現の解釈が重要になる。

②関連する与件と基本知識から解答を導く

本問に関連する与件文は，以下の部分である。

イ　アートディレクターがプロジェクトを統括して事業の進捗を管理し，外部の協力企業を束ねる形で，制作工程を調整しディレクションする体制となった（第7段落）

ロ　必要に応じて外部のフォトグラファーやイラストレーター，コピーライター，製版業者，印刷職人との協力関係を構築することで，事業案件に合わせてプロジェクトチームが社内に形成されるようになった（第9段落）

ハ　技術革新によって高度な専門的技術や知識が不要となったため，……（第4段落）

ニ　一連の技術革新に伴う経営環境の変化に直面する中で，……（第5段落）

前述したように，設問文の前半に長い不要表現がある。基本的に設問文中の直接設問に関係のない（ようにみえる）文や単語は，意味なく存在するわけではなく，制約条件であることもあれば，ヒントとなっていることもある。

本問では，イとロが関係する与件文に該当すると考えられる。これは，事例Iの問題でよくある「問題と関係する事実」について述べてはいるが，解答の方向性を示す直接的なヒントはないパターンである。

ただし，この問題については，設問文と同じ単語が与件文にあるので，そこ（またはそのあたり）にヒントがあると考えられる。

1次知識としては当たり前すぎるが，アライアンスを進めるうえでは，その構成員の一部のみがメリットを享受するのではなく，すべての企業が「ウイン・ウイン」になる関係が理想であり，そうでない場合は，そのように変えていくべきである。

「外部企業との関係をいかに発展させていくことが求められるか」という題意を考えたうえで，あらためて設問文をみると，「プロジェクトごと」と強調されているのが気になる。

いいかえると「単発の事案ごとの協力」ということなる。しかし，外部企業とのアライアンスを考えるときに，定期的な意思疎通がない「単発の事案ごとの協力」は，別の見方をすると，自社の都合に合わせて相手を利用しているとも解釈できる。

ハ，ニにみられる経営環境の変化は，協力企業にも脅威となっているはずであり，

アライアンスを恒久的なものに深化させ，情報共有によりウイン・ウインの関係を構築することが必要だと考えられる。

(2) 過去問題との相違を考える

過去問題に類似した出題はなく，新傾向の問題と考えられる。しかし，過去問題をみると，事例Ⅰの問題のうち１問は，設問文のフレーズと同じものが与件文にあり，それが重要なヒントになっている。本問も「プロジェクト」という言葉が与件文にあり，その周辺の記述が解答の手掛かりとなっている点は，過去問題と共通している。

【第５問】

(1) 解答を導く思考プロセス

①設問から出題の趣旨と制約条件を分析する

イ　出題の趣旨

本問は，「これから事業を存続させていく上での長期的な課題とその解決策」を問うており，昨年度の最終問題と類似している。

「解決策」は過去問題で頻出の「具体的施策」に近く，レイヤーは「戦術の分析と助言にまたがる問題」と考えられる。ただし，何を具体的な目標とするかがはっきりしないため，難しい問題である。

ロ　制約条件

「長期的」という直接的な制約条件と，「事業を存続」という間接的な制約条件の２つに従った答案を記述できたかどうかがポイントである。

過去問題では，平成29年度事例Ⅰの第５問でも，問題文に「存続の懸念」という制約条件が付されていた。今回も小さな問題や高付加価値化ではなく「会社が倒産しかねないような重大な問題」について記述する必要がある。

②関連する与件と基本知識から解答を導く

本問と関連する与件文は，以下の部分である。

イ　印刷部門５名とデザイン部門10名の２部門体制で事業を行うようになり…（第10段落）

ロ　３代目は特に営業活動を行わず，主に初代，２代目の経営者が開拓した地場的な市場を引き継ぎ，既存顧客からの紹介や口コミを通じて新たな顧客を取り込んできたが，売り上げにおいて目立った回復のないまま現在に至っている（第10段落）

ハ　新規の市場を開拓するための営業に資源を投入することも難しいために，印刷物

を伴わない受注を増やしていくのに大いに苦労している（第8段落）

ニ　新たな事業を既存の顧客に訴求するためには，新規の需要を創造していくことが求められた（第8段落）

　A社の存続にかかわる重要な問題を与件文の内容からから考えると，大きく2つの可能性があげられる。

　まず，激変する技術の進歩や環境変化に対応できないことであるが，全体のストーリーと第4問で方向性が示されていると解釈し，本問では取り上げない。もう1つは，財務的に必要な売上利益を得ることができず赤字になることであり，イの「売り上げにおいて目立った回復のないまま現在に至っている」，ハの「受注を増やしていくのに大いに苦労している」という記述は，この危険を示唆している。

　イとロの記述は，事例Ⅰによくある「本当の営業がない」状態を示唆している。「3代目は特に営業活動を行わず」という記述からは，社長のトップセールスもその解決策の候補に挙がるが，ここでは解答の要素ではないと判断した。理由は，短期的な応急処置としてのトップセールスはありだと考えられるが，設問文の「長期的」という制約条件から判断して，社長のトップセールスを延々と続けることには無理があるからである。

　ニの「新たな事業を既存の顧客に訴求するためには，新規の需要を創造していくことが求められた」という記述からも，トップセールスに頼るよりも，しっかりした専門の部署を設けるほうが，効果が見込める。

　過去問題でも，トップセールスからの脱却が隠れたテーマになっているケースが多く，本問の場合も，あえてトップセールスを推すことはないと判断できる。

(2)　過去問題との相違を考える

　形式的には，「長期的な課題」の解決のための「施策」を問う本問のような問題は，事例Ⅰの定番である。内容面でも，過去問題で頻出の「本当の意味での営業がない」（だからつくれ）という主旨の問題であると考えられ，明らかに過去問題の傾向を引き継いでいる。

●学習のポイント

(1)　試験委員交替の影響

　毎年，中小企業診断協会からその年の試験委員名簿が発表されているが，1次試験・2次試験とも，具体的に誰が何を担当しているかは公表されていない。しかし，

事例Ⅰは新制度に変更になった平成13年度以来，岩崎直人氏（成城大学教授）を中心とする３人の先生方が作問していたのは，ほぼ間違いない（平成25年度を除く）。ところが，その３人が，昨年と一昨年ですべて交替となった。

当然，出題傾向にも影響が出たと考えられる。そこで，解説の中では，過去問題と本年度の問題の共通点と相違点を，問題ごとにみてきた。以下では，過去問題との共通点のうち，総論的・形式的なところについて考察する。

①与件文の前半は解答との関係性が低いこと

与件文のうち，第1段落を除く前半は解答に関係しない文が多くなっており，これが他の事例との違いとなっている。

②設問数や解答文字数が同じであること

平成26年度以降，8年連続で設問数が5，解答文字数は全設問で100字（合計500字）の形式が続いている。

③与件文が時系列に書かれていないこと

これはすべての年度ではないが，他の事例にはない事例Ⅰの特色であり，本年度の与件文にも当てはまる。

④内部成長に関する問題が頻出していること

気づいていない受験者も多いが，事例Ⅰでは，内部成長戦略に関わる論点が頻出している。同じ戦略でも競争戦略は事例Ⅱでの出題が多くなっており，その傾向は本年度も踏襲されていた。

以上から，多少は傾向の変化はあるものの，2次試験対策において，過去問題の研究は以前と変わらず大きな価値があると考える。

⑵　「制約条件」の重要性の認識

一定の実力を身につけることはもちろんだが，本番では，「制約条件を忠実に守り切れるか」が合格のカギになる。そして，このことは年々重要性を増している。制約条件を含めた設問文は，出題者が「ゴールはこちらの方向にあります」と手招きしていると考えてほしい。そこを適当に処理してしまうと，ゴールと全然違う方向に走ることになりかねないので，注意してほしい。

　　　　　　　　　　平野純一（KECビジネススクール主任講師　中小企業診断士）

中小企業の診断及び助言に関する実務の事例Ⅱ

　B社は資本金300万円，社長を含む従業者数15名の豆腐の製造販売業者である。B社は清流が流れる地方都市Ｘ市に所在する。この清流を水源とする地下水は良質な軟水で，滑らかな豆腐づくりに向く。

　1953年（昭和28年），現社長の祖父がＸ市の商店街にB社を創業した。地元産大豆，水にこだわった豆腐は評判となり，品評会でも度々表彰された。なお，Ｘ市は室町時代に戦火を避けて京都から移り住んだ人々の影響で，小京都の面影を残している。そのため，京文化への親近感が強く，同地の職人には京都の老舗で修行した者が多い。同地の繁盛店は，B社歴代社長，新しい素材を使った菓子で人気を博す和菓子店の店主，予約が取りにくいと評判の割烹(かっぽう)の板前など京都で修行した職人が支えている。

　1981年（昭和56年），創業者の病をきっかけに，経営は息子の２代目に引き継がれた。その頃，Ｘ市でもスーパーマーケットなど量販店の出店が増加し，卸販売も行うようになった。従来の商店街の工場兼店舗が手狭になったため，良質な地下水を採取できる農村部の土地に工場を新設した。パートの雇用も増やし，生産量を拡大した。

　2000年（平成12年），創業者の孫にあたる現社長が，京都での修行を終えてB社を継承した。その頃，地場資本のスーパーマーケットからプライベート・ブランド（PB）の製造呼びかけがあった。国産大豆を使いながらも，価格を抑え，集客の目玉とするPBであった。地元産大豆にこだわった祖父と父のポリシーに反するが，事業拡大の好機と捉え，コンペ（企画競争型の業者選定会）に参加し，受注に成功した。そしてPB製造のための材料用倉庫と建屋も新築し，パートも増やした。その後，数度のコンペで受注契約を繰り返し，最盛期はB社売上比率の約半分がPBで占められた。しかし，2015年（平成27年）のコンペで大手メーカーに敗れ，契約終了となった。

　PBの失注のタイミングで，Ｘ市の大手米穀店Ｙ社からアプローチがあり，協議の結果，農村部の工場の余剰設備をＹ社へ売却し，整理人員もＹ社が雇用した。Ｘ市は豊富な水を活かした米の生産も盛んで，Ｙ社は同地の米の全国向けECサイトに注力

している。Ｙ社社長は以前より在庫用倉庫と炊飯に向く良質な軟水を大量に採取できる井戸を探していた。Ｙ社は建屋を改修し，Ｂ社の地下水を購入する形で，Ｙ社サイトのお得意さまに限定販売するペットボトル入り水の製造を開始した。またＹ社は「Ｘ市の魅力を全国に」との思いからＸ市企業の佃煮，干物などもＹ社サイトでコラボ企画と称して販売している。近年，グルメ雑誌でＹ社サイトの新米，佃煮が紹介されたのをきっかけに，全国の食通を顧客として獲得し，サイトでの売上が拡大している。

Ｂ社社長はＰＢ関連施設の整理のめどが立った頃，Ｂ社の将来について，残った従業員と会議を重ねた。その結果，各地で成功例のある冷蔵販売車を使った豆腐の移動販売の開始を決意した。売上の早期回復のために移動販売はフランチャイズ方式を採用した。先行事例を参考に，フランチャイジーは加盟時に登録料と冷蔵販売車を用意し，以降はＢ社から商品を仕入れるのみで，その他のフィーは不要とする方式とした。また，フランチャイジーは担当地域での販売に専念し，Ｂ社はその他のマーケティング活動，支援活動を担当する。結果，元商店経営者やＢ社の元社員などがフランチャイジーとして加盟した。

移動販売の開始と同時に原材料を全て地元産大豆に戻し，品揃えも大幅に見直した。手頃な価格の絹ごし豆腐，木綿豆腐の他，柚子豆腐，銀杏豆腐などの季節の変わり豆腐も月替わりの商品として加えた。新商品のグラム当たり単価はいずれもスーパーマーケットの高価格帯商品よりも高く設定した。

移動販売は戸別訪問の他に，豆腐の製造販売店がない商店街，遊戯施設，病院などの駐車場でも許可を得て販売している。駐車場での販売は高齢者が知り合いを電話で呼び，井戸端会議のきっかけとなることも多い。移動販売の開始後，顧客数は拡大したものの客単価は伸び悩んでいたが，フランチャイジーの１人がデモンストレーション販売をヒントに始めた販売方法が客単価を引き上げた。自身が抱える在庫をどうせ廃棄するならば，と小分けにし，使い捨て容器に盛り付け，豆腐に合った調味料をかけて試食を勧めながら，商品説明を積極的に行った結果，次第に高単価商品が売れ始めた。フランチャイジーと高齢者顧客とのやり取りは来店前の電話での通話が主体である。インスタント・メッセンジャー（ＩＭ）の利用を勧めた時もあったが敬遠されたため，電話がメインになっている。ただし若年層にはＩＭによるテキストでのやり取りの方が好まれ，自社の受注用サイトを作る計画もあったが，ノウハウもなく，投資に見合った利益が見込めないとの判断により，ＩＭで十分という結論に達した。

移動販売の開始以降，毎年秋には農村部の工場に顧客リストの中から買い上げ額上

位のお得意さまの家族を招いて，日頃のご愛顧への感謝を伝える収穫祭と称するイベントを実施してきた。これは昔ながらの方法で大豆の収穫を体験するイベントである。収穫の喜びを顧客と共有すると共に，Ｂ社の顧客は高齢者が多いため，一緒に昔を懐かしむ目的で始めた。しかし，食べ物が多くの人の努力を経て食卓に届くことを孫に教えたいという声が増え，年を追うごとに子連れの参加者が多くなった。収穫体験の後には食事会を開き，Ｂ社商品を使った肉豆腐や湯豆腐を振る舞う。ここで参加者が毎年楽しみにしているのは炊きたての新米に，出来たての温かい豆腐を乗せ，鰹節としょうゆ，薬味の葱少々をかけた豆腐丼であった。豆腐丼は祖父の時代からＢ社でまかないとして食べてきたものである。「豆腐に旅をさせるな」といわれるように出来たての豆腐の風味が最も良く，豆腐と同じ水で炊き上げた新米との相性も合って毎年好評を得ていた。同市の年齢分布を踏まえると主婦層の顧客が少ないという課題を抱えつつ，移動販売は高齢層への販売を伸ばし続けていた。

　しかしながら，新型コロナウイルス感染症のまん延に伴い，以降，試食を自粛した。また，人的接触を避けるために，駐車場での販売から戸別販売への変更を希望したり，戸別訪問を断ったりする顧客が増えてきた。収穫祭では収穫体験のみを実施し，室内での食事会を中止した。その際に，豆腐丼を惜しむ声が複数顧客より寄せられた。Ｂ社社長が全国に多数展開される豆腐ECサイトを調べたところ，多くのサイトで豆乳とにがりをセットにした商品が販売されていることを知り「手作り豆腐セット」を開発し，移動販売を開始した。顧客が豆乳とにがりを混ぜ，蒸し器で仕上げる手間のかかる商品であるが，出来たての豆腐を味わえる。リモートワークの浸透を受け，自宅での食事にこだわりを持つ家庭が増え，お得意さま以外の主婦層にも人気を博している。この商品のヒットもあり，何とかもちこたえてきたものの，移動販売の売上は3割落ち込んだままである。そこで，人的接触を控えたい，自宅を不在にする日にも届けてほしいという高齢層や主婦層の声を踏まえ，生協を参考に冷蔵ボックスを使った置き配の開始も検討している。そして，危機こそ好機と捉え，豆腐やおからを材料とする菓子類による主婦層の獲得や，地元産大豆の魅力を伝える全国向けネット販売といった夢をこの機にかなえたいと考えている。しかし，具体的な打ち手に悩んだＢ社社長は2021年（令和3年）8月末に中小企業診断士に相談することとした。

第1問（配点20点）
　2021年（令和3年）8月末時点のＢ社の状況を，移動販売の拡大およびネット販売の立ち上げを目的としてSWOT分析によって整理せよ。①〜④の解答欄に，それぞ

れ30字以内で述べること。

第2問（配点25点）

　B社社長は社会全体のオンライン化の流れを踏まえ，ネット販売を通じ，地元産大豆の魅力を全国に伝えたいと考えている。そのためには，どの商品を，どのように販売すべきか。ターゲットを明確にした上で，中小企業診断士の立場から100字以内で助言せよ。

第3問（配点30点）

　B社のフランチャイズ方式の移動販売において，置き配を導入する場合に，それを利用する高齢者顧客に対して，どのような取り組みを実施すべきか。中小企業診断士の立場から(a)フランチャイザー，(b)フランチャイジーに対して，それぞれ50字以内で助言せよ。

第4問（配点25点）

　B社ではX市周辺の主婦層の顧客獲得をめざし，豆腐やおからを材料とする菓子類の新規開発，移動販売を検討している。製品戦略とコミュニケーション戦略について，中小企業診断士の立場から100字以内で助言せよ。

解答の着眼

●出題傾向

(1) 事例のテーマ・概要

　本年度の事例Ⅱでは，コロナ禍における豆腐製造販売業のマーケティング戦略が問われた。昨年度は「新型コロナウイルス感染症とその影響は考慮する必要はない」という指示があったが，本年度は与件文中に明確にコロナの影響が記されているため，少し異なる対応が必要であった。

　事例企業B社は，地方都市X市に所在する豆腐の製造販売業者である。1953年の創業以来，順調に成長し，2000年には3代目に継承された。その後，地場資本スーパーマーケットのPB製造受託に成功したものの，2015年に契約終了となってしまった。これを契機に，冷蔵販売車を使った豆腐の移動販売FCを立ち上げた。主婦層の顧客

が少ないという問題を抱えつつも，移動販売は高齢層への販売を伸ばし続けていた。その矢先に発生した新型コロナウイルス感染症の影響で，現在も移動販売の売上が3割落ち込んだままの状態である。

この危機を好機と捉え，具体的な打ち手を検討するため，中小企業診断士に相談するというストーリーである。

(2)　出題の特徴

①出題業種

昨年度はハーブの製造小売業（農業法人），本年度は豆腐の製造販売業と，2年連続で製造業からの出題となった。

②難易度

形式面では，与件文が3ページでかなりボリュームがある。図表等は添付されていない。問題数は4問，解答字数は420字なので，例年よりも記述量は少ない。与件情報が多い分，情報を整理・把握する負担は大きいが，設問については与件情報に基づいて丁寧に処理することができれば，ある程度の得点は望めるだろう。しかし，問題数が少ないため，1問あたりの配点が大きく，80分という限られた時間の中でミスなく的確に対応するのは難しい。

総合的にみて，本年度の難易度は例年並みといえる。

③設問別の特徴

・第1問：3年連続でSWOT分析の問題であった。基本問題であるが，制約条件には注意が必要である。解答字数が昨年度の40字から30字に減ったので，より的確な記述が求められる。

・第2問：ネット販売を通じて地元産大豆の魅力を全国に伝えるための，「ターゲット」，「商品」，「販売方法」が問われた。

・第3問：「置き配」導入に際して，フランチャイザーとフランチャイジーに分けての取り組みが問われた。与件文の根拠が少なく，配点は大きいので，かなり差がついた設問だと思われる。

・第4問：主婦層の顧客獲得に向けて，菓子類の新規開発や移動販売のための「製品戦略」と「コミュニケーション戦略」が問われた。

④制約条件の重要性

本年度は，すべての設問文の中に何らかの制約条件が付されていた。この制約条件に従い，忠実に解答することができたかどうかが，得点に大きく影響したと思われる。

(3) 設問構造

2次試験の問題は，「環境分析」，「戦略策定」，「戦術策定」（機能戦略問題）の3つのレイヤーに分けられる。

本年度の問題は，図表1のように分類できる。

図表1　本年度事例Ⅱの設問構造

第1問	環境分析問題	SWOT分析
第2問	戦略策定問題	ターゲット・商品・販売方法
第3問	戦術策定問題	フランチャイザー・フランチャイジー別，置き配導入
第4問	戦術策定問題	製品・コミュニケーション

●解答例

第1問（配点20点）

①S（強み）

地	元	産	大	豆	と	水	に	こ	だ	わ	る	高	品	質	な	豆	腐	生	産
と	Y	社	と	の	良	好	な	関	係	。									

②W（弱み）

主	婦	層	の	顧	客	が	少	な	く	，	ネ	ッ	ト	販	売	や	サ	イ	ト
構	築	の	ノ	ウ	ハ	ウ	が	な	い	。									

③O（機会）

不	在	時	の	配	達	ニ	ー	ズ	や	，	自	宅	で	の	食	事	に	こ	だ
わ	り	を	持	つ	家	庭	の	増	加	。									

④T（脅威）

感	染	症	ま	ん	延	で	人	的	接	触	を	避	け	る	顧	客	の	増	加,
多	数	の	豆	腐	EC	サ	イ	ト	。										

第2問 （配点25点）

タ	ー	ゲ	ッ	ト	は	，	Y	社	サ	イ	ト	の	顧	客	で	あ	る	全	国
の	食	通	で	あ	る	。	商	品	は	，	手	作	り	豆	腐	セ	ッ	ト	で
あ	る	。	販	売	方	法	は	，	Y	社	サ	イ	ト	上	で	コ	ラ	ボ	企
画	を	実	施	し	，	Y	社	の	米	や	水	・	豆	腐	丼	の	レ	シ	ピ
と	共	に	提	供	し	，	地	元	産	大	豆	の	魅	力	を	訴	求	す	る	。

第3問 （配点30点）

	冷	蔵	ボ	ッ	ク	ス	の	利	便	性	を	訴	求	す	る	マ	ー	ケ	テ	ィ
(a)	ン	グ	活	動	や	，	置	き	配	の	導	入	マ	ニ	ュ	ア	ル	等	を	整
	備	す	る	支	援	活	動	を	行	う	。									

	人	的	接	触	を	避	け	，	事	前	配	達	連	絡	や	不	在	時	フ	ォ
(b)	ロ	ー	，	客	単	価	向	上	の	商	品	説	明	を	電	話	で	行	い	，
	き	め	細	か	く	対	応	す	る	。										

第4問 （配点25点）

製	品	戦	略	は	，	新	し	い	素	材	を	使	っ	た	菓	子	を	人	気
の	和	菓	子	店	と	共	同	開	発	し	，	ブ	ラ	ン	ド	化	を	図	る	。
コ	ミ	ュ	ニ	ケ	ー	シ	ョ	ン	戦	略	は	，	IM	で	積	極	的	商	品
説	明	に	よ	り	口	コ	ミ	を	喚	起	し	，	主	婦	層	の	声	を	収
集	す	る	双	方	向	コ	ミ	ュ	ニ	ケ	ー	シ	ョ	ン	を	行	う	。	

●解説

【第1問】

⑴　設問解釈

　経営戦略策定プロセスの経営環境分析（SWOT分析）に関する問題である。B社の「強み・弱み・機会・脅威」を問うている。SWOT分析のセオリーは，与件文から解答要素を抽出するだけではなく，後の設問との整合性や一貫性を意識して要素を

絞り込むことである。

(2) 解答を導く思考プロセス
①問題の制約条件を確認する

「2021年（令和3年）8月末時点」での，「移動販売の拡大およびネット販売の立ち上げを目的」としたSWOT分析が求められている。そのため，この基準を満たさない解答要素は不可となる。

②関連する与件と基本知識から解答を導く

与件文から，B社の「強み・弱み・機会・脅威」に関する情報を抽出し，分析を行う。30字以内という制限はかなりシビアなので，要素選択には慎重を期したい。

【強みに関する記述】

「2021年（令和3年）8月末時点」でB社が保有する強みについては，与件文の以下の記述に注目する。

イ　地元産大豆，水にこだわった豆腐は評判となり，品評会でも度々表彰された（第2段落）

ロ　PBの失注のタイミングで，X市の大手米穀店Y社からアプローチがあり，協議の結果，農村部の工場の余剰設備をY社へ売却し，整理人員もY社が雇用した（第5段落）

ハ　移動販売の開始と同時に原材料を全て地元産大豆に戻し，品揃えも大幅に見直した（第7段落）

強みの要素は，後の設問で活用するものを選ぶようにする。特に，今後の戦略や戦術が問われる問題において，強みを活用するパターンが多い。

そこで設問構造をみると，第2問でネット販売の商品が問われており，販路もY社サイトでコラボをする関係上，商品質の高さ（イ，ハ）やY社との関係性（ロ）には触れておくべきだろう。

【弱みに関する記述】

弱みについては，与件文の以下の記述に注目する。

イ　ただし若年層にはIMによるテキストでのやり取りの方が好まれ，自社の受注用サイトを作る計画もあったが，ノウハウもなく，投資に見合った利益が見込めないとの判断により，IMで十分という結論に達した（第8段落）

ロ　同市の年齢分布を踏まえると主婦層の顧客が少ないという課題を抱えつつ，移動販売は高齢層への販売を伸ばし続けていた（第9段落）

ハ　この商品のヒットもあり，何とかもちこたえてきたものの，移動販売の売上は3
　　割落ち込んだままである（第10段落）
　　弱みの要素は，後の設問で改善されるものを選ぶようにする。
　　ネット販売の立ち上げにおいて，自社の受注用サイトを作るノウハウがない（イ）
は弱みといえる。これは，第2問でY社サイトでコラボ企画を実施することで解消で
きる。
　　現在の移動販売は高齢層で伸びているが（ロ），今後の移動販売を拡大するために
は高齢層以外に広げなければならない。その点，主婦層の顧客が少ない点について
は，第4問で解消されるので，弱みとして指摘しておくべきである。
　　移動販売の売上が3割落ち込んだまま（ハ）なのは，B社にとって問題であり弱み
である。しかし，その原因は主婦層の少なさにあると考えられ，ロと重複するため，
解答には含めない。

【機会に関する記述】
　　機会については，与件文の以下の記述に注目する。
イ　X市は豊富な水を活かした米の生産も盛んで，Y社は同地の米の全国向けECサ
　　イトに注力している（第5段落）
ロ　またY社は「X市の魅力を全国に」との思いからX市企業の佃煮，干物などもY
　　社サイトでコラボ企画と称して販売している。近年，グルメ雑誌でY社サイトの新
　　米，佃煮が紹介されたのをきっかけに，全国の食通を顧客として獲得し，サイトで
　　の売上が拡大している（第5段落）
ハ　その際に，豆腐丼を惜しむ声が複数顧客より寄せられた（第10段落）
ニ　リモートワークの浸透を受け，自宅での食事にこだわりを持つ家庭が増え，お得
　　意さま以外の主婦層にも人気を博している（第10段落）
ホ　そこで，人的接触を控えたい，自宅を不在にする日にも届けてほしいという高齢
　　層や主婦層の声を踏まえ，生協を参考に冷蔵ボックスを使った置き配の開始も検討
　　している（第10段落）
　　機会の要素は，強みと掛け合わせて活かせるものや顧客ニーズに関する記述を選ぶ
ようにする。
　　イとロに記述されているY社サイトは，第2問で販路として活用するため，機会と
みることもできる。ただし，文字数が30字しかないため，強みでY社のことを指摘し
ていることも踏まえて，解答には含めない。
　　豆腐丼のニーズ（ハ）も，機会とみることができるが，あくまでも収穫祭に参加し

た顧客の声であるため，解答要素からは外し，このニーズには，第2問でレシピととも
もに提供することで応えていく。

　手作り豆腐セットがこだわりを持つ家庭や主婦層に人気であること（ニ），高齢層
や主婦層の直接的なニーズの記述であること（ホ）は，第3問の置き配や第4問の主
婦層獲得につながるため，解答要素としたい。

【脅威に関する記述】

　脅威については，与件文の以下の記述に注目する。

イ　新型コロナウイルス感染症のまん延に伴い，以降，試食を自粛した。また，人的
　　接触を避けるために，駐車場での販売から戸別販売への変更を希望したり，戸別訪
　　問を断ったりする顧客が増えてきた（第10段落）

ロ　B社社長が全国に多数展開される豆腐ECサイトを調べたところ，多くのサイト
　　で豆乳とにがりをセットにした商品が販売されていることを知り「手作り豆腐セッ
　　ト」を開発し，移動販売を開始した（第10段落）

　脅威は避けるのがセオリーである。外部要因として，B社独自では解決できない要
素を選ぶようにする。

　新型コロナウイルス感染症のまん延（イ）は，明確な脅威である。B社のこれまで
のマーケティング活動が実施できなくなり，戦略の転換が迫られている。

　B社はネット販売としては後発参入であり，先発企業のECサイトが全国に多数展
開していること（ロ）も脅威であると判断できる。

【第2問】

(1)　設問解釈

　ネット販売を通じて地元産大豆の魅力を全国に伝えるための「ターゲット」，「商
品」，「販売方法」が問われている。事業ドメインの設定であり，経営戦略策定プロセ
スに当たる。

　過去問におけるターゲット層確定の問題は，市場細分化基準や与件文のヒントから
選択するオーソドックスな出題形式が主流である。セオリーとして，B社の強みが活
かせるターゲットを選択すべきである。

　なお，本年度は制約条件が細かいため，登場人物の単なる抜き出しではターゲット
を大きく外す危険があった。

(2) 解答を導く思考プロセス

①問題の制約条件を確認する

　「ネット販売」，「地元産大豆の魅力を全国に伝えたい」，「どの商品」，「どのように販売すべきか」，「ターゲットを明確に」と，かなり細かい条件が付されている。単に「誰に・何を・どのように」販売するかだけではなく，それによって，地元産大豆の魅力が全国に伝わるかどうかがポイントとなる。

②関連する与件と基本知識から解答を導く

　以下の与件文に注目する。

イ　またY社は「X市の魅力を全国に」との思いからX市企業の佃煮，干物などもY社サイトでコラボ企画と称して販売している。近年，グルメ雑誌でY社サイトの新米，佃煮が紹介されたのをきっかけに，全国の食通を顧客として獲得し，サイトでの売上が拡大している（第5段落）

ロ　移動販売の開始と同時に原材料を全て地元産大豆に戻し，品揃えも大幅に見直した。手頃な価格の絹ごし豆腐，木綿豆腐の他，柚子豆腐，銀杏豆腐などの季節の変わり豆腐も月替わりの商品として加えた（第7段落）

ハ　ここで参加者が毎年楽しみにしているのは炊きたての新米に，出来たての温かい豆腐を乗せ，鰹節としょうゆ，薬味の葱少々をかけた豆腐丼であった。……「豆腐に旅をさせるな」といわれるように出来たての豆腐の風味が最も良く，豆腐と同じ水で炊き上げた新米との相性も合って毎年好評を得ていた（第9段落）

ニ　その際に，豆腐丼を惜しむ声が複数顧客より寄せられた。B社社長が……「手作り豆腐セット」を開発し，移動販売を開始した。顧客が豆乳とにがりを混ぜ，蒸し器で仕上げる手間のかかる商品であるが，出来たての豆腐を味わえる（第10段落）

　第1問のSWOT分析の結果を踏まえれば，販売チャネルはY社サイトと特定できる。そして，イからわかるように，Y社サイトで地元産大豆の魅力を全国に伝えることができるターゲットは，「全国の食通」である。ただし，Y社サイト上でコラボ企画を実施するため，「Y社サイトの顧客である全国の食通」にしなければならない。

　B社の商品に着目すると，与件文に候補は多数見つかる（ロ，ニ）。ただし，「豆腐に旅をさせるな」（ハ）とあることから，柚子豆腐や銀杏豆腐などの季節の変わり豆腐は魅力的であるものの，商品候補からは外したい（ちなみに，平成25年度試験では，月替わりのさつまあげを新商品として提供する出題実績がある）。

　同様の理由から，評判の豆腐丼をそのまま提供することはできない。そこで，顧客自身に手作り豆腐セットを作ってもらい，炊き立てのY社の新米に出来たての温かい

豆腐を乗せてもらうことを提案したい。

ハに薬味などの情報が詳述されていることから，豆腐丼のレシピもセットにして情報提供すればよいだろう。

【第3問】

⑴　設問解釈

移動販売において「置き配」を導入する場合，高齢者顧客に対して，どのような取り組みをするべきかが問われている。フランチャイザーとフランチャイジーに分けた，具体的な戦術面の記述が求められる。50字ずつの記述が要求され，配点も高いので，慎重な対応が必要である。

⑵　解答を導く思考プロセス

①設問の制約条件を確認する

「置き配を導入する場合」，「高齢者顧客に対して」，「フランチャイザー・フランチャイジー」がなすべき取り組みが問われている。

②関連する与件と基本知識から解答を導く

フランチャイズ方式についての基本知識から，フランチャイザーは本部（B社），フランチャイジーは加盟店であることを確認する。

そのうえで，以下の与件文に注目する。

イ　売上の早期回復のために移動販売はフランチャイズ方式を採用した。先行事例を参考に，フランチャイジーは加盟時に登録料と冷蔵販売車を用意し，以降はB社から商品を仕入れるのみで，その他のフィーは不要とする方式とした。また，フランチャイジーは担当地域での販売に専念し，B社はその他のマーケティング活動，支援活動を担当する（第6段落）

ロ　移動販売の開始後，顧客数は拡大したものの客単価は伸び悩んでいたが，フランチャイジーの1人がデモンストレーション販売をヒントに始めた販売方法が客単価を引き上げた。……商品説明を積極的に行った結果，次第に高単価商品が売れ始めた。フランチャイジーと高齢者顧客とのやり取りは来店前の電話での通話が主体である。インスタント・メッセンジャー（IM）の利用を勧めた時もあったが敬遠されたため，電話がメインになっている（第8段落）

ハ　人的接触を避けるために，駐車場での販売から戸別販売への変更を希望したり，戸別訪問を断ったりする顧客が増えてきた（第10段落）

ニ　人的接触を控えたい，自宅を不在にする日にも届けてほしいという高齢層や主婦
　　層の声を踏まえ，生協を参考に冷蔵ボックスを使った置き配の開始も検討している
　　（第10段落）

　イから，フランチャイザーであるＢ社は「その他のマーケティング活動，支援活
動」を担当し，フランチャイジーは「担当地域での販売に専念」していることがわか
る。

　高齢者顧客に対するＢ社の取り組みについてのヒントは，ここだけである。そこ
で，マーケティング活動や支援活動から類推される範囲で，フランチャイジーができ
ないことを想定すればよい。解答例では，プロモーションの視点から，ニに記述のあ
る冷蔵ボックスの利便性を訴求し，導入マニュアルの作成を支援活動として位置付け
た。これ以外にも，置き配の利用促進や売上向上につながる取り組みであれば，加点
対象になるだろう。

　一方，フランチャイジーの取り組みについてのヒントは多い。デモ販や商品説明に
より客単価が向上すること，高齢者顧客とのやりとりは電話がメインであること
（ロ）を踏まえて記述すればよい。

　高齢層のニーズは戸別販売や不在配達など多岐にわたる（ハ）ため，フランチャイ
ジーはそれらにきめ細かく対応し，担当地域での販売に専念すればよい。

【第4問】

(1)　設問解釈

　主婦層の顧客獲得に向けて，菓子類の新規開発や移動販売のための「製品戦略」と
「コミュニケーション戦略」が問われている。与件文にヒントとなる記述があるた
め，比較的対応しやすい。

　コミュニケーション戦略は，ここ数年の定番論点なので，ある程度の得点が見込め
る設問である。ここで確実に得点を稼ぎたい。

(2)　解答を導く思考プロセス

①問題の制約条件を確認する

　「Ｘ市周辺の主婦層の顧客獲得」，「菓子類の新規開発，移動販売」，「製品戦略とコ
ミュニケーション戦略」が制約条件である。100字以内の解答が要求されているので，
2つの戦略に分けて記述すればよい。

②関連する与件と基本知識から解答を導く

以下の与件文に注目する。

イ　同地の繁盛店は，B社歴代社長，新しい素材を使った菓子で人気を博す和菓子店の店主，予約が取りにくいと評判の割烹の板前など京都で修行した職人が支えている（第2段落）

ロ　ただし若年層にはIMによるテキストでのやり取りの方が好まれ，……IMで十分という結論に達した（第8段落）

ハ　リモートワークの浸透を受け，自宅での食事にこだわりを持つ家庭が増え，お得意さま以外の主婦層にも人気を博している（第10段落）

ニ　高齢層や主婦層の声を踏まえ，……（第10段落）

　　豆腐やおからを材料とする菓子類の新規開発を行うにあたって，B社に菓子類の新規開発能力があるかどうかは不明である。そこで，新しい素材を使った菓子で人気を博す和菓子店の店主（イ）の協力は不可欠である。また，マーケティングの観点から製品戦略といえば，ブランド化を想起したい。差別化などのキーワードを盛り込んでもよいだろう。

　　ニに，「高齢層や主婦層」と分けられていることから，高齢層ではない（つまり，若年層である）主婦層とのコミュニケーション戦略としては，IMによるテキストでのやり取り（ロ）を指摘すればよい。また，ハやニにある主婦層の声を踏まえて，双方向コミュニケーションにも触れておきたい。

　　過去問をみると，メーカーが事例企業となっている場合には，顧客との双方向コミュニケーションにより，情報の収集と発信を行うことがセオリーである。顧客から集めた情報を製品開発に活用し，新製品の情報発信を行い，口コミの喚起を図るという流れを押さえておこう。

●学習のポイント

(1)　基礎スキルの錬成

　　2次試験突破に必要なスキルとして，「読む力」，「考える力」，「書く力」そして「計算力」が求められる。2次試験は80分という限られた時間の中で，与件文を読み，設問文を解釈し，解答内容を考え，適切に記述しなければならない。さらに事例Ⅳでは，これに計算が加わる。

　　与件文は事例ごとに特徴が異なるため，与件文中の単語の捉え方やチェックするポイントも事例ごとに変わる。与件文には，受験者を解答に導くようにヒントやキー

ワードが盛り込まれているが，それに気づくことができなければ，解答の方向性を外したり，解答要素を漏らしてしまうことになる。そのため，事例ごとの読み方を確立する必要がある。

考え方についても同様で，事例別に適切な処理をする思考力が求められる。2次試験は，1次試験で学習した知識をベースにしながら，中小企業診断士として与件に忠実な判断ができるかどうかを試す試験である。特に事例Ⅱでは，与件文に根拠のない，独りよがりの意見を解答してしまう受験者が散見されるが，これがNGとなるのはいうまでもない。

また，2次試験は解答要素を自分の言葉で規定文字数以内にまとめなければならない。どんなに素晴らしい内容の解答でも，文字にして相手に伝わらなければ加点されない。また，80分という限られた時間では，のんびり文章を考えている余裕はない。そこで，ある程度のテンプレート（ひな形）や事例ごとの汎用フレーズを事前に準備しておくことがポイントになる。型さえ身につけておけば，どんな問題に対しても短時間でまとまった表現にすることができるようになる。

計算力については，頻出問題を確実に解けるようになるまで，反復練習が必要である。事例Ⅳの計算問題は出題範囲が限られているため，対策はさほど困難ではない。また，2次試験では計算機の使用が許されるので，計算機を使った練習も必要である。

(2) **過去問分析**

年々，難易度が上昇している2次試験だが，問題はすべて過去問の延長線上に作成されている。過去問をしっかり学習していれば，十分に対応できるのである。

2次試験では，他の受験者より優れた解答を書く必要はない。中小企業診断士として，あたりまえのことをあたりまえに書ければ合格できる。だからこそ，過去問演習で，「診断士のあたりまえ」の感覚を身につけておかなければならない。

毎年，受験者から，「受験校によって模範解答が違うが，どれが正しいのか」という質問を受ける。これについては，「どの受験校も合格レベルである」というのが私の見解である。

1次試験と違って2次試験は，ある程度，解答に幅が認められる。野球のストライクゾーンをイメージするとわかりやすいだろう。したがって，どの模範解答が正解かというよりも，「どのような解答要素が必要なのか」という観点で分析することが重要である。そのために，複数の受験校の模範解答を比較検討し，過去問分析を行うことを推奨する。

⑶ 答練や模試の活用

　過去問を通じて事例別の処理方法を身につけたら，本番を想定して80分のタイムマネジメントの練習をしておきたい。そのために役立つのが，答練と模試である。

　事例を解く際のチェックポイントは多数ある。たとえば，「与件文の量」，「解答文字数」，「配点」，「設問構造」，「事例別キーワード」など，さまざまな要素を考慮しつつ，開始後何分から書き始めるか，どの設問から着手するのかなどの判断も必要になる。与件文への線の引き方，メモの取り方，事例Ⅳであれば検算の仕方まで含めて，自分だけの細かい手順を確立しておかなければならない。合格者の数だけ，事例別の対応マニュアルがあると思えばよいだろう。そのための試行錯誤とチェック役として，答練や模試がある。

　「過去問分析」で診断士としての基礎スキルである読み方・考え方を磨き，「答練・模試」で書き方と80分のタイムマネジメントを完成させるというイメージで学習を組み立ててほしい。

　　　　　　　　　金城順之介（LEC 専任講師　中小企業診断士／１級販売士）

中小企業の診断及び助言に関する実務の事例Ⅲ

【C社の概要】

　C社は，革製のメンズおよびレディースバッグを製造，販売する中小企業である。資本金は2,500万円，従業員は総務・経理部門5名，製品デザイン部門5名，製造部門40名の合計50名である。

　バッグを製造する他の中小企業同様，C社はバッグメーカーX社の縫製加工の一部を請け負う下請企業として創業した。そして徐々に加工工程の拡大と加工技術の向上を進め，X社が企画・デザインした製品の完成品までの一貫受託生産ができるようになり，X社の商品アイテム数の拡大も加わって生産量も増大した。しかしその後，X社がコストの削減策として東南アジアの企業に生産を委託したことから生産量が減少し，その対策として他のバッグメーカーとの取引を拡大することで生産量を確保してきた。現在バッグメーカー4社から計10アイテムの生産委託を受けており，受注量は多いものの低価格品が主となっている。

　C社では，バッグメーカーとの取引を拡大するとともに，製品デザイン部門を新設し，自社ブランド製品の企画・開発，販売を進めてきた。その自社ブランド製品が旅行雑誌で特集されて，手作り感のある高級仕様が注目された。高価格品であったが生産能力を上回る注文を受けた経験があり，自社ブランド化を推進する契機となった。さらに，その旅行雑誌を見たバッグ小売店数社からC社ブランド製品の引き合いがあり，販売数量は少ないものの小売店との取引も始められた。一方でC社独自のウェブサイトを立ち上げ，インターネットによるオンライン販売も開始し，今では自社ブランド製品販売の中心となっている。現在自社ブランド製品は25アイテム，C社売上高の20％程度ではあるが，収益に貢献している。

【自社ブランド製品と今後の事業戦略】

　C社の自社ブランド製品は，天然素材のなめし革を材料にして，熟練職人が縫製，仕上げ加工する高級品である。その企画・開発コンセプトは，「永く愛着を持って使えるバッグ」であり，そのため自社ブランド製品の修理も行っている。新製品は，イ

ンターネットのオンライン販売情報などを活用して企画している。

　C社長は今後，大都市の百貨店や商業ビルに直営店を開設して，自社ブランド製品の販売を拡大しようと検討している。ただ，製品デザイン部門には新製品の企画・開発経験が少ないことに不安がある。また，製造部門の対応にも懸念を抱いている。

【生産の現状】

　生産管理担当者は，バッグメーカーの他，小売店およびインターネットからの注文受付や自社ブランド製品の修理受付の窓口でもあり，それらの製造および修理の生産計画の立案，包装・出荷担当への出荷指示なども行っている。生産計画は月1回作成し，月末の生産会議で各工程のリーダーに伝達されるが，計画立案後の受注内容の変動や特急品の割込みによって月内でもその都度変更される。

　生産は，バッグメーカーから受託する受注生産が主であり，1回の受注量は年々小ロット化している。生産管理担当者は，繰り返し受注を見越して，受注量よりも多いロットサイズで生産を計画し，納品量以外は在庫保有している。

　バッグ小売店やインターネットで販売する自社ブランド製品は，生産管理担当者が受注予測を立てて生産計画を作成し，見込生産している。注文ごとに在庫から引き当てるものの，欠品や過剰在庫が生じることがある。

　受注後の製造工程は，裁断，縫製，仕上げ，検品，包装・出荷の5工程である。

　裁断工程では，材料の革をパーツごとに型で抜き取る作業を行っており，C社内の製造工程では一番機械化されている。その他に，材料や付属部品などの資材発注と在庫管理も裁断工程のリーダーが担当する。生産計画に基づき発注業務を行うが，発注から納品までの期間が1カ月を超える資材もあり，資材欠品が生じた場合，生産計画の変更が必要となる。

　C社製造工程では一番多くの熟練職人6名が配置されている縫製工程は，裁断された革を組み立てて成形する作業を行う。通常はバッグメーカーからの受託生産品の縫製作業が中心で，裁断済みパーツの部分縫製とそれを組み合わせて製品形状にする全体縫製との作業に大きく分かれ，全体縫製では部分縫製よりも熟練を要する。自社ブランド製品の生産が計画されると，熟練職人は受託生産品の作業から自社ブランド製品の作業へ移る。自社ブランド製品は，部分縫製から立体的形状を要求される全体縫製のすべてを一人で製品ごとに熟練職人が担当し，そのほとんどの作業は丁寧な手縫い作業（手作業）で行われる。自社ブランド製品の縫製工程を担当した熟練職人は，引き続き仕上げ工程についても作業を行い，製品完成まで担当している。各作業者の

作業割り当ては，縫製工程のリーダーが各作業者の熟練度を考慮して決めている。縫製工程は，自社ブランド製品の修理作業も担当しており，C社製造工程中最も負荷が大きく時間を要する工程となっている。

仕上げ工程は，縫製されたバッグメーカーからの受託生産品の裁断断面の処理，付属金物の取り付けなどを行う製造の最終工程を担当し，縫製工程同様手作業が多く，熟練を要する。

縫製，仕上げ両工程では，熟練職人の高齢化が進み，今後退職が予定されているため，若手職人の養成を行っている。その方法として，細分化した作業分担制で担当作業の習熟を図ろうとしているが，バッグを一人で製品化するために必要な製造全体の技術習熟が進んでいない。

検品工程では製品の最終検査を行っているが，製品の出来栄えのばらつきが発生した場合，手直し作業も担当する。

包装・出荷工程は，完成した製品の包装，在庫管理，出荷業務を担当する。

第1問（配点20点）

革製バッグ業界におけるC社の(a)強みと(b)弱みを，それぞれ40字以内で述べよ。

第2問（配点30点）

バッグメーカーからの受託生産品の製造工程について，効率化を進める上で必要な(a)課題2つを20字以内で挙げ，それぞれの(b)対応策を80字以内で助言せよ。

第3問（配点20点）

C社社長は，自社ブランド製品の開発強化を検討している。この計画を実現するための製品企画面と生産面の課題を120字以内で述べよ。

第4問（配点30点）

C社社長は，直営店事業を展開する上で，自社ブランド製品を熟練職人の手作りで高級感を出すか，それとも若手職人も含めた分業化と標準化を進めて自社ブランド製品のアイテム数を増やすか，悩んでいる。

C社の経営資源を有効に活用し，最大の効果を得るためには，どちらを選び，どのように対応するべきか，中小企業診断士として140字以内で助言せよ。

解答の着眼

●出題傾向

　本年度事例Ⅲの各設問の配点，解答字数，戦略レベルと題意は，以下のとおりである。

設問	配点	解答字数	戦略レベルと題意
第1問	20点	40字×2	【分析】成長戦略 革製バッグ業界におけるC社の強みと弱み
第2問	30点	20字×2 80字×2	【分析と提案】生産戦略 受託生産品の製造工程について，効率化を進める上で必要な課題とその対応策
第3問	20点	120字	【分析】成長・生産戦略 自社ブランド製品の開発強化を実現するための製品企画面と生産面の課題
第4問	30点	140字	【提案】成長・生産戦略 直営店事業を展開する上で，C社の経営資源を有効に活用し，最大の効果を得るための戦略選択とその対応

　また，本事例で設定されているC社製品とその取引チャネルは，以下のように整理できる。

C社の製品	取引チャネル
受託生産品 低価格品	バッグメーカー4社
自社ブランド製品 高級品	バッグ小売店数社
	C社の自社サイト

　問題数は4問で，自社ブランド製品に対する成長戦略レベルの設問（第1問，第3問，第4問）と，バッグメーカーからの受託生産品に対する生産戦略レベルの設問（第2問）に大別できる構成になっている。ただ，成長戦略レベルの設問の中で，生産面の課題とその対応についても問う形式になっている。同様の設問形式は，平成28年度の事例Ⅲにもみられたため，過去問に遡って取り組んでいた方は，迷うことなく対応できたと思われる。

自社ブランド製品の成長戦略レベルの3つの設問については，第1問で，革製バッグ業界におけるC社の内部環境分析を行い，第4問でこの分析結果を活かし，自社ブランド製品について，直営店事業を展開する上でのC社の戦略（成長戦略）を選択する。そして，第3問で指摘した自社ブランド製品の開発強化を実現するための製品企画面と生産面の課題にどう対応するかを助言することになる。第1問・第3問・第4問の関係を図示すると以下のようになる。

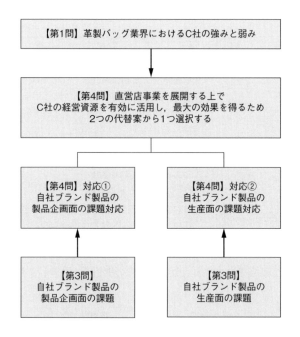

ここで注意すべき点は，第2問で問われている受託生産品の製造工程における生産戦略レベルについての課題と対応策と，第3問で問われている自社ブランド製品の開発強化を実現するための生産面の課題（そして，第4問での対応）とのすみ分けを明確に図ることである。そのためには，第2問は「低価格品の受託生産品」，第1問・第3問・第4問は「高級品の自社ブランド製品」がテーマである点を明確にした上で，与件文を整理することである。

成長戦略レベル（3問）	生産戦略レベル（1問）
第1問，第3問，第4問 自社ブランド製品	第2問 受託生産品

●解答例

第1問 （配点20点）

(a)	製品デザイン部門を持ち自社ブランド製品の企画・開発，販売および修理を行っている点。
(b)	バッグメーカーからの生産委託の低価格品が主で自社ブランド製品はアイテム数が多い点。

第2問 （配点30点）

(a)	生産計画立案後の月内の都度変更を減らす事。
(b)	対応策は，①生産計画を週1回に変更して受注内容の変動や特急品の割込みに対応する，②3ヵ月の大日程計画を立案して資材発注を行い資材欠品による生産計画の変更をなくす。

(a)	時間を要する縫製工程の負荷を軽減する事。
(b)	対応策は，①検品工程で自社ブランド製品の修理作業を行い縫製工程の負荷を軽減する，②各作業の作業割り当ては，仕上げ工程も含め各作業者の生産能力を考慮して決定する。

第3問 （配点20点）

製品企画面の課題は，新製品の企画開発経験が少ないため，インターネットのオンライン情報以外も活用して新製品の企画を行うこと。生産面の課題は，細分化した担当作業での習熟ではなく，バッグを1人で製品化するために必要な製造全体の技術習熟を進めること。

第4問（配点30点）

自	社	ブ	ラ	ン	ド	製	品	を	熟	練	職	人	の	手	作	り	で	高	級
感	を	出	す	ほ	う	を	選	ぶ	。	対	応	は	，	①	直	営	店	で	自
社	ブ	ラ	ン	ド	製	品	の	修	理	を	受	け	付	け	，	既	存	顧	客
の	生	の	声	を	収	集	し	て	新	製	品	の	企	画	開	発	を	行	う
②	自	社	ブ	ラ	ン	ド	製	品	の	ア	イ	テ	ム	数	を	絞	り	込	み
熟	練	職	人	に	若	手	職	人	を	付	け	，	丁	寧	な	手	作	業	を
や	っ	て	み	せ	，	製	造	全	体	の	技	術	習	熟	を	進	め	る	。

●解説

【第1問】

(1) 設問文から書くべき答案骨子を描く

　C社の「強みと弱み」が，それぞれ40字以内で問われているが，第4問の成長戦略との関係を重視して考える必要がある。つまり，直営店事業を展開する上で有効に活用し，最大の効果を得るためのC社の内部経営資源を示す必要がある。

　したがって，第1問の解答内容を先に特定するのではなく，第4問の成長戦略とセットで考え，本問の強みと弱みを取捨選択するという手順が望ましい。また，第3問で「自社ブランド製品の開発強化における製品企画面と生産面の課題」が問われ，これらの課題に「どのように対応すべきか」が第4問で問われている。この点も踏まえて，C社の内部環境分析を行う。

(2) 設問文と与件文をリンクさせ整理する

　与件文の第2段落と第3段落には，「革製バッグ業界」におけるC社の業歴や現状について記述されている。この中から，C社の強みと弱みに関する情報を整理すると，以下のとおりとなる。

第2段落
現在バッグメーカー4社から 計10アイテムの生産委託を受けている
生産委託の受注量は多いものの 低価格品が主となっている

第３段落
製品デザイン部門を新設し，自社ブランド 製品の企画・開発・販売を進めている
現在自社ブランド製品は 25アイテム（多い）
自社ブランド製品はC社売上高の20％ 程度であるが，収益に貢献している

　さらに，第４問でリンクできる２つ目の小見出し【自社ブランド製品と今後の事業戦略】以下の第４段落と第５段落も整理することが必要となる。特に，「革製バッグ業界」を踏まえて，「自社ブランド製品」について書かれている第４段落を整理すると，以下の内容に着目できる。

第４段落	着目できる内容
１文目	熟練職人が縫製，仕上げ加工する高級品
２文目	企画・開発コンセプトは 「永く愛着を持って使えるバッグ」
３文目	そのため自社ブランド製品の 修理も行っている

　なお，第５段落については，「革製バッグ業界」における，C社の今後の事業戦略について書かれているので，本問ではなく，第３問と第４問でリンクすることになる。

(3)　合格答案を作成する

　これらの情報を踏まえると，革製バッグ業界において優位となる経営資源（強み）は，受託生産品だけではなく，自社ブランド製品を有していることがあげられる。

　一方，革製バッグ業界における弱みについては，受託生産品が４社で10アイテムあり，１社あたりのアイテム数は２～３になる。これに対して，自社ブランド製品のアイテム数が，25アイテムと多い現状が指摘できる。

　このようにして，革製バッグ業界におけるC社の強みと弱みを整理することができる。そして，先に，第４問の２つの代替案のうち，「自社ブランド製品を熟練職人の手作りで高級感を出す」ほうを選択することを決めた上で（第４問の解説参照），この選択ができる経営資源を，40字の答案の中に盛り込むことがポイントになる。

　答案作成にあたり，強みとして，第３段落から，製品デザイン部門を新設し，自社

ブランド製品の企画・開発，販売を進めてきたことがあげられる。さらに，第4段落の企画開発コンセプトである「永く愛着を持って使えるバッグ」から，自社ブランド製品の修理も行っていることも強みといえる。

　同様に，弱みは，低価格品の受注量が多いこと，これはC社の収益性に影響を与えることになる。また，自社製品のアイテム数が25と多いこともあげられる。アイテム数が多くなるとコストが割高となり，C社の生産性に影響を与えることになる。

第1問と第4問の一貫性

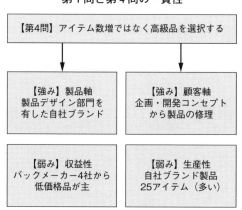

【第2問】

(1) **設問文から書くべき答案骨子を描く**

　課題2つを20字以内で挙げ，それぞれの対応策を80字以内で助言することが求められている。よって，事例Ⅲでは定番の「課題とその対応策」の出題形式であると判断し，「結論＋方法並列」型の論理パターン（ピラミッド型）を活用して，以下のような答案骨子を描くことができる。

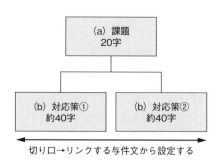

(2) 設問文と与件文をリンクさせ整理する

設問文の「バッグメーカーからの受託生産品の製造工程」については，与件文第9段落の1文目から「受注後の製造工程は，裁断，縫製，仕上げ，検品，包装・出荷の5工程」で構成されていることがわかる。工程別に整理すると，以下のとおりになる。

工程	形式段落とその重要ポイント
裁断工程	<第10段落> ・材料や付属部品などの資材発注と在庫管理を担当 ・生産計画に基づき発注業務を行う ・発注から納品までの期間が1ヵ月を超える資材もあり，資材欠品が生じた場合，生産計画の変更が必要
縫製工程	<第11段落> ・バッグメーカーからの受託生産品が中心 ・自社ブランド製品の縫製工程を担当した熟練職人は仕上げ工程も作業を行い，製品完成まで担当 ・作業割り当ては，作業者の熟練度を考慮して決定 ・自社ブランド製品の修理も担当 ・最も負荷が大きく時間を要する工程
仕上げ工程	<第12段落> ・受託生産品の最終工程を担当 ・縫製工程同様手作業が多く，熟練を要する
検品工程	<第14段落> ・製品の最終検査 ・製品の出来栄えのばらつきが発生した場合，手直し作業も担当
包装出荷工程	<第15段落> ・完成した製品の包装，在庫管理，出荷業務を担当

以上を踏まえて，製造工程を効率化する観点から，問題点としてあげられるのは，「裁断工程で生産計画の変更が必要な点」，「縫製工程で負荷が大きい点」の2つである。よって，「生産計画と生産統制」の視点から整理して，課題を掲げることができる。

(3) 合格答案を作成する

①生産計画の課題と対応策

与件文に記述されているC社の生産計画の現状を整理すると，以下のようになる。

段落	生産計画の現状
第6段落 生産計画立案	・生産計画は月1回作成し、月末の生産会議で各工程のリーダーに伝達 ・計画立案後の受注内容の変動や特急品の割込みによって月内でもその都度変更される
第7段落 受託生産品	・1回の受注量は年々小ロット化 ・繰り返し受注を見越して、受注量よりも多いロットサイズで生産を計画 ・納品量以外は在庫を保有
第8段落 自社ブランド 製品	・自社ブランド製品は、受注予測を立てて生産計画を作成し、見込生産している ・注文ごとに在庫から引き当てるものの、欠品や過剰在庫が生じることがある
第10段落 裁断工程 資材調達	・生産計画に基づき発注業務を行うが、発注から納品までの期間が1ヵ月を超える資材もあり、資材欠品が生じた場合、生産計画の変更が必要となる

　「バッグメーカーからの受託生産品」が第2問の制約条件のため、自社ブランド製品の生産計画について書かれている第8段落を除いた第6段落、第7段落、第10段落を重視して、生産計画面の課題と対応策を以下のようにまとめることができる。

　なお、答案作成にあたっては、「問題点」ではなく、「課題」として表現することを忘れないようにしたい。

【生産計画面の課題】 生産計画立案後の月内の変更を減らすこと	
【対応策①】 中日程計画の変更 月1回から週1回に変更して、 月内の都度変更に対応する	【対応策②】 大日程計画の作成 3ヵ月の生産計画立案で資材発注を 行い、欠品による変更をなくす

　参考までに、第8段落にある「自社ブランド製品の欠品や過剰在庫」についても、生産計画を月1回から週1回に変更することで、見込生産の精度が高まり、問題解決につながる。

　繰り返すが、本問では、自社ブランド製品ではなく、バッグメーカーからの受託生産品の製造工程について問われているので、第8段落の問題については言及せず、受託生産品の受注変更や特急品の割込みに対応するための生産計画の変更を減らすことを解答する。

②生産統制の課題と対応策

与件文に記述されているC社の生産統制の現状を整理すると，以下のようになる。

段落	生産統制の現状
第11段落 縫製工程	・自社ブランド製品の縫製工程を担当した熟練職人が仕上げ工程についても作業を行い，製品完成まで担当 ・作業割り当ては，縫製工程のリーダーが作業者の熟練度を考慮して決めている ・自社ブランド製品の修理作業も担当 ・最も負荷が大きく時間を要する工程
第12段落 仕上げ工程	・受託生産品の最終工程を担当 ・縫製工程同様手作業が多く，熟練を要する
第14段落 検品工程	・製品の最終検査を行う ・製品の出来栄えのばらつきが発生した場合，手直し作業も担当

　第11段落の「縫製工程は，自社ブランド製品の修理作業も担当しており，C社製造工程中最も負荷が大きく時間を要する工程となっている」という記述に着目すると，自社ブランド製品の修理を他の工程で担当することで縫製工程の負荷を軽減できることになる。

　また，負荷管理は「生産能力と負荷の差」で余力を算出することが基本となる。この点，第11段落「作業割り当ては，縫製工程のリーダーが作業者の熟練度を考慮して決めている」ことから，生産能力と熟練度が必ずしも一致していないとも推測できるため，作業者の作業割り当て基準を見直す必要がある。

　以上を踏まえ，縫製工程の負荷の軽減という課題に対し，負荷管理や余力管理の視点から，以下のような対応策を指摘する。

【生産統制面（余力管理）の課題】 時間を要する縫製工程の負荷を低減すること	
【対応策①】 作業分担の最適化 手直し担当の検品工程で自社 ブランド製品の修理作業を行う	【対応策②】 生産能力と負荷のバランス 熟練度ではなく，生産能力で作業割り当てを行う（仕上げ工程も含めて）

　なお，受託生産品の最終工程である「仕上げ工程」では「縫製工程同様手作業が多く，熟練を要する」とあり，自社ブランド製品は縫製工程と仕上げ工程を同じ作業者が担当している。それなら，受託生産品についても，縫製工程と仕上げ工程をセット

にして作業割り当てを行えば，製造工程の効率化につながるだろう。

【第3問】

⑴　設問文から書くべき答案骨子を描く

　自社ブランド製品の開発強化を実現するための，製品企画面と生産面の課題が120字以内で問われている。問われている視点が2つ明確に示されているため，「方法並列」型の論理パターンを活用して答案を作成する。よって，以下のような120字の答案骨子を描くことができる。

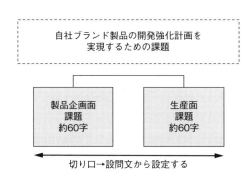

⑵　設問文と与件文をリンクさせ整理する

　2つ目の小見出し【自社ブランド製品と今後の事業戦略】以下の第5段落の2文目と3文目にリンクすることができる。

　この2文の内容に対応する現状を整理すると，以下のとおりとなる。

第5段落	現状
＜2文目＞ 製品デザイン部門には新製品の企画・開発経験が少ないことに不安がある	＜第4段落＞ 新製品はインターネットのオンライン販売情報などを活用して企画している
＜3文目＞ 製造部門の対応にも懸念を抱いている	＜第13段落＞ 若手職人の養成方法として細分化した作業分担制で作業の習熟を図ろうとしているが，製造全体の技術習得が進んでいない

⑶　合格答案を作成する

　問われているのは「課題」であり，ここであげた「課題」に対し，次の第4問で問われている「どのように対応すべきか」で答えることになる。

この関係を意識して，まず，製品企画面の課題は，現状インターネットのオンライン情報（のみ）を活用しているため，これ以外の情報を活用することをあげることができる。なお，第4問ではこの課題に対し，直営店を修理窓口として位置づけ，既存顧客の声を直接収集して，新製品企画に活用することを提案する。

　次に，生産面の課題は，現状製造全体の技術習得が進んでいないため，この技術習得を推し進めることをあげたい。なお，第4問では製品アイテムを絞り込み，若手職人と熟練職人がマンツーマンで技術習得を進めるよう提案する。

　さらに，第2問と同様に，「課題」が問われているため，「問題点」として表現しないことに注意したい。問題点が問われている場合，与件文に書かれているネガティブな事実をそのまま答案に表現すればよいが，課題の場合は，あるべき姿を実現するための目標としてポジティブに表現する必要がある。

　事例Ⅲは，隔年で「問題点」と「課題」が問われているため，課題が問われた年度は，問題点とは異なる答案表現を求められていると解釈できる。これを意識することが，合格答案の作成につながると考えられる。

【第4問】

⑴　設問文から書くべき答案骨子を描く

　本問では，C社の経営資源を有効に活用し，最大の効果を得るために，2つの戦略のうちどちらを選び，どのように対応するべきかについて，140字以内で助言することが問われている。

よって，結論で1つ選び，対応策として，経営資源を有効に活用する方法をあげることになるので，「結論＋方法並列」型の論理パターンを活用することができる。

(2) 設問文と与件文をリンクさせ整理する

設問文にリンクできる与件文は，2つ目の小見出し【自社ブランド製品と今後の事業戦略】以下の第4段落と第5段落になる。ここは，第1問の強み，第3問の課題を特定した箇所にもなる。

また，事業戦略を選択するためには，外部環境の変化も重視する必要がある。与件文には明確に現在の外部環境の変化が示されていないため，【C社の概要】の第3段落から，自社ブランド化を推進する契機となった以下の内容を整理する。

第3段落	着目できる内容
2文目	自社ブランド製品が旅行雑誌で特集されて手作り感のある高級仕様が注目された
3文目	高価格品であったが生産能力を上回る注文を受けた経験がある
4文目	その旅行雑誌を見たバッグ小売店数社からC社ブランド製品の引き合いがあり，販売数量が少ないものの小売店との取引も始められた
6文目	現在自社ブランド製品は25アイテム，C社売上高の20％程度ではあるが，収益に貢献している

(3) 合格答案を作成する

まず，事業戦略については，「若手職人も含めた分業化と標準化を進めて自社ブランド製品のアイテム数を増やす」ではなく，「自社ブランド製品を熟練職人の手作りで高級感を出す」のほうを選択する。

本問と第1問，第3問とリンクできる与件文を踏まえると，自社ブランド化の契機になったのは「手作り感のある（高級仕様）」であり，標準化した製品ではない。「手作り感」が顧客価値であるとすれば，1つ1つのバッグが必ずしも標準仕様ではなくでもよいことが導ける。

さらに，自社ブランド製品の企画・開発コンセプトは，「永く愛着を持って使えるバッグ」であり，高級仕様品を末永く使用したい顧客をターゲットにすることが妥当である。

同様に，顧客がアイテム数を増やすことを求めているとは判断できない。そもそも，製品企画面に課題を有しているため，現状の25アイテムすべてが，顧客価値に合致する製品とはいえず，この中には死筋製品も含まれていると推測できる。そして，

このアイテム数の多さが，製造全体の技術習得が進んでいない根本原因だと判断できる。

第2段落のX社の動向を踏まえると，アイテム数が多くなるとコスト削減が必要となり，そのために，分業化と標準化が必要となる。この点，逆に，現状のアイテム数を絞り込むことで，分業化も標準化も必要なくなり，若手職人に対して，バッグを1人で製品化するための製造全体の技術習得が進むと考えられる。

そして，インターネット販売との違いに着目すると，直営店事業ではエンドユーザーとの直接な接点を設けることができる。そのため，「修理」に着目することができる。

現在，修理は「生産管理部門」が窓口になっている。また，デザイン部門はインターネット販売の情報のみを活用している。直営店を「修理受付の窓口」とすれば，自社ブランド製品を卸しているバッグ小売店数社との差別化も図れることになり，デザイン部門がこの既存顧客の修理の声を活用して新製品の企画を行うことができる。

以上を踏まえ，第1問・第3問・第4問の関係を整理すると，以下のようになる。

視点	ポイント	
直営店事業	大都市の百貨店や商業ビルに直営店を開設して，自社ブランド製品の販売を拡大する	
外部環境	自社ブランド製品が旅行雑誌で特集され手作り感のある高級仕様が注目された高価格だが生産能力を上回る注文を受けた	
選択	自社ブランド製品を熟練職人の手作りで高級感を出す	
強み	自社ブランド製品について，企画・開発・一貫生産・販売・修理ができる	
弱み	生産委託品（低価格品）の受注量が多い 自社ブランド製品のアイテム数が多い	
第3問の課題対応	＜製品企画面＞ 直営店を修理の受付窓口にし，修理情報を新製品企画に活かす	＜生産面＞ アイテムを絞り込み1人で製品化する技術習得を進める

●学習のポイント

(1)「環境分析から成長戦略を導く」思考の強化

事例Ⅲは，生産・技術事例であるものの，生産戦略ではなく，成長戦略を論理的に導ける思考と手順をつくりあげることで，他の受験者と差別化した答案を示すことができる。

ここ数年は，「強み」だけでなく「弱み」もセットで問われている。強みを特定で

きていても，弱みが正しく特定できていない答案が多い。他の受験者と差をつけるためには，強みも弱みも正しく分析できる力を高めることが必要である。

(2) 過去問トレーニングで出題傾向をつかむ

本年度の事例Ⅲは，平成28年度の事例（調理用カット野菜を生産販売している事例）とほぼ同じロジックで思考できたと思われる。平成28年度は，第1問でカット野菜業界における強みと弱みを分析して，最終の第4問で新事業を1つ選択して，経営資源だけではなく，生産管理レベルも勘案した理由が問われた事例であった。

さらに，最近の事例Ⅲでは，生産戦略レベルにおいて，生産計画と生産統制の2つの視点で問題を分析・解決するパターンの出題が，毎年続いている。過去問を何度も繰り返し学習することで，設問構成に対する対応方法や，生産戦略における思考プロセスをつくりあげてほしい。

田畑一佳（AAS京都代表　中小企業診断士）

村上昌隆（AAS大阪合格コーチ　中小企業診断士）

中小企業の診断及び助言に関する実務の事例Ⅳ

　D社は地方都市に本社を置き，食品スーパーマーケット事業を中核として展開する企業である。D社の資本金は4,500万円，従業員数1,200名（パート，アルバイト含む）で，本社のある地方都市を中心に15店舗のチェーン展開を行っている。D社は創業90年以上の歴史の中で，常に地元産の商品にこだわり，地元密着をセールスポイントとして経営を行ってきた。またこうした経営スタイルによって，D社は本社を置く地方都市の住民を中心に一定数の固定客を取り込み，経営状況も安定していた。ところが2000年代に入ってからは地元住民の高齢化や人口減少に加え，コンビニエンスストアの増加，郊外型ショッピングセンターの進出のほか，大手資本と提携した同業他社による低価格・大量販売の影響によって顧客獲得競争に苦戦を強いられ，徐々に収益性も圧迫されてきている。

　こうした中でD社は，レジ待ち時間の解消による顧客サービスの向上と業務効率化による人件費削減のため，さらには昨今の新型コロナウイルス感染症の影響による非接触型レジに対する要望の高まりから，代金支払いのみを顧客が行うセミセルフレジについて，2022年度期首にフルセルフレジへ更新することを検討している。しかし，セミセルフレジの耐用年数が残っていることもあり，更新のタイミングについて慎重に判断したいと考えている。なお，D社は現在，全店舗合計で150台のレジを保有しており，その内訳は有人レジが30台，セミセルフレジが100台，フルセルフレジが20台である。

　さらにD社は，地元への地域貢献と自社ブランドによる商品開発を兼ねた新事業に着手している。この事業はD社が本社を置く自治体との共同事業として，廃校となった旧小学校の校舎をリノベーションして魚種Xの陸上養殖を行うものである。D社では，この新規事業の収益性について検討を重ねている。

　また，D社は現在，主な事業であるスーパーマーケット事業のほか，外食事業，ネット通販事業，移動販売事業という3つの事業を行っている。これらの事業は，主な事業との親和性やシナジー効果などを勘案して展開されてきたものであるが，移動販売事業は期待された成果が出せず現状として不採算事業となっている。当該事業

は，D社が事業活動を行っている地方都市において高齢化が進行していることから，自身で買い物に出かけることができない高齢者に対する小型トラックによる移動販売を行うものである。販売される商品は日常生活に必要な食品および日用品で，トラックのキャパシティから品目を絞っており，また販売用のトラックはすべてD社が保有する車両である。さらに，移動販売事業は高齢化が進んでいるエリアを担当する店舗の従業員が運転および販売業務を担っている。こうした状況から，D社では当該事業への対処も重要な経営課題となっている。

D社と同業他社の2020年度の財務諸表は以下のとおりである。

第1問（配点30点）

（設問1）

D社と同業他社の財務諸表を用いて経営分析を行い，同業他社と比較してD社が優れていると考えられる財務指標とD社の課題を示すと考えられる財務指標を2つずつ取り上げ，それぞれについて，名称を(a)欄に，その値を(b)欄に記入せよ。なお，優れていると考えられる指標を①，②の欄に，課題を示すと考えられる指標を③，④の欄

貸借対照表
（2021年2月28日現在）

（単位：万円）

	D社	同業他社		D社	同業他社
〈資産の部〉			〈負債の部〉		
流動資産	221,600	424,720	流動負債	172,500	258,210
現金預金	46,900	43,250	仕入債務	86,300	108,450
売掛金	61,600	34,080	短期借入金	10,000	0
有価証券	4,400	0	その他の流動負債	76,200	149,760
商品	64,200	112,120	固定負債	376,700	109,990
その他の流動資産	44,500	235,270	長期借入金	353,500	0
固定資産	463,600	1,002,950	その他の固定負債	23,200	109,990
有形固定資産	363,200	646,770	負債合計	549,200	368,200
無形固定資産	17,700	8,780	〈純資産の部〉		
投資その他の資産	82,700	347,400	資本金	4,500	74,150
			利益剰余金	131,000	625,100
			その他の純資産	500	360,220
			純資産合計	136,000	1,059,470
資産合計	685,200	1,427,670	負債・純資産合計	685,200	1,427,670

損益計算書

自 2020 年 3 月 1 日
至 2021 年 2 月28日

(単位：万円)

	D 社	同業他社
売上高	1,655,500	2,358,740
売上原価	1,195,600	1,751,140
売上総利益	459,900	607,600
販売費及び一般管理費	454,600	560,100
営業利益	5,300	47,500
営業外収益	4,900	1,610
営業外費用	2,000	1,420
経常利益	8,200	47,690
特別損失	1,700	7,820
税引前当期純利益	6,500	39,870
法人税等	1,900	11,960
当期純利益	4,600	27,910

に記入し，(b)欄の値については，小数点第3位を四捨五入し，単位をカッコ内に明記
すること。

（設問2）

　D社の財務的特徴と課題について，同業他社と比較しながら財務指標から読み取れ
る点を80字以内で述べよ。

第2問（配点30点）

　D社はこれまで，各店舗のレジを法定耐用年数に従って5年ごとに更新してきた
が，現在保有しているセミセルフレジ100台を2022年度期首にフルセルフレジへと取
り替えることを検討している。またD社は，この検討において取替投資を行わないと
いう結論に至った場合には，現在使用しているセミセルフレジと取得原価および耐用
期間が等しいセミセルフレジへ2023年度期首に更新する予定である。

　現在使用中のセミセルフレジは，2018年度期首に1台につき100万円で購入し有人
レジから更新したもので，定額法で減価償却（耐用年数5年，残存価額0円）されて
おり，2022年度期首に取り替える場合には耐用年数を1年残すことになる。一方，更
新を検討しているフルセルフレジは付随費用込みで1台当たり210万円の価格である
が，耐用期間が6年と既存レジの耐用年数より1年長く使用できる。D社はフルセル

フレジに更新した場合，減価償却においては法定耐用年数にかかわらず耐用期間に合わせて耐用年数6年，残存価額0円の定額法で処理する予定である。また，レジ更新に際して現在保有しているセミセルフレジは1台当たり8万円で下取りされ，フルセルフレジの代価から差し引かれることになっている。

　D社ではフルセルフレジへと更新することにより，D社全体で人件費が毎年2,500万円削減されると見込んでいる。なお，D社の全社的利益（課税所得）は今後も黒字であることが予測されており，利益に対する税率は30％である。

（設問1）

　D社が2023年度期首でのセミセルフレジの更新ではなく，2022年度期首にフルセルフレジへと取替投資を行った場合の，初期投資額を除いた2022年度中のキャッシュフローを計算し，(a)欄に答えよ（単位：円）。なお，(b)欄には計算過程を示すこと。ただし，レジの取替は2022年度期首に全店舗一斉更新を予定している。また，初期投資額は期首に支出し，それ以外のキャッシュフローは年度末に一括して生じるものとする。

（設問2）

　当該取替投資案の採否を現在価値法に従って判定せよ。計算過程も示して，計算結果とともに判定結果を答えよ。なお，割引率は6％であり，以下の現価係数を使用して計算すること。

	1年	2年	3年	4年	5年	6年
現価係数	0.943	0.890	0.840	0.792	0.747	0.705

（設問3）

　当該取替投資案を検討する中で，D社の主要顧客が高齢化していることやレジが有人であることのメリットなどが話題となり，フルセルフレジの普及を待って更新を行うべきとの意見があがった。今回購入予定のフルセルフレジを1年延期した場合の影響について調べたところ，使用期間が1年短くなってしまうものの基本的な性能に大きな陳腐化はなく，人件費の削減も同等の2,500万円が見込まれることが分かった。また，フルセルフレジの導入を遅らせることについて業者と交渉を行った結果，更新を1年遅らせた場合には現在保有するセミセルフレジの下取り価格が0円となるものの，フルセルフレジを値引きしてくれることになった。

　取替投資を1年延期し2023年度期首に更新する場合，フルセルフレジが1台当たりいくら（付随費用込み）で購入できれば1年延期しない場合より有利になるか計算

し，(a)欄に答えよ（単位：円）。なお，(b)欄には計算過程を示すこと。ただし，更新されるフルセルフレジは耐用年数5年，残存価額0円，定額法で減価償却する予定である。また，最終的な解答では小数点以下を切り捨てすること。

第3問 （配点20点）

　D社は現在，新規事業として検討している魚種Xの養殖事業について短期の利益計画を策定している。

　当該事業では，自治体からの補助金が活用されるため，事業を実施することによるD社の費用は，水槽等の設備や水道光熱費，人件費のほか，稚魚の購入および餌代，薬剤などに限定される。D社は当面スタートアップ期間として最大年間養殖量が50,000kgである水槽を設置することを計画しており，当該水槽で魚種Xを50,000kg生産した場合の総経費は3,000万円である。また，この総経費に占める変動費の割合は60％，固定費の割合は40％と見積もられている。D社がわが国における魚種Xの販売実績を調査したところ，1kg当たり平均1,200円で販売されていることが分かった。

（設問1）

　D社は，当該事業をスタートするに当たり，年間1,500万円の利益を達成したいと考えている。この目標利益を達成するための年間販売数量を求めよ（単位：kg）。なお，魚種Xの1kg当たり販売単価は1,200円とし，小数点以下を切り上げて解答すること。

（設問2）

　D社は最適な養殖量を検討するため，D社の顧客層に対して魚種Xの購買行動に関するマーケティングリサーチを行った。その結果，魚種Xの味については好評を得たものの魚種Xがわが国においてあまりなじみのないことから，それが必ずしも購買行動につながらないことが分かった。そこでD社は魚種Xの販売に当たり，D社の商圏においては販売数量に応じた適切な価格設定が重要であると判断し，下表のように目標販売数量に応じた魚種Xの1kg当たり販売単価を設定することにした。

　この販売計画のもとで，年間1,500万円の利益を達成するための年間販売数量を計算し，(a)欄に答えよ（単位：kg）。また，(b)欄には計算過程を示すこと。なお，最終的な解答では小数点以下を切り上げすること。

表　魚種Xの販売計画

目標販売数量	販売単価
0 kg ～ 20,000kg 以下	販売数量すべてを1 kg 当たり1,400円で販売
20,000kg 超～ 30,000kg 以下	販売数量すべてを1 kg 当たり1,240円で販売
30,000kg 超～ 40,000kg 以下	販売数量すべてを1 kg 当たり1,060円で販売
40,000kg 超～ 50,000kg 以下	販売数量すべてを1 kg 当たり860円で販売

注）たとえば目標販売数量が25,000kgである場合，25,000kgすべてが1 kg 当たり1,240円で販売される。

第4問（配点20点）

　D社は現在不採算事業となっている移動販売事業への対処として，当該事業を廃止しネット通販事業に一本化することを検討している。

（設問1）

　移動販売事業をネット通販事業に一本化することによる短期的なメリットについて，財務指標をあげながら40字以内で述べよ。

（設問2）

　D社の経営者は移動販売事業を継続することが必ずしも企業価値を低下させるとは考えていない。その理由を推測して40字以内で述べよ。

解答の着眼

●出題傾向

　本年度の事例Ⅳは，経営比率分析，投資の経済性計算（取替投資），CVP分析の頻出分野と，不採算事業の分析が出題された。

　第1問は，毎年出題されている経営比率分析の問題である。優れている指標と課題を示す指標，およびその説明が問われており，出題の内容はこれまでと同様であった。指標選定のためのヒントが与件文中に少なく，優れている指標，課題を示す指標とも適切と思われるものが複数あり，指標の選定でやや迷う問題であった。また，従来は3つ求められていた指標が，本年度は初めて4つ求められた。

　第2問は，投資の経済性計算（取替投資）の問題である。昨年度の問題と比較して，条件設定が複雑であり，80分の制約の中で，すべての問題の情報を整理して解き切ることは非常に困難であったと思われる。（設問1）は正解を導くことも可能であ

るが，（設問2），（設問3）については，対応が非常に難しかったと考えられる。

第3問は，CVP分析の問題である。昨年度と同様に応用的な問題であり，やや難易度が高い印象である。ただし，（設問1）は本年度の計算問題の中では比較的取り組みやすく，できれば正解したい問題であった。

第4問は，不採算事業である移動販売事業の分析である。（設問1）はネット事業に一本化することの短期的なメリットを，財務指標をあげながら説明することを求め，（設問2）は移動販売事業の継続が企業価値の低下につながらない理由の分析を求めていた。

全体を俯瞰すれば，計算がほとんど必要ない第1問，第4問を優先的に解答して得点を確保した上で，第3問（設問1）についてはできれば正解を導き，他の計算問題については計算ができなくても計算過程を記述して部分点を積み重ねることがポイントである。

●解答例

第1問（配点30点）

（設問1）

① (a)商品回転率 　　　　　(b)25.79（回）

② (a)売上高総利益率 　　　(b)27.78（％）

③ (a)売上高営業利益率 　　(b)0.32（％）

④ (a)自己資本比率 　　　　(b)19.85（％）

（設問2）

地	元	産	商	品	の	販	売	に	よ	る	高	い	効	率	性	と	総	利	益
段	階	の	高	い	収	益	性	が	特	徴	で	あ	り	，	業	務	効	率	化
に	よ	る	収	益	性	の	向	上	と	，	借	入	金	返	済	，	内	部	留
保	の	充	実	に	よ	る	資	本	構	成	の	改	善	が	課	題	で	あ	る 。

第2問（配点30点）

（設問1）

(a)25,600,000（円）

(b)

・2022年度期首にフルセルフレジに投資する場合の収益・費用の情報を整理する（以

下，単位：万円）。

利益（人件費削減）：2,500

費用（減価償却費）：セミセルフレジ－2,000＋フルセルフレジ3,500＝1,500

特別損失：残存価額2,000－下取り800＝1,200

税引前利益＝－200

税引後利益＝－200×（1－税率0.3）＝－140

・損益計算書よりCFを計算する。

CF＝税引後利益－140＋減価償却費1,500＋特別損失1,200＝2,560

（設問2）

2022年度期首時点の正味現在価値は，3,868,800円でプラスのため，取替投資を行う。

[計算過程]

・2022年度期首のフルセルフレジの初期投資額を計算する（以下，単位：万円）。

－（単価210－下取り単価8）×100台＝－20,200

・2022年度～2027年度のフルセルフレジとセミセルフレジの差額CFを計算する。

2022年度のCF：税引後利益－140＋減価償却費1,500＋特別損失1,200＝2,560

2023年度～2027年度の毎年のCF：税引後利益700＋減価償却費1,500＝2,200

・セミセルフレジのCFを計算する。

更新による初期投資額＝－（単価100×100台）＝－10,000

・取替投資による正味現在価値を計算する。

－20,200＋2,560×0.943＋2,200×3.974－（－10,000×0.943）＝386.88

（設問3）

(a)1,932,159（円）

(b)

値引き後のフルセルフレジの単価をXとする（単位：万円）。

・2023年度期首のフルセルフレジの初期投資額を計算する。

－単価X×100台＝－100X

・フルセルフレジとセミセルフレジの差額CFを計算する。

税引後利益3,150－14X＋減価償却費－2,000＋20X＝1,150＋6X

・セミセルフレジのCFを計算する。

更新による初期投資額＝－（単価100×100台）＝－10,000

・（設問3）の2022年度期首時点の正味現在価値が（設問2）の正味現在価値以上となる必要がある。

$$-100\,\text{X}\times0.943+(1,150+6\,\text{X})\times3.974-(-10,000\times0.943)\geqq386.88$$

$$\text{X}\leqq193.2159078$$

第3問（配点20点）

（設問1）

32,143（kg）

（設問2）

(a)38,572（kg）

(b)

年間1,500万円の利益を達成できる年間販売数量をX（単位：kg）とすると，以下の式が成り立つ。

（1 kg 当たり販売単価 − 1 kg 当たり変動費0.036）× X − 固定費1,200

＝年間目標利益1,500

・年間販売数量0 kg 〜20,000kg 以下の場合

（0.14 − 0.036）× X − 1,200 ＝ 1,500

X ＝ 25,961.53846となり，不適である。

・年間販売数量20,000kg 超〜30,000kg 以下の場合

（0.124 − 0.036）× X − 1,200 ＝ 1,500

X ＝ 30,681.81818となり，不適である。

・年間販売数量30,000kg 超〜40,000kg 以下の場合

（0.106 − 0.036）× X − 1,200 ＝ 1,500

X ＝ 38,571.42857となり，年間目標利益を達成できる。

・年間販売数量40,000kg 超〜50,000kg 以下の場合

（0.086 − 0.036）× X − 1,200 ＝ 1,500

X ＝ 54,000となり，不適である。

第4問（配点20点）

（設問1）

【解答例1】収益性の観点からの解答

事	業	の	一	本	化	に	よ	る	業	務	効	率	化	で	販	売	管	理	費
を	削	減	で	き	，	売	上	高	営	業	利	益	率	が	向	上	す	る	。

【解答例2】効率性の観点からの解答

自	社	保	有	の	販	売	用	ト	ラ	ッ	ク	等	の	固	定	資	産	を	削
減	で	き	,	有	形	固	定	資	産	回	転	率	が	向	上	す	る	。	

（設問2）

【解答例1】地域密着経営に着目した解答

地	域	密	着	の	方	針	に	沿	っ	た	経	営	で	高	齢	者	の	買	物
需	要	を	充	足	で	き	,	地	域	貢	献	に	つ	な	が	る	た	め	。

【解答例2】高齢化の進展に着目した解答

高	齢	化	に	応	じ	た	取	扱	品	目	の	拡	大	で	高	齢	者	の	買
物	需	要	を	充	足	で	き	,	事	業	拡	大	が	可	能	な	た	め	。

●解説

【第1問】

経営比率分析の問題である。

（設問1）

　D社および同業他社の2020年度の財務諸表を用いて比較分析を行い，経営指標のうち優れていると考えられる指標と，課題を示すと考えられる指標を2つずつ取り上げ，指標の名称と計算値を解答することを求めている。

　与件文のヒントを活かし，安全性，収益性，効率性のバランスを考えると，次の指標を選択することができる。

⑴　優れていると考えられる指標

　与件文第1段落の「常に地元産の商品にこだわり，地元密着をセールスポイントとして経営を行ってきた」という記述から，商品回転率，売上高総利益率を想定することができる。

　実際に同業他社の値と比較すると，商品回転率（D社25.79回，同業他社21.04回），売上高総利益率（D社27.78％，同業他社25.76％）とも，D社のほうが優れている。

⑵　課題を示すと考えられる指標

　与件文第1段落の「同業他社による低価格・大量販売の影響によって顧客獲得競争に苦戦を強いられ，徐々に収益性も圧迫されてきている」や第2段落の「レジ待ち時間の解消による顧客サービスの向上と業務効率化による人件費削減のため」という記述から，売上高営業利益率が想定できる。実際に同業他社の値と比較すると，D社が0.32％，同業他社が2.01％と，D社のほうが劣っている。

　また，貸借対照表中の純資産合計，負債・純資産合計の情報から，自己資本比率（D社19.85％，同業他社74.21％）を選択できる（安全性の指標については，与件文中にヒントが記されることは少ないため，貸借対照表から得られる情報から解答を考える）。加えて，以下の別解が考えられる。

　優れている指標として，有形固定資産回転率（D社4.56回，同業他社3.65回），総資本回転率（D社2.42回，同業他社1.65回），当座比率（D社65.45％，同業他社29.95％）も考えられる。また，商品回転率は，棚卸資産回転率と表記してもよい。

　課題を示す指標としては，販売管理費比率（D社27.46％，同業他社23.75％），売上高経常利益率（D社0.50％，同業他社2.02％），負債比率（D社403.82％，同業他社34.75％）も可である。

（設問2）

　D社の財務的特徴と課題について，同業他社と比較しながら財務指標から読み取ることを求めている。

　（設問1）であげた優れていると考えられる指標①，②を財務的特徴として述べ，課題を示すと考えられる指標③，④を課題として述べる。与件文中の言葉を用いて原因を分析し，記述していきたい。具体的な展開は，解答例のとおりである。

【第2問】

　投資の経済性計算（取替投資）の問題である。

（設問1）

　2022年度期首にフルセルフレジへ取替投資を行った場合の初期投資額を除いた2022年度中のキャッシュフローが，計算過程とともに求められている。取替投資を行った場合の損益計算書を作成し，税引後利益に非資金支出項目の調整を行い，キャッシュフロー（CF）を計算する。

［計算過程（単位：万円）］

　まずは，2022年度期首にフルセルフレジへ取替投資を行う場合の2022年度の損益計

算書を作成する（設問2）の解説を参照）。

次に，損益計算書よりCFを計算する。

CF＝税引後利益－140＋減価償却費1,500＋特別損失1,200＝2,560

よって，キャッシュフローは25,600,000（円）となる。正解するには，以下の点に対応する必要がある。

・設問文には，「初期投資額を除いた2022年度中のキャッシュフロー」としか書かれていないが，フルセルフレジとセミセルフレジの差額CFと解釈し，減価償却費も差額を求める。

・「初期投資額を除く」ので，フルセルフレジの初期投資額21,000万円とセミセルフレジの下取額の800万円は除いて計算する。

・特別損失を考慮してCFを計算する。

・2022年度は税引前利益が赤字だが，「全社的利益（課税所得）は黒字」なので，節税効果が発生する（税金額の受取として計算する）。

（設問2）

取替投資案の採否と正味現在価値の計算結果を求めている。

まずは，設問文の条件をもとに，2022年度期首のフルセルフレジに投資する場合の初期投資額，2022年度〜2027年度のフルセルフレジとセミセルフレジの差額CF，2023年度期首のセミセルフレジに投資する場合の初期投資額を求め，図表1のように情報を整理する。

図表1　第2問（設問2）のCF・PV

（単位：万円）

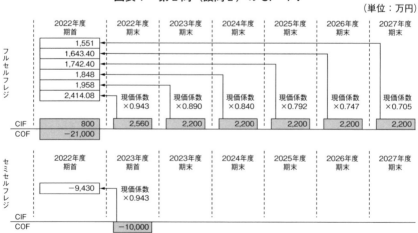

次に，フルセルフレジとセミセルフレジに投資する場合の両案の現在価値の累計額を求めて，最後に両案の現在価値の累計額の差額から正味現在価値を求める。

[計算過程（単位：万円）]

・2022年度期首のフルセルフレジの初期投資額を計算する。

－（単価210－下取り単価8）×100台＝－20,200

・2022年度～2027年度のフルセルフレジとセミセルフレジの差額の損益計算書を作成する。

	2022年度	2023年度～ 2027年度
利益（人件費削減）	2,500	2,500
減価償却費（セミセルフ）	－ 2,000	－ 2,000
減価償却費（フルセルフ）	3,500	3,500
特別損失	1,200	
税引前利益	－ 200	1,000
法人税	－ 60	300
税引後利益	－ 140	700

・2022年度～2027年度のフルセルフレジとセミセルフレジの差額の損益計算書から差額CFを計算する。

2022年度のCF：税引後利益－140＋減価償却費1,500＋特別損失1,200＝2,560

2023年度～2027年度の毎年のCF：税引後利益700＋減価償却費1,500＝2,200

・2023年度期首のセミセルフレジの初期投資額を計算する。

更新による初期投資額＝－（単価100×100台）＝－10,000

・取替投資による正味現在価値を計算する。

－20,200＋2,560×0.943＋2,200×3.974－（－10,000×0.943）＝386.88

よって，計算結果として，2022年度期首時点の正味現在価値は，3,868,800円となり，正味現在価値がプラスのため，取替投資を行う結論となる。

正解を導くには（設問1）の内容に加えて，以下の点にも対応する必要がある。

・セミセルフレジのCFを計算する際に，更新の初期投資10,000万円を含めて計算する（この処理を漏らすと，取替投資を行わないという結論になる）。

・フルセルフレジの初期投資は2022年度期首だが，セミセルフレジの更新の初期投資は2023年度期首であり，1年の割引計算を行う。

・セミセルフレジの下取額800万円は，2022年度期首のフルセルフレジへの投資額

21,000万円から差し引いて計算する。

（設問3）

　（設問2）のフルセルフレジへの取替投資を2022年度期首に行う場合と比べて，2023年度期首に行うことが有利となる，フルセルフレジ1台当たりの購入金額とその計算過程が求められている。

　フルセルフレジへの取替投資を2022年度期首から2023年度期首へ1年延期しても，人件費削減額は引き続き2,500万円が見込まれ，下取り価格が0円となるが，フルセルフレジの値引きがあることを前提に計算する。

　まずは，値引き後のフルセルフレジ1台当たりの購入金額を X（単位：万円）とする。次に，設問の条件をもとに，2023年度期首にフルセルフレジに投資する場合の初期投資額，2023年度〜2027年度のフルセルフレジとセミセルフレジの差額CF，2023年度期首にセミセルフレジに投資する場合の初期投資額を求め，図表2のように情報を整理する。

　さらに，フルセルフレジとセミセルフレジに投資する場合の各々の現在価値の累計額を求める。最後に，フルセルフレジの現在価値の累計額からセミセルフレジの現在価値の累計額を差し引いた正味現在価値が，（設問2）で求めた正味現在価値以上となる購入金額 X を計算する。

[計算過程（単位：万円)]

・2023年度期首のフルセルフレジの初期投資額を計算する。

図表2　第2問（設問3）のCF・PV

（単位：万円）

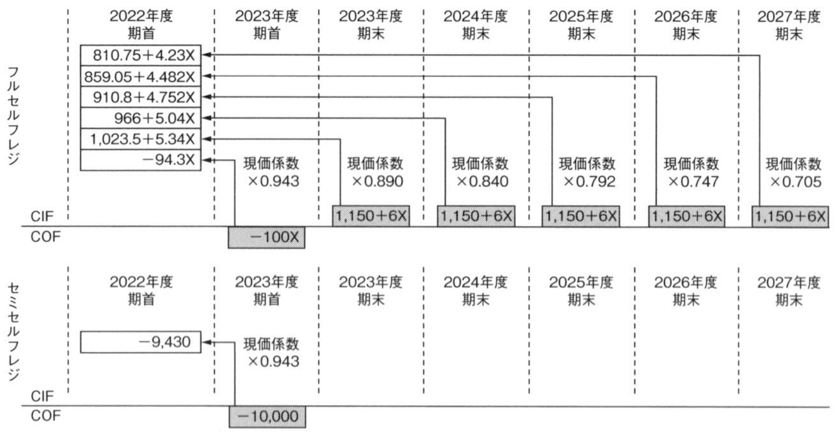

－（単価X×100台）＝－100X

・2023年度～2027年度のフルセルフレジとセミセルフレジの差額の損益計算書を作成する。

	2023年度～2027年度
利益（人件費削減）	2,500
減価償却費（セミセルフ）	－2,000
減価償却費（フルセルフ）	20X
税引前利益	4,500－20X
法人税	1,350－6X
税引後利益	3,150－14X

・2023年度～2027年度のフルセルフレジとセミセルフレジの差額の損益計算書から，差額CFを計算する。

税引後利益3,150－14X＋減価償却費－2,000＋20X＝1,150＋6X

・2023年度期首のセミセルフレジの初期投資額を計算する。

更新による初期投資額＝－（単価100×100台）＝－10,000

・本問の正味現在価値が，（設問2）で求めた正味現在価値以上となるXを計算する。

－100X×0.943＋（1,150＋6X）×3.974－（－10,000×0.943）≧386.88

X≦193.2159078

【第3問】

CVP分析の問題である。

（設問1）

「当面スタートアップ期間として最大年間養殖量が50,000kgである水槽を設置することを計画しており」とあり，50,000kg生産した場合の総経費3,000万円のうち，固定費の割合は40％であるので，固定費は1,200万円で不変な点をまずは押さえたい。

次に，変動費の割合は60％であるので，50,000kg生産した場合の変動費は1,800万円であり，1kg当たり0.036万円になることを押さえたい。その上で，魚種Xの1kg当たり販売単価を1,200円とする場合に年間1,500万円の目標利益を達成するための年間販売数量（単位：kg）を求めることとなる。

[計算過程]

1kg当たり販売単価0.12万円，1kg当たりの変動費0.036万円，総費用3,000万円のうち固定費1,200万円で，年間目標利益1,500万円の目標利益を達成するための年間

販売数量を Xkg とすると，以下の式が成り立つ。

$(0.12-0.036)$ X $-1,200=1,500$

よって，X $=32,142.85714$ となり，小数点以下を切り上げれば，32,143kg となる。

（設問2）

（設問1）と異なり，「D社の商圏においては販売数量に応じた適切な価格設定が重要であると判断」し，「表 魚種Xの販売計画」のように目標販売数量に応じた魚種Xの1kg 当たり販売単価を設定する場合に，年間1,500万円の目標利益を達成するための年間販売数量（単位：kg）を計算過程とともに求めている。

[計算過程]

年間販売数量が0kg～20,000kg 以下，20,000kg 超～30,000kg 以下，30,000kg 超～40,000kg 以下，40,000kg 超～50,000kg 以下の場合に区分して，以下の式を充足する年間販売数量X（単位：kg）を計算する。

（1kg 当たり販売単価－1kg 当たり変動費0.036）× X －固定費1,200

＝年間目標利益1,500

・年間販売数量0kg～20,000kg 以下の場合

$(0.14-0.036)×$ X $-1,200=1,500$

X $=25,961.53846$ となるが，年間販売数量0kg～20,000kg 以下の条件を充たさないので，不適である。

・年間販売数量20,000kg 超～30,000kg 以下の場合

$(0.124-0.036)×$ X $-1,200=1,500$

X $=30,681.81818$ となるが，年間販売数量20,000kg 超～30,000kg 以下の条件を充たさないので，不適である。

・年間販売数量30,000kg 超～40,000kg 以下の場合

$(0.106-0.036) ×$ X $-1,200=1,500$

X $=38,571.42857$ となり，年間販売数量30,000kg 超～40,000kg の条件を充たす。

・年間販売数量40,000kg 超～50,000kg 以下の場合

$(0.086-0.036) ×$ X $-1,200=1,500$

X $=54,000$ となるが，年間販売数量40,000kg 超～50,000kg 以下の条件を充たさないので，不適である。

上記の計算結果より，年間販売数量の条件を充たす38,571.42857kg の小数点以下を切り上げ，38,572kg が正解となる。

【第4問】

不採算事業の分析の問題である。

（設問1）

移動販売事業をネット通販事業に一本化することによる短期的なメリットについて，財務指標をあげながら説明することを求めている。

「販売用のトラックはすべてD社が保有する車両である」，「移動販売事業は高齢化が進んでいるエリアを担当する店舗の従業員が運転および販売業務を担っている」といった与件文のヒントを活用すると，効率性の観点から有形固定資産回転率，収益性の観点から売上高営業利益率をあげて，メリットを述べることができる。

また，短期的なメリットとあるので，収益性・効率性の結果の財務指標である安全性よりも，収益性・効率性の財務指標をあげることが望ましい。

（設問2）

本問については（設問1）と異なり，非財務的・定性的な観点から考えることがポイントである。したがって，「自身で買い物に出かけることはできない高齢者に対する小型トラックによる移動販売を行う」事業である点に着目し，地域密着・地域貢献や高齢化の進展による事業拡大の観点から考えると，解答例のような解答を導くことができる。

●学習のポイント

事例Ⅳは，2次試験の合否を分ける重要な科目である。しかも，得意とする受験者と苦手とする受験者が極端に分かれる科目でもある。苦手としている場合には，まずは，苦手意識を取り払うために出題頻度の高い項目の基礎知識を確認していきたい。

学習方法としては，出題頻度が高く，複雑な計算のない経営比率分析から着手し，CVP分析，キャッシュフローの計算と説明，設備投資の経済性計算の順序で取り組んでいくとよい。

頻出項目について，1次試験対策で使用したテキスト・問題集を活用しながら2次試験の過去問をしっかり学習することで，財務・会計に関する基本的な知識の理解度を深め，計算のスピードや正確性を高めてほしい。

MMC 中小企業診断士スクール

令和２年度
中小企業診断士第２次試験

問題の読み方・解答の着眼点

出題傾向と学習のポイント
事例Ⅰと事例Ⅱは与件情報の識別，事例Ⅲは与件と設問の対応づけ，
事例Ⅳは設問の処理順位が合否を分けた

1．令和2年度の各事例の特徴

(1) **事例Ⅰ（組織（人事を含む）を中心とした経営の戦略及び管理に関する実務の事例）**

　本年度の事例Ⅰは，設問要求から理論や与件根拠を特定できる問題が多かったこと，複数の設問間で与件根拠の切り分けが難しい部分がないことから，大きな事故は起こしにくかったと思われる。

　一方で，当事者が複数人（A社長，祖父）いる問題，設問・与件解釈を誤りやすい問題，与件根拠が少ないため解釈が難しい問題もあり，出題者の意図を外した解答を作成してしまうリスクもあった。

　設問一つひとつを丁寧に解釈したうえで，出題者の意図に沿った理論や与件根拠をもとに解答を作成することを期待した設計であったと推察できる。

(2) **事例Ⅱ（マーケティング・流通を中心とした経営の戦略及び管理に関する実務の事例）**

　本年度の事例Ⅱは，環境分析問題や地域交流問題といったオーソドックスな問題と，アンゾフの「製品・市場マトリックス」や取引先構成の問題などの設問・与件解釈が難しい問題が混在し，全体として取り組みにくい出題となった。

　ここ3年間（平成29～令和元年度）の事例Ⅱはいずれも4設問の構成で，第1問が環境分析（情報整理）の問題，それ以降が助言問題という設計で，主に新規／既存顧客をターゲットとする問題だったが，本年度は，直接，顧客を獲得して売上を得る問題は出題されず，「顧客の関与を高めるための施策」，「旅行プログラム立案」といった，主に顧客との関係性を強化することを目的とする問題が出題された。

　取り組みやすい問題（設問要求や与件根拠がわかりやすい問題）は，第1問（SWOT）と第4問（旅行プログラム）で，与件根拠はわかりにくいが，要求自体はわかりやすい第3問（設問2）がそれに次いで処理しやすい問題であった。その他

の2設問は，与件の解釈が難しく，処理する順位と時間管理を誤ると大崩れしかねなかった。

(3) 事例Ⅲ（生産・技術を中心とした経営の戦略及び管理に関する実務の事例）

　本年度の事例Ⅲは，ここ数年で最も与件根拠の切り分けが難しかった。その理由として，以下を挙げることができる。

①平成27年度から令和元年度までの事例Ⅲでは，必ず設問内で「生産管理」と明示されていたが，本年度はこの表現がなくなったことで，設問解釈時点で与件根拠を識別することができなくなったこと

②第2問（設問1），（設問2），第3問の3つの設問がすべて「納期遅延」に関する問題であり，同じ問題点を解決するための与件根拠の切り分けが困難であったこと

③「問題点」という表現にはこれまで，過大な在庫，残業発生，加工不良など，「悪い」と判断しやすい言葉が使用されていたが，第2問で要求される問題点の識別および区別が難しかったこと

④これまで頻出だった多品種少量生産の生産形態でなく，個別受注生産がテーマとなったこと

⑤最終問題でも「生産上の改善」が期待されているように読める根拠（C社の弱み）があるため，第2問や第3問との与件根拠切り分けを一層困難にしていること

⑥字数制限60字以内の問題が複数問出題されており，与件根拠を引用した解答作成を困難にしていること

　これらの設計変更は，想定以上に難易度を高めており，多くの受験者にとって設問と与件の対応づけを困難にしたと考えられる。第1問の強みと弱み，第2問の各設問の問題点を外さないことで，まず4割を確保したかった。

(4) 事例Ⅳ（財務・会計を中心とした経営の戦略及び管理に関する実務の事例）

　本年度の事例Ⅳは，損益分岐点分析や正味現在価値計算など，例年どおりのテーマが多く出題されたが，初見の問題や，処理するための情報負荷が大きい問題があったことから，例年より難易度が高くなった。

　これらの問題は，平時には簡単に処理できても，本試験の緊張感や最終事例の疲労感の中にあっては，計算間違い等をしてしまう可能性が高くなる。

　また，初見問題としてのれん（負ののれん）やROIの計算問題が出題された。前者については1次試験の頻出論点であること，後者については与件文に計算処理する

—2・4—

ための条件が丁寧に書かれていたことから，初見問題の割には対応しやすいかったと思われる。

　全体としては，「経営分析→個別問題＋記述問題」というオーソドックスな構成となっており，この点では想定の範囲内で時間管理ができる設計となっていた。

　80分間のタイムマネジメントとしては，第1問の経営分析を最優先で処理し，第3問，第4問の記述問題は計算結果が関係しているようにみえるため，あえて後回しにするという判断ができた（もちろん，計算結果は無関係という判断もできただろう。その場合は，優先して処理することになる）。

　第2問は，損益分岐点分析（設問1）と投資の経済性計算問題（設問2）が含まれているため判断に迷うが，通常，優先順位の高い損益分岐点分析の問題が先にあるので，優先処理するのが妥当である。

　設備投資の経済性計算問題は，1ページまるごと条件が与えられているので，情報処理の負荷が高いと想定し，優先順位を下げる判断をしたかった。部分点を狙う問題でもないため，捨てる判断は賢明である。

　第3問，第4問はいずれも初見問題だが，与えられるデータそのものは少なく，工数の少ない問題である。この2問は，どちらを優先処理してもよいだろう。ただし，記述問題は丁寧な設問解釈が必要で，冷静に処理するためには第2問を捨てるなど，十分な時間を確保することで心理的に余裕を持ちたかった。

2．各事例の解答アプローチ

(1)　事例 I

第1問

（設問1）

「経営ビジョン」について問われており，使う理論が特定できるので処理しやすかったと思われる。

（設問2）

「買収」について問われており，（設問1）同様，理論が特定できるので処理しやすかったと思われる。

　第1問は，2設問とも難易度は低かった。第2問以降の難易度が高かったことから，第1問の出来が事例 I 全体の評価に影響を及ぼしたと推察できる。

第2問

与件根拠が少なく，理論による解釈が求められるため，難易度が高かった。ベテラ

ン従業員の属人的なノウハウを暗黙知と捉え，暗黙知を形式知化する手順を説明させる問題であった。

第3問

与件解釈が難しく，処理に時間がかかる問題であった。売上伸長を実現できた理由は，従来のルートセールスに加えた直販方式の導入とその成功であり，Ａ社はこれまでとは異なる販売チャネルの開拓に成功したことになる。このため，執行役員が部下の営業担当者に求めたのは，異なる販売チャネルを開拓できる能力であったと解釈できる。

第4問

第3問と同様に与件解釈が難しく，処理に時間がかかる問題であった。設問要求では，現在はＡ社だけを経営するＡ社長が，将来的には祖父が経営する企業グループ全体の経営を担えるようにするための留意点が問われている。

現状のＡ社の人事管理は，伝統的な家族主義的経営や祖父の経験や勘をベースとしており，年功序列型賃金が基本となっている。近い将来，企業グループの総帥となるＡ社長が，こうした前近代的な人事管理を見直し，グループ全体のバランスを考えた人事制度を整備するための助言が求められている。

(2)　事例Ⅱ

第1問

SWOT分析の問題であり，配点，字数制約ともに昨年度と同様であった。与件根拠が複数の段落にわたっており，処理自体の負荷は大きいが，ある程度時間をかければ得点は可能であった。SWOT分析は基本的な理論の応用問題だが，各要素の判断基準を明確に持つ必要がある。

第2問

これまでにないタイプの出題で，設問の解釈も難しく，本年度の事例Ⅱでは最も難易度が高かった。特に「望ましい取引先構成についての方向性」というわかりにくい要求と，「Ｚ社の製品とは異なるターゲット層を獲得したいと考えているが」の解釈が難しかった。

設問要求の難しさに加え，与件解釈も難しく，解答構成を含めて非常に得点しにくい問題だった。配点30点とインパクトはあるが，題意を捉えた解答が作成できる受験者は少なく，配点ほど合否には影響しない問題だったと思われる。

第3問
（設問1）

　要求自体はシンプルだが，与件根拠の解釈が難しかった。アンゾフの成長ベクトルは，製品と市場を新規／既存の2つで整理するシンプルな経営戦略のマトリックスだが，既存製品／新製品，既存市場／新市場の区別が難しく，与件根拠の整理に時間がかかった。たとえば，製品という軸では，既存製品をZ社のものにするのかB社のハーブ（原材料）にするのかの判断や，ヘルスケア市場を既存市場のままだと解釈するのか，効能＝ニーズとしてアンチエイジング市場と安眠効果製品市場に分けて解釈するのかなど，与件根拠からだけでは判断が難しい設計となっていた。

　解答内容もかなり割れると推察されるが，製品定義と市場定義の関係に整合性があれば広く加点される可能性が高い。

（設問2）

　オンライン上のコミュニケーション施策は，平成28年度第4問（設問2）でも出題されているが，今回はリピート獲得ではなく，「顧客の関与を高める」というこれまでにない要求であり，難易度が高くなった。

　与件に具体的なニーズの根拠がないことから，B社からの積極的な情報発信によって顧客の関心を高める助言が期待されていたと考えられる。この解釈に基づけば，与件に製品開発に生かせるシーズの根拠があるため，解答は作成しやすかっただろう。

第4問

　本年度の事例IIでは，第1問に次いで難易度の低い問題であった。その理由としては，①設問に条件（B社とX島のファンになってほしい）が明示されていること，②立案プログラムがあらかじめ想定しやすいこと，③想定したプログラムを実現するためのB社やX島の資源が与件に明示されていたこと，が挙げられる。

　本問の優先順位を上げて処理時間を確保できたかどうかが，事例II全体の得点に大きく影響したと推察できる。

(3)　**事例III**
第1問

　オーソドックスな出題であり，強み・弱みと思われる与件も特定しやすいため，確実に得点したい問題であった。本問の解答内容は例年，最終問題に対応するので，第4問とあわせて処理するなどの工夫をして時間を稼ぎ，難易度の高い第2問，第3問に時間を配分したかった。

第2問

（設問1）

営業面の納期遅延問題と対応策を問うており，これまでの出題実績からみても難易度が高かった。問題点自体は比較的特定しやすいので，与件根拠を丁寧に対応づけたい。対応策については，与件根拠「製作前プロセスに時間を要する」ことがわかっても，それをどの手段で解決するのかの想定が難しかった。

（設問2）

製造面の納期遅延問題と対応策を問うている。C社はビル建築用金属製品，モニュメント製品の難易度の異なる2つの製品を製造しているが，特に手作業部分の工程の生産能力の問題をどの手段で解決するのかの想定が難しい。（設問1）同様，対応策では勝負せずに，対応する問題点で加点を狙う対応が妥当だっただろう。

第3問

納期遅延対策として社内IT化を行う設定で，C社のIT活用についての助言が求められた。IT活用については，平成30年度に「生産管理のコンピュータ化」，平成27年度に「生産管理のIT化」が出題されているが，いずれも「生産管理」がテーマとなっており，「社内のIT化」とは要求が異なっていた。

本問ではこれまでと異なり，社内の情報共有といった営業部門なども対象に含めた助言が求められていたと考えられる。いずれにしても，納期遅延対策という目的は第2問と同じであるため，与件根拠の切り分けが難しい。

第4問

「モニュメント製品事業の拡大」というテーマから，経営戦略がテーマであると解釈できるが，C社の弱みとして，受注面（生産面）の制約があるため，「生産面」で解答してよいかどうかの判断が難しかった。

一方で，これまでの経営戦略問題と同様に，C社の経営資源の視点で情報を整理できれば，大崩れしない解答が作成できたと考えられる。

(4) **事例Ⅳ**

第1問

（設問1）

経営分析の問題である。昨年度において，平成26年度以降採用されていた「課題」という表現がなくなり，本年度もこれが踏襲されていた。

昨年度は期間比較なので「改善／悪化」，本年度は他社比較なので「優れる／劣る」

という表現になっている。「課題」と比較した「優れる／劣る」指標は，現在の数値で比較できるため，指標選択の自由度が低く，難易度は低くなる。指標選択についても，昨年度同様，与件に根拠が明記されており，対応しやすくなっていた。

（設問2）

　経営分析の記述問題だが，ここ数年の少字数傾向がやや緩和されて60字となり，与件根拠を使用した解答作成の処理負荷が軽減された。

第2問

（設問1）

　損益分岐点分析の問題である。与件情報が少なく（売上高60百万円，変動費39百万円，固定費28百万円，売上高70百万円超の変動費率60％の4つのみ），工数も多くない問題だが，2つの変動費率を使用する設計は初見であり，戸惑った受験者は解答に時間がかかった可能性がある。

　比較的多くの受験者が正答できたと思われるが，この問題ができなくても，のれん計算かROI計算ができれば6割確保は可能だっただろう。

（設問2）

　設備投資の経済性計算の問題である。与件情報が箇条書きで示され，営業キャッシュ・フローの数値も与えられているため，処理工数自体は少ないが，①COFが毎年計上される設計，②CIFとCOFが発生年数は同じだが発生するタイミングが異なるため設計図作成を間違える可能性，③期待値を計算するためディシジョンツリーの問題のようにもみえること等により，受験者には難問に感じられただろう。

　実際，正答率は低いと想定でき，この問題を捨て，他の問題に時間を配分する対応が適切であった。計算ができなくても，②案の成功期待値が40％と低いことから，①案が妥当であると想定することができる。

第3問

（設問1）

　買収によるのれん（負ののれん）の計算問題は2次試験では初見だが1次試験では頻出論点であり，本年度の財務・会計（第6問）でも出題されているため，本年度の1次試験受験者は対応しやすかったはずである。出題論点も1次試験と変わらないため，ここで得点を稼ぎたかった。

（設問2）

　買収のリスクについての助言問題である。記述問題については，第4問（設問3）のところで総括する。

第4問

（設問1）

買収問題同様，2次試験では初見の問題となったが，計算処理上の説明が与件に書かれており，詳細な知識がなくても対応が可能であった。

（設問2）

資産増減を仕訳によって整理する必要があるため，処理手順を想定できなければ正答は困難な問題であった。正答率は低いと想定でき，合否への影響は小さい。

（設問3）

現在の業績評価の方法における問題点と，その改善案を問う記述問題である。本年度の事例Ⅳでは，経営分析の記述問題以外に，買収時の負ののれんの知識，買収リスク，ROIを取締役の業績評価に使用することの問題点（本設問）などが出題された。

本年度の経営分析以外の記述問題は，設問解釈が難しいが，買収理論やROI理論の応用という前提が明らかになっているので，題意を大きく外して失点するリスクは低かったと思われる。

江口明宏（EBA中小企業診断士スクール統括講師　中小企業診断士）

中小企業の診断及び助言に関する実務の事例Ⅰ

　A社は，わが国を代表する観光地として知られる温泉地にある老舗の蔵元である。資本金は2,000万円，売上は約5億円で，中小の同業他社と比べて売上が大きい。A社の軒下には杉玉がぶら下がり壁際に酒樽などが並んではいるものの，店の中に入るとさまざまな土産物が所狭しと並んでいる。中庭のやや燻した感じの石造りの酒蔵だけが，今でも蔵元であることを示している。

　A社の売上のうち約2億円は昔ながらの酒造事業によるものであるが，残りの3億円はレストランと土産物店の売上である。現在，この老舗の当主は，40代前半の若いA社長である。A社の4名の役員は全て親族であるが，その中で直接A社のビジネスに関わっているのはA社長一人だけである。A社長，従業員40名（正規社員20名，非正規社員20名），それにA社の社員ではない杜氏を加えて，実質42名体制である。

　実は，江戸時代から続く造り酒屋のA社は，現在のA社長と全く血縁関係のない旧家によって営まれていた。戦後の最盛期には酒造事業で年間2億円以上を売り上げていた。しかし，2000年代になって日本酒の国内消費量が大幅に減少し，A社の売上高も半分近くに落ち込んでしまった。そこで，旧家の当主には後継者がいなかったこともあって廃業を考えるようになっていた。とはいえ，屋号を絶やすことへの無念さに加えて，長年にわたって勤めてきた10名の従業員に対する雇用責任から廃業を逡巡していた。近隣の金融機関や取引先，組合関係者にも相談した結果，地元の有力者の協力を仰ぐことを決めた。

　最終的に友好的買収を決断したこの有力者は，飲食業を皮切りに事業をスタートさせ次々と店舗開拓に成功しただけでなく，30年ほど前には地元の旅館を買収して娘を女将にすると，全国でも有名な高級旅館へと発展させた実業家である。蔵元として老舗の経営権を獲得した際，前の経営者と経営顧問契約を結んだだけでなく，そこで働いていたベテラン従業員10名も従来どおりの条件で引き継いだ。

　インバウンドブームの前兆期ともいえる当時，日本の文化や伝統に憧れる来訪者にとっても，200年の年月に裏打ちされた老舗ブランドは魅力的であるし，それが地域の活性化につながっていくといった確信が買収を後押ししたのである。そして，当時

首都圏の金融機関に勤めていた孫のＡ社長を地元に呼び戻すと，老舗酒造店の立て直しに取り組ませた。

　幼少時から祖父の跡を継ぐことを運命づけられ，自らも違和感なく育ってきたＡ社長は金融機関を退職し帰郷した。経営実務の師となる祖父の下で，３年近くに及ぶ修行がスタートした。酒造りは，経営顧問と杜氏，そしてベテランの蔵人たちから学んだ。

　修行の合間を見ながら，敷地全体のリニューアルにも取り組んだ。以前，製品の保管や居住スペースであった建物を土産物店に改装し，また中庭には古民家風の建物を新たに建て地元の高級食材を提供するレストランとした。１階フロアは個人客向け，２階の大広間は団体観光客向けである。また，社員の休憩所なども整備した。さらに，リニューアルの数年後には，酒蔵の横の一部を改装して，造りたての日本酒を堪能できる日本酒バーも開店している。

　こうした新規事業開発の一方で，各部門の責任者と共に酒造，レストラン，土産物販売といった異なる事業を統括する体制づくりにも取り組んだ。酒造りは杜氏やベテランの蔵人たちが中心になり，複雑な事務作業や取引先との商売を誰よりも掌握していたベテランの女性事務員が主に担当した。また，Ａ社長にとって経験のないレストラン経営や売店経営は，祖父に教えを請いながら徐々に仕事を覚えていった。

　他方，酒造以外の各部門の責任者となる30代から40代半ばまでの経験のある人材を正規社員として，またレストランと土産物店の現場スタッフには地元の学生や主婦を非正規社員として採用した。正規社員として採用した中からレストラン事業，土産物販売事業や総務部門の責任者を配置した。その間も，Ａ社長は酒造りを学びながら，一方でこれらの社員と共に現場で働き，全ての仕事の流れを確認していくと同時に，その能力を見極めることにも努めた。

　レストラン事業と土産物販売事業は責任者たちが手腕を発揮してくれたことに加えて，旅館などグループ企業からの営業支援もあって，インバウンドの追い風に乗って順調に売上を伸ばしていった。レストランのフロアでは，日本の大学を卒業後，この地域の魅力に引かれて長期滞在していたときに応募してきた外国人数名も忙しく働いている。

　そして，現在，Ａ社長の右腕として重要な役割を果たしているのは，酒の営業担当の責任者として敏腕を発揮してきた，若き執行役員である。ルートセールスを中心とした古い営業のやり方を抜本的に見直し，直販方式の導入によって本業の酒造事業の売上を伸長させた人材であり，杜氏や蔵人と新規事業との橋渡し役としての役割も果

たしている。典型的なファミリービジネスの中にあって，血縁関係がないにもかかわらず，A社長の頼りがいのある参謀として執行役員に抜擢されている。また，総務担当責任者も前任のベテラン女性事務員と2年ほど共に働いて知識や経験を受け継いだだけでなく，それを整理して情報システム化を進めたことで抜擢された若い女性社員である。

　A社長は，この10年，老舗企業のブランドと事業を継いだだけでなく，新規事業を立ち上げ経営の合理化を進めるとともに，優秀な人材を活用して地元経済の活性化にも大いに貢献してきたという自負がある。しかしながら，A社の人事管理は，伝統的な家族主義的経営や祖父の経験や勘をベースとした前近代的なものであることも否めない。社員の賃金を同業他社よりやや高めに設定しているとはいえ，年功序列型賃金が基本である。近い将来には，自身が総帥となる企業グループ全体のバランスを考えた人事制度の整備が必須であるとA社長は考えている。

第1問（配点40点）

　以下は，老舗蔵元A社を買収する段階で，企業グループを経営する地元の有力実業家であるA社長の祖父に関する設問である。各設問に答えよ。

（設問1）

　A社の経営権を獲得する際に，A社長の祖父は，どのような経営ビジョンを描いていたと考えられるか。100字以内で答えよ。

（設問2）

　A社長の祖父がA社の買収に当たって，前の経営者と経営顧問契約を結んだり，ベテラン従業員を引き受けたりした理由は何か。100字以内で答えよ。

第2問（配点20点）

　A社では，情報システム化を進めた若い女性社員を評価し責任者とした。ベテラン事務員の仕事を引き継いだ女性社員は，どのような手順を踏んで情報システム化を進めたと考えられるか。100字以内で答えよ。

第3問（配点20点）

　現在，A社長の右腕である執行役員は，従来のルートセールスに加えて直販方式を取り入れ売上伸長に貢献してきた。その時，部下の営業担当者に対して，どのような能力を伸ばすことを求めたか。100字以内で答えよ。

第4問 （配点20点）

　将来，祖父の立ち上げた企業グループの総帥となるA社長が，グループ全体の人事制度を確立していくためには，どのような点に留意すべきか。中小企業診断士として100字以内で助言せよ。

解答の着眼

●出題傾向

(1) 出題企業の概要と事例テーマ

　本事例のテーマは，「老舗のブランドを中心とした経営資源の獲得による新たな事業戦略の立案と，企業グループ一体となった組織・人事の再構築」である。

　事例企業A社は，200年の歴史を持つ老舗の蔵元であり，親族を中心とした経営陣のもと，既存のベテラン社員，経験のある正規社員，地元の学生や主婦，外国人の非正規社員で構成された人員体制である。

　地元の有力な実業家であったA社長の祖父が，後継者がおらず廃業寸前だった旧家の経営権を友好的買収によって獲得し，孫であるA社長への後継者教育を進めながら経営を再建してきた。

　A社長は，祖父からの経営実務の修行のほか，前経営者や杜氏，ベテランの蔵人から酒造りを学ぶとともに，レストラン事業，土産物販売事業といった新規事業の開発を進めた。さらに，新規事業の推進や営業体制の見直し，旧態依然の業務を改革するために，経験のある若い人材を採用し，能力や手腕を評価してきた。

　そして今後は，祖父が立ち上げた企業グループ一体となった事業の推進に向け，組織・人事の再構築を図っていくことが，本事例の方向性である。

　旧家時代から友好的買収以降にかけてのA社のドメインの変遷を，図表1にまとめた。本事例では，このようにドメインの変遷を追いかけながら，事例の全体像をつかむことが有効であった。

(2) 問題の特徴・難易度

　出題形式は，例年の事例Ⅰと大きくは変わらない。与件文の分量や解答字数，各設問の配点などは，オーソドックスなものであった。

　一方で，事例Ⅰの特徴である，設問解釈の難しさや解答根拠の明示性の低さから，

受験者の答案にはバラツキがあったと思われる。その中で，事例全体のストーリーを意識しながら，与件の根拠や設問構造をもとに解答を論理的に展開することができたかどうかがポイントになった。

　総括すると，事例の全体像を意識しながら総合的な視点で解答を構成することが攻略のポイントであり，難易度は例年並みであるが，正しく訓練を積んできた実力のある受験者とそうでない受験者で，結果に明確な差が出たと考えられる。

　各設問の配点，解答字数，題意は，図表2の通りである。また，第1問から第4問までを構造化すると，図表3のような関係となる。

　第1問（設問1）は，A社の経営権を獲得する際に，A社長の祖父が描いた経営ビジョンが問われており，グループやA社が置かれている内外の経営環境に着目し，長

図表1　A社のドメインの変遷

	旧家	友好的買収後の企業グループ
誰に	既存の取引先	既存の取引先，新規の取引先（直販） 日本の文化や伝統に憧れる来訪者
何を	日本酒	日本酒
どのように	老舗のブランド力， ルートセールス	老舗のブランド力，ルートセールスに直販方式を追加， 飲食・旅館・土産物販売事業とのシナジーの創出
組織人事	伝統的な家族主義的経営	前経営者との経営顧問契約，従来通りの条件による従業員の承継，経験者や多様な非正規社員の採用，血縁関係のない責任者の抜擢，伝統的な家族主義的経営，経験と勘をベースにした人事管理
経営課題	売上の回復と雇用の維持	円滑な事業承継による企業グループの持続的な成長とバランスを考えた人事制度の整備

図表2　各設問の配点，解答字数，題意

問題	配点	解答字数	題意
第1問 （設問1）	20点	100字	【分析：環境分析】グループが置かれる内外の環境に着目し，A社長の祖父が描いた経営ビジョンを，長期的な視点から分析する。
第1問 （設問2）	20点	100字	【分析：内部環境分析】前の経営者との経営顧問契約やベテラン従業員を引き受けた理由を，内部環境の視点から分析する。
第2問	20点	100字	【分析：組織戦略】総務担当責任者が情報システム化を進めた手順を，ミドルマネジメントの役割に着目しながら分析する。
第3問	20点	100字	【分析：事業戦略】直販方式を導入した営業担当の責任者が部下に求めた能力を，事業戦略の視点から分析する。
第4問	20点	100字	【助言：人事戦略】総帥となるA社長に，人事戦略の視点から，グループ全体の人事制度を確立するための留意点を助言する。

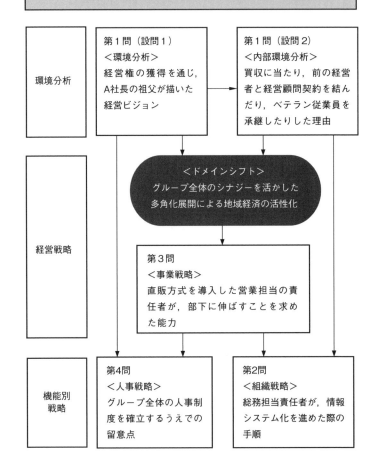

図表3　設問構造図

老舗のブランドを中心とした経営資源の獲得による新たな事業戦略の立案と，企業グループ一体となった組織・人事の再構築

環境分析

第1問（設問1）
＜環境分析＞
経営権の獲得を通じ，
A社長の祖父が描いた
経営ビジョン

第1問（設問2）
＜内部環境分析＞
買収に当たり，前の経営者と経営顧問契約を結んだり，ベテラン従業員を承継したりした理由

＜ドメインシフト＞
グループ全体のシナジーを活かした
多角化展開による地域経済の活性化

経営戦略

第3問
＜事業戦略＞
直販方式を導入した営業担当の責任者が，部下に伸ばすことを求めた能力

機能別戦略

第4問
＜人事戦略＞
グループ全体の人事制度を確立するうえでの留意点

第2問
＜組織戦略＞
総務担当責任者が，情報システム化を進めた際の手順

期的な視点で分析することが求められている。

　続く（設問2）は，前の経営者と経営顧問契約を結んだり，ベテラン従業員を引き受けたりした理由を，内部環境の視点から分析することが求められている。

　第1問の内容を受け，企業グループのドメインがシフトする。そして，新たなドメインの実現に向け，第3問で，直販方式を導入した営業担当の責任者が部下に求めた能力を分析することが求められている。

第2問は組織戦略の問題であり，総務担当責任者がベテラン従業員の業務を引き継ぎ，情報システム化を進めた手順を，ミドルマネジメントの役割に着目しながら分析することが求められている。

　そして第4問では，近い将来グループの総帥となるＡ社長に，グループ全体の人事制度を確立するうえでの留意点を人事戦略の視点から助言することが求められている。

●解答例

第1問（配点40点）

（設問1）

ビ	ジ	ョ	ン	は	，	老	舗	ブ	ラ	ン	ド	と	飲	食	・	旅	館	業	の
シ	ナ	ジ	ー	を	創	出	し	，	イ	ン	バ	ウ	ン	ド	の	獲	得	と	人
材	活	用	を	通	じ	て	地	域	の	活	性	化	に	貢	献	す	る	こ	と
で	あ	る	。	ま	た	，	Ａ	社	長	に	経	験	を	積	ま	せ	，	グ	ル
ー	プ	全	体	の	持	続	的	成	長	を	描	い	た	と	考	え	ら	れ	る	。

（設問2）

理	由	は	，	買	収	へ	の	心	理	的	抵	抗	を	抑	え	て	，	歴	史
に	裏	打	ち	さ	れ	た	経	営	資	源	を	，	Ａ	社	長	に	段	階	的
に	承	継	す	る	た	め	で	あ	る	。	具	体	的	に	は	，	経	営	顧
問	か	ら	取	引	先	を	引	き	継	い	だ	り	，	ベ	テ	ラ	ン	の	蔵
人	に	酒	造	り	の	教	育	を	任	せ	た	り	す	る	た	め	で	あ	る	。

第2問（配点20点）

手	順	は	，	①	前	任	の	ベ	テ	ラ	ン	女	性	事	務	員	と	共	に
働	き	な	が	ら	複	雑	な	事	務	作	業	や	取	引	先	と	の	商	売
な	ど	暗	黙	知	を	継	承	し	，	②	全	社	の	仕	事	の	流	れ	を
確	認	し	な	が	ら	形	式	知	化	し	，	③	前	職	の	経	験	を	活
か	し	て	情	報	シ	ス	テ	ム	化	を	進	め	た	と	考	え	ら	れ	る	。

第3問 （配点20点）

受	身	営	業	か	ら	脱	却	し	，	地	元	飲	食	店	な	ど	直	販	先
の	主	体	的	な	開	拓	を	求	め	た	。	よ	っ	て	，	他	部	門	の
人	材	と	コ	ミ	ュ	ニ	ケ	ー	シ	ョ	ン	を	取	り	，	イ	ン	バ	ウ
ン	ド	向	け	の	売	り	方	な	ど	老	舗	の	ブ	ラ	ン	ド	を	活	か
し	た	提	案	が	で	き	る	能	力	を	伸	ば	す	こ	と	を	求	め	た 。

第4問 （配点20点）

グ	ル	ー	プ	の	事	業	や	人	材	の	多	様	性	を	考	慮	し	た	公
平	で	体	系	的	な	目	標	管	理	を	行	い	，	一	体	感	を	保	つ
こ	と	に	留	意	す	べ	き	で	あ	る	。	ま	た	，	各	部	門	の	上
司	が	部	下	を	評	価	し	，	昇	進	や	賞	与	に	反	映	さ	せ	る
な	ど	動	機	づ	け	を	行	う	こ	と	に	留	意	す	べ	き	で	あ	る 。

●解答にあたっての着眼点と解説

【第1問】

（設問1）

(1) 題意の把握と解答の方向性

A社長の祖父がA社の経営権を獲得する際に，描いていた経営ビジョンが問われている。友好的買収を決断した当時の内外の経営環境を分析するとともに，「ビジョン」という言葉から，長期的な視点で解答を導き出したい。

(2) 与件分析と解答の構成

与件文第5段落にある通り，A社長の祖父は，インバウンドブームの前兆期にある中，A社の老舗ブランドは日本の文化や伝統に憧れる来訪者にとって魅力的であると考えていた。よって，わが国を代表する温泉地の有名な高級旅館や飲食業といった既存事業との相乗効果が期待できるとともに，それによって地域の活性化につながっていくといった確信が，A社の友好的買収を後押ししている。

そのため，A社長の祖父が，A社の経営権を獲得することによって描いたグループの経営ビジョンは，老舗ブランドと飲食業・旅館とのシナジーを創出し，拡大が期待

されるインバウンド需要の獲得と，雇用の創出などによる人材活用を通じて，地域経済の活性化に貢献することであると整理できる。

　また，本設問で問われているのは，企業グループの総帥である「A社長の祖父」が描いたビジョンであり，ファミリービジネスを進める企業グループの将来的なビジョンにも着目したい。

　A社長の祖父は，30年ほど前に地元の旅館を買収して娘を女将にすることで，全国でも有名な高級旅館へと発展させた経験があり，親族に事業経験を積ませながらグループを発展させていこうという意向が垣間見える。そのため，A社の買収に当たっても，孫のA社長を地元に呼び戻し，経験を積ませながら事業を承継し，グループの持続的成長を図っていくビジョンを描いていたと考えられる。

（設問2）

(1)　題意の把握と解答の方向性

　A社長の祖父が，A社の買収に当たり，前の経営者と経営顧問契約を結んだり，ベテラン従業員を引き受けたりした理由が問われている。買収後のA社の内部環境に着目しながら，総合的な視点で解答を構成したい。

(2)　与件分析と解答の構成

　まず，大前提として，A社の買収は友好的買収によって進められたものであるから，売り手と買い手の思惑が一致していたはずである。旧家の当主は屋号を絶やすことの無念さに加え，10名の従業員の雇用責任から廃業を逡巡していた。それに対し，買い手であるA社長の祖父は，従来通りの条件で従業員を引き受けることで，旧家の意向に応えようとしたと考えられる。

　また，酒造メーカーへの進出はグループにとって後方への多角化となり，ノウハウがない中で経営権を獲得することとなる。さらに，200年の年月に裏打ちされたとある通り，A社が築き上げてきたブランドや酒造ノウハウ，顧客との関係性といった経営資源は，模倣困難性の高いコア・コンピタンスである。

　よって，後継者となるA社長を中心に，事業の承継を円滑に行うためには，A社内の買収に対する心理的抵抗を抑えるとともに，円滑かつ段階的に経営資源を引き継いでいくことが必要になる。

　そのため，A社長の祖父は，前の経営者を経営顧問に位置付けることで，取引先をスムーズに引き継ぐことを期待するとともに，ベテランの蔵人に，A社長への酒造りの教育を任せることを期待したと考えられる。

そして，第1問（設問1）と（設問2）の内容を受けて，グループとしてのドメインがシフトする。つまり，A社長への後継者教育を進めながら，「グループのシナジーを活かして地域経済の活性化に貢献する」という全社ドメインに従い，新たな事業戦略と組織・人事の再構築について，後に続く設問で問われていく。

【第2問】

(1) 題意の把握と解答の方向性

ベテラン事務員の仕事を引き継いだ若い女性社員が，情報システム化を進めた際の手順が問われている。これまでの出題歴にはない設問要求であり，解答構成の難しい問題であった。

共に働いて知識や経験を受け継いだという与件の対応箇所には着眼しやすいが，「階層分化」という視点からみた組織戦略の設問としての位置付けを踏まえ，総合的な視点で解答したい。

(2) 与件分析と解答の構成

まず，与件文第8段落にある通り，前任のベテラン女性事務員は複雑な事務作業や取引先との商売を掌握しており，情報システム化を進めるためには，この属人的な知識や経験を承継する必要があったはずである。

そのため，与件文第11段落にある通り，前任のベテラン女性事務員と2年ほど共に働いて，それらの知識や経験といった「暗黙知」を継承したのである。

そして，「暗黙知の形式知化」を進める中で意識したいのが，総務担当責任者というミドルマネジメントとしての役割である。A社長が，酒造りを学びながら，現場の社員と共に働き，全ての仕事の流れを確認してきたのと同様に，若い女性社員も全社の仕事の流れを確認しながら情報システム化に必要な形式知化を進めてきたと考えられる。

与件文第11段落にある通り，酒の営業担当責任者は，杜氏や蔵人と新規事業との橋渡し役としての役割を果たしたことも評価されて抜擢されている。同じように，若い女性社員も，全社的な視点に立ちミドルマネジメントとしての役割を果たしたことが評価されて抜擢されたと考えられる。

また，与件文第9段落からは，総務部門の責任者にも，経験のある人材を配置したことが読み取れ，中途採用のメリットである前職での経験を活かして情報システム化を進めたと思われる。

本問の解答内容は，複数事業でシナジーを生み出していく，企業グループの全社戦略と整合性を持つ組織戦略となる。

【第3問】

(1)　題意の把握と解答の方向性
　従来のルートセールスに加え直販方式を取り入れて売上伸長に貢献してきた営業担当責任者の執行役員が，部下の営業担当者に対して，どのような能力を伸ばすことを求めたかを問う内容である。
　本問も設問解釈の難しい問題であるが，設問構造を捉え，本問はA社の新たなドメインに関連した事業戦略を問う問題であると解釈し，今後のA社の戦略の実行に求められる能力という観点から解答を構成したい。

(2)　与件分析と解答の構成
　まず，従来のルートセールスに加え，直販方式を取り入れたという記述から，受身な営業体質から脱却し主体的に販路を開拓していくことを求めたと考えられる。
　200年の歴史を持つ老舗のA社は，古くから関係のある取引先に依存し，日本酒の国内消費量が大幅に減少する中，新規開拓が遅れたことで売上が半分に落ち込んでしまったと推測できる。一方，現在の売上は戦後の最盛期と同等の規模に回復している。これは，古くからの取引先との太いチャネルを維持しつつ，直販方式により，地元の飲食店や酒販店などの販路開拓に成功した結果と考えられる。インバウンドの追い風に乗ってレストラン事業や土産物販売事業の売上が伸長する中，酒の営業においても，インバウンドの事業機会を捉えることができたのではないかと思われる。
　その成功の鍵となったのが，レストラン事業や土産物販売事業におけるインバウンド需要の獲得ノウハウである。たとえば，日本酒バーにおける老舗ブランドの発信方法や，外国人従業員の知見など人材の多様性もプラスに働いたと思われる。
　よって，ミドルマネジメントである営業担当の責任者は，杜氏や蔵人と新規事業との橋渡し役を行うとともに，部下である担当者に，社内の多様な人材とコミュニケーションを取りながら，インバウンド向けの売り方や，老舗のブランドを活かした取引先への提案力を伸ばすことを求めたと考えられる。
　本問の内容も，グループ全体のドメインと整合性を持ち，また多様な人材や老舗のブランドといったA社のコア・コンピタンスを活かした事業戦略に関連する内容となっている。

【第4問】

(1) 題意の把握と解答の方向性

　近い将来，企業グループの総帥となるA社長が，グループ全体の人事制度を確立していくために留意すべき点が問われている。

　現状のA社が伝統的な家族主義的経営や祖父の経験や勘をベースとした前近代的な人事管理であることを踏まえつつ，今後の企業グループの方向性を意識しながら解答を構成したい。

(2) 与件分析と解答の構成

　まず，与件文の「伝統的な家族主義的経営」，「祖父の経験や勘をベース」，「企業グループ全体のバランスを考えた人事制度の整備」といった記述が本問とリンクする。また，A社の「典型的なファミリービジネス」という経営体制や，「飲食業，旅館，土産物販売事業，酒造」といった事業の多様性のほか，「ベテラン，中途採用の正社員，地元の学生，主婦，外国人」など，人員構成にも多様性がある点に着目したい。

　事業や人材の多様性を考慮して企業グループ全体のバランスを保つためには，公平性のある人事制度を設計していくことが求められる。同様に，経験や勘をベースとした前近代的な制度から脱却するためには，体系的な人事制度の設計が求められる。

　これらを踏まえ，目標管理制度によって公平で体系的な人事管理を進め，不公平感を払拭することによって，グループ全体の一体感を保つことに留意すべきであると助言したい。

　次に，目標管理制度を効果的に運用するためには，上司・部下間のコミュニケーションが重要となる。与件文第9段落には，A社長が社員と共に現場で働きながら，それぞれの能力を見極めることに努めたとあるが，近い将来，A社長はオーナーへとシフトしていく。

　よって，今後は現場の責任者であるミドルマネジメントを主体として，上司・部下間で目標管理を行うとともに，能力や成果に応じて評価をしていくことが求められる。そして，評価を昇進や賞与などに反映させることによって，伝統的な家族主義的経営に，公平性を担保した成果主義的要素を加え，従業員の動機づけを行うことに留意すべきであると助言したい。

　本問の内容は，第1問（設問1）で指摘したグループ全体の経営ビジョンと整合性を持つとともに，第2問，第3問で指摘したミドルマネジメントの役割に関連を持つ内容となっている。

●学習のポイント

(1) 出題特性

　事例Ⅰでは，「戦略が組織に従ってしまっている」事例が多い。つまり，組織文化などに問題があり，企業・事業戦略や機能戦略に支障を来たしている企業を経営革新していく事例が出題される。ここで重要なことは，戦略は変わるが組織文化はなかなか変わらない（ここに課題が生じる）ということである。

　また，他の事例に比較して，事例Ⅰでは与件の「明示性」が低く（与件文に隠されている情報が多い），題意の「一意性」も低い（題意の解釈が分かれる）。さらに，与件文中に時制表現が散りばめられており，答案作成には，現在に至るまでの事業変遷を整理することが重要となる。

(2) 1.5次知識を活用する：7つの着眼ポイント

　事例Ⅰの解法スキルを高めるためには，過去問の事例解法トレーニングが必須である。その際，1次試験科目の企業経営理論で学んだ知識を，事例企業の経営課題や改善策の提言に実践的に使えるレベル（1.5次知識）に磨いていく必要がある。

　事例Ⅰでは，経営課題を把握するに当たり，考慮しなければならない7つの着眼ポイントがある。これらの着眼ポイントを，思考のフレームワークとして使いこなせるよう意識して学習することをお勧めする。

【着眼ポイント①】企業の歴史と事業変遷

　事例Ⅰでは，事例企業の現状のドメインと新たなドメインを把握するために，企業の歴史と事業の変遷を整理することが重要となる。特に，企業の創業年度や時制表現に注意することで，事業のライフサイクルや現状の組織文化を正確に捉えたい。そして，環境の変化に適合した新たな方向性に向け，組織・人事・文化面の変革を図っていくことになる。

【着眼ポイント②】経済性効果

　1次試験で学習したように，企業には経済性効果を活用し，組織としての力を最大化していくことが求められる。経済性効果は，大きく分けて4つ（規模・範囲・スピード・ネットワーク）ある。

【着眼ポイント③】バーナードの組織成立要件

　アメリカの経営学者バーナードは，組織の成立要件として3つの要素（共通目的・貢献意欲・コミュニケーション）を提示している。組織的な問題がどこに隠されてい

るかを，この３つの要素に着眼して分析することができる。

＜共通目的＞

　経営理念や企業のビジョン，施策導入の目的などが該当する。経営者は経営理念やビジョンを策定するだけでなく，組織のメンバーと共有し理解し合うことで組織の一体感を醸成していく必要がある。また，新たな施策を導入する場合は，その目的や期待する効果について，従業員の理解を得る必要がある。

＜貢献意欲＞

　組織の能力を最大化するためには，共通目的を共有したうえで，従業員の貢献意欲を促していく必要がある。そのためには，共通目的を細分化し，各部門や個人に与える目標を明確化するとともに，正当な評価を行うことで，動機づけを促していくことが重要となる。

＜コミュニケーション＞

　事業部間やメンバー間の意思疎通が円滑に行われるような組織体制を整備していく必要がある。良好なコミュニケーションは，目的の共有や貢献意欲を促す効果を持つ。

【着眼ポイント④】外部資源の活用とリソースベースドビュー

　中小企業は自社内で経営資源を完備できないことが多く，外部資源との連携を強化していく必要がある。一方で，リソースベースドビューの視点から，持続的な競争優位性を確保するためには，価値がある独自の経営資源をできるだけ内部で構築していく必要がある。また，外部組織任せにせず，業務の委託や統制を主導的に行っていくことや，自社固有の技術やノウハウの流出に留意する必要がある。

【着眼ポイント⑤】正規雇用と非正規雇用

　働き方の多様化が進む現代，自ら非正規型の雇用を選ぶ人が増えており，非正規社員は低コストで単純作業を行う人材から，欠かすことのできない戦力としての位置づけにシフトしている。企業にとって，非正規社員の能力を最大限活用できるような労働環境の整備や継続的な動機づけを図ることが不可欠となる。

【着眼ポイント⑥】事業承継

　中小企業白書にも掲載されているように，多くの中小企業が事業承継に課題を抱えている。事業承継には，企業内部の人材に経営権を譲渡する内部承継と，外部の組織に経営権を譲渡する外部承継がある。事例Ｉに出題されるのは内部承継のパターンが多く，これから事業承継を行う場合と，既に事業承継を行っており，新たな方向性に向けて体制を整備していく場合の２通りがある。

　事業承継における具体的な着眼事項には，経営理念の再認識，承継者の選定，承継

者の育成，利害関係者の理解などがある。

【着眼ポイント⑦】グローバル化への対応

　グローバル経済の進展に伴い，多くの中小企業が海外進出を図っている。しかし，文化や商慣習，法制度の違いにより，国内でのシステムが海外で成功するとは限らない。そこで，海外拠点との連携や，マネジメントを行う人材の育成が重要となる。また，自社単独ではなくパートナー企業と協力して海外進出を行うケースが多く，連携強化が課題となる。

(3)　本事例における1.5次知識の活用ポイント

　本事例においては，これらのうち，①企業の歴史と事業変遷，③バーナードの組織成立要件，⑥事業承継の3つが中心論点になっていた。

　事業承継が中心論点なのは明らかだが，その背景にあるA社の経営資源は，買い手にとって魅力的であるだけでなく，歴史に裏打ちされた模倣困難性の高いものであった。よって，事業承継を成功させるためには，売り手の意志を受け継ぐとともに，心理的抵抗を抑え，段階的に進めていく必要があったのである。

　そして，A社長の祖父が描いた経営ビジョンの実現に向け，A社長への後継者教育（共通目的の浸透）を進め，ミドルマネジメントを中心とした部門間連携を促す（コミュニケーション）とともに，公平性を担保した人事制度の確立による動機づけ（貢献意欲）により，グループとして持続的に発展し，地域経済の活性化に貢献していくというのが，本事例の全体像である。

　　　　　　　　　　　　　　　　　　　立花夏生（LEC専任講師　中小企業診断士）

中小企業の診断及び助言に関する実務の事例Ⅱ

　B社は，資本金450万円，社長をはじめ従業者10名（パート・アルバイト含む）の農業生産法人（現・農地所有適格法人）である。ハーブの無農薬栽培，ハーブ乾燥粉末の一次加工・出荷を行っている。

　B社は，本州から海を隔てたX島にある。島は車で2時間もあれば一周できる広さで，島内各所には海と空，緑が鮮やかな絶景スポットがある。比較的温暖な気候で，マリンスポーツや釣りが1年の長い期間楽しめ，夜は満天の星空が広がる。島の主力産業は，農業と観光業である。ただし島では，若年層の人口流出や雇用機会不足，人口の高齢化による耕作放棄地の問題，農家所得の減少などが深刻化し，地域の活力が低下して久しい。

　B社の設立は10年ほど前にさかのぼる。この島で生まれ育ち，代々農業を営む一家に生まれたB社社長が，こうした島の窮状を打開したいと考えたことがきっかけである。B社設立までの経緯は以下のとおりである。

　社長は，セリ科のハーブY（以下「ハーブ」と称する）に目を付けた。このハーブはもともと島に自生していた植物で，全国的な知名度はないが，島内では古くから健康・長寿の効能があると言い伝えられてきた。現在でも祝いの膳や島のイベント時に必ず食べる風習が残り，とくに高齢者は普段からおひたしや酢みそあえにして食べる。社長はこのハーブの本格的な栽培に取り組み，島の新たな産業として発展させようと考えた。

　まず社長が取り組んだのは，ハーブの栽培手法の確立であった。このハーブは自生植物であるため，栽培ノウハウは存在しなかった。しかし，社長は農業試験場の支援を得て実験を繰り返し，無農薬で高品質のハーブが同じ耕作地で年に4〜5回収穫できる効率的な栽培方法を開発した。一面に広がるハーブ畑は，生命力あふれる緑の葉が海から吹く風に揺れ，青い空と美しいコントラストを生み出している。

　一般的にハーブの用途は広く，お茶や調味料，健康食品などのほか，アロマオイルや香水などの原材料にもなる。社長は次に，このハーブを乾麺や焼き菓子に練りこんだ試作品をOEM企業に生産委託し，大都市で開催される離島フェアなどに出展して

販売を行った。しかし，その売上げは芳しくなかった。社長は，このハーブと島の知名度が大消費地では著しく低いことを痛感し，ハーブを使った自社による製品開発をいったん諦めた。社長はハーブの販売先を求めて，試行錯誤を続けた。

　B社設立の直接的な契機となったのは，社長が大手製薬メーカーZ社と出合ったことである。消費者の健康志向を背景にますます拡大基調にあるヘルスケア市場では，メーカー間の競争も激しい。Z社は当時，希少性と効能を兼ね備えた差別的要素の強いヘルスケア製品の開発可能性を探っており，美しい島で栽培された伝統あるハーブが有するアンチエイジングの効能と社長の高品質かつ安全性を追求する姿勢，島への思い入れを高く評価した。社長もZ社もすぐに取引を開始したかったが，軽い割にかさばるハーブを島から島外の工場へ輸送するとなるとコストがかかることがネックとなった。

　そこで社長自ら島内に工場を建設し，栽培したハーブを新鮮なうちに乾燥粉末にするところまで行い，輸送コスト削減を図ろうと考えた。Z社もそれに同意した。その結果，B社はハーブの栽培・粉末加工・出荷を行うための事業会社として，10年ほど前に設立された。

　Z社は予定どおり，B社製造のハーブの乾燥粉末を原材料として仕入れ，これをさらに本州の工場で加工し，ドリンクやサプリメントとして全国販売した。これらの製品は，島の大自然とハーブからもたらされる美を意識させるパッケージで店頭に並び，主として30〜40歳代の女性層の支持を獲得した。この島の空港や港の待合室にも広告看板が設置され，島とハーブの名前が大きく明示されている。そのため，とくにヘルスケアに関心の高い人たちから，このハーブが島の顔として認知されるようになってきた。こうした経緯もあって，島民は昨今B社の存在を誇りに感じ始めている。

　ただし，Z社のこの製品も発売から約10年の歳月を経て，売れ行きが鈍ってきた。このところ，B社とZ社とのハーブの取引量は徐々に減少している。Z社担当者からは先日，ブランド刷新のため，あと2〜3年でこの製品を製造中止する可能性が高いことを告げられた。

　現在のB社は，このハーブ以外に，6〜7種類の別のハーブの栽培・乾燥粉末加工を行うようになっている。最近ではこのうち，安眠効果があるとされるハーブ（Yとは異なるハーブ）が注目を集めている。Z社との取引実績が安心材料となり，複数のヘルスケアメーカーなどから安眠系サプリメントなどの原材料として使いたいと引き合いが来るようになった。しかし，取引が成立しても，Z社との取引に比べるとまだ少量であり，B社の事業がZ社との取引に依存している現状は変わらない。

最近になって，社長は自社ブランド製品の販売に再びチャレンジしたいという思いや，島の活性化への思いがさらに強くなってきた。試しに，安眠効果のあるハーブを原材料とした「眠る前に飲むハーブティー」というコンセプトの製品をOEM企業に生産委託し，自社オンラインサイトで販売してみたところ，20歳代後半〜50歳代の大都市圏在住の女性層から注文が来るようになった。

島の数少ない事業家としての責任もあるため，社長は早期に事業の見直しを行うべきだと考え，中小企業診断士に相談することにした。

第1問（配点20点）

現在のB社の状況について，SWOT分析をせよ。各要素について，①〜④の解答欄にそれぞれ40字以内で説明すること。

第2問（配点30点）

Z社との取引縮小を受け，B社はハーブYの乾燥粉末の新たな取引先企業を探している。今後はZ社の製品とは異なるターゲット層を獲得したいと考えているが，B社の今後の望ましい取引先構成についての方向性を，100字以内で助言せよ。

第3問（配点30点）

B社社長は最近，「眠る前に飲むハーブティー」の自社オンラインサイトでの販売を手がけたところ，ある程度満足のいく売上げがあった。

（設問1）

上記の事象について，アンゾフの「製品・市場マトリックス」の考え方を使って50字以内で説明せよ。

（設問2）

B社社長は自社オンラインサイトでの販売を今後も継続していくつもりであるが，顧客を製品づくりに巻き込みたいと考えている。顧客の関与を高めるため，B社は今後，自社オンラインサイト上でどのようなコミュニケーション施策を行っていくべきか。100字以内で助言せよ。

第4問（配点20点）

B社社長は，自社オンラインサイトのユーザーに対して，X島宿泊訪問ツアーを企画することにした。社長は，ツアー参加者には訪問を機にB社とX島のファンになっ

てほしいと願っている。

　絶景スポットや星空観賞などの観光以外で，どのようなプログラムを立案すべき
か。100字以内で助言せよ。

解答の着眼

●出題傾向

(1)　事例のテーマ

　本年度の事例Ⅱは，ハーブの無農薬栽培・乾燥粉末の一次加工・出荷を行う農業生
産法人を題材に，経営コンサルティングの考え方を問うものであった。出題のテーマ
は，事例企業B社が1社依存からの脱却を図り，経営環境の変化に対応して安定した
経営を行うための，新しい経営戦略の策定と具体的なマーケティング方法等を問うも
のである。

　本事例の特徴としては，SWOT分析やアンゾフの成長ベクトルのような基本的な
理論の応用から「モノ消費からコト消費へ」といった時代の流れに沿った重要な課題
まで幅広く出題されていることがあげられる。

(2)　出題の特徴

①出題業種

　事例企業は，ここ2年「旅館」，「ネイル」という純粋なサービス業が続いていた
が，平成28年度の「醤油醸造業」以来久しぶりの製造小売業の設定である。ちなみ
に，農業法人（農業）の出題は初めてである。

②難易度

　本年度の事例Ⅱは，昨年度に比べると若干難化したように思われる。与件文は，図
表なしで標準的な長さであり。解答の指定字数は4問題5設問合わせて510字とな
り，過去3年同様，事例Ⅱの中では比較的字数が少なくなっている。このように，
解答字数は多くないが，昨年度までと異なり，解答の明確な根拠が与件文中に乏しい
問題が多く，対応に苦慮した受験者も多かったと推測される。

③問題別の特徴

・第1問：昨年度に引き続きSWOT分析の問題であった。基本中の基本問題である
　が，昨年度同様，決して簡単な問題ではなかった。

・第2問：「今後の望ましい取引先構成についての方向性」という問われ方は，過去に例のないパターンであった。

・第3問（設問1）：「アンゾフの成長ベクトル」を問う基本的な問題であるが，受験者はもちろん指導校間でも見解がはっきり分かれる難問であった。問われたのは基本知識であるが，受験者の誤解が多いので，解説で詳しく取り上げる。

・第3問（設問2）：過去問に類題があるので，解答の方向性はそれほど困難なく定められたと思われる。

・第4問：標準的なテキストには記述がないが，常識的なトレンドや試験委員の著作をもとにすれば，解答を大きく外すことはなかっただろう。

④制約条件の重要性

　他事例にもいえることであるが，半数以上の問題で問題文の中に，何らかの「制約条件」が付されている。この制約条件にいかに忠実な解答を記述できたか，いいかえればいかにルールを守りきれたかが，合格点獲得の大きなカギとなる。本事例においても，第2問，第3問（設問2），第4問に制約条件があり，これらに従った解答ができたかどうかも合否を分けたポイントである。

⑤出題委員の交替について

　前年度までの3年間の問題には，「ターゲットの明確化」や「明確にしたターゲットへの具体的アクション」が問われたり，「図表についての出題がある」，「ノイズが多い」，「解答の根拠が与件に比較的明示されている」等の特徴があり，同一の試験委員による出題と推測できた。

　それに対し，本年度はこれらの特徴がほとんどなくなっていることから，昨年度までと異なる委員に交替された可能性が高い。事例Ⅱは事例Ⅰや事例Ⅲに比べると過去問からの出題予測が困難である。しかし，1次知識の応用力が求められている傾向は，平成13年度の新制度開始以来変わっていない。

(3) 設問構造

　2次試験問題は，「環境分析問題」，「戦略策定・分析問題」，「戦術問題」（機能戦略問題）の3つのレイヤーに大別可能である。本年度は，右表の通りであった。

第1問	環境分析問題	SWOT分析
第2問	戦略策定問題	望ましい取引先構成
第3問（設問1）	戦略分析問題	アンゾフの成長ベクトル
第3問（設問2）	戦術問題	新プロダクトの開発
第4問	戦術問題	CRM

●解答例

第1問（配点20点）

①S（強み）

無	農	薬	で	高	品	質	・	高	効	能	の	ハ	ー	ブ	を	効	率	的	に
栽	培	す	る	技	術	の	保	有	と	大	手	Z	社	と	の	取	引	実	績。

②W（弱み）

大	消	費	地	で	著	し	く	低	い	ハ	ー	ブ	Y	と	島	の	知	名	度
・	ブ	ラ	ン	ド	力	,	及	び	高	い	Z	社	へ	の	取	引	依	存	度。

③O（機会）

消	費	者	の	健	康	志	向	と	拡	大	す	る	ヘ	ル	ス	ケ	ア	市	場,
立	地	に	左	右	さ	れ	な	い	オ	ン	ラ	イ	ン	販	売	の	拡	大	。

④T（脅威）

Z	社	製	品	の	製	造	中	止	の	可	能	性	が	高	く	,	代	替	で
き	る	よ	う	な	取	引	先	が	確	保	で	き	て	い	な	い	こ	と	。

第2問（配点30点）

広	い	用	途	に	応	じ	,	取	引	先	の	多	様	な	構	成	を	図	る
べ	き	で	あ	る	。	競	争	が	激	し	い	ヘ	ル	ス	ケ	ア	市	場	以
外	に	も	,	お	茶	や	調	味	料	,	ア	ロ	マ	オ	イ	ル	や	香	水
等	の	業	者	で	多	少	高	価	で	も	希	少	性	を	求	め	る	取	引
先	を	,	1	社	に	依	存	せ	ず	バ	ラ	ン	ス	よ	く	構	成	す	る。

第 3 問（配点30点）

（設問 1）

既	存	ハ	ー	ブ	Y	が	タ	ー	ゲ	ッ	ト	と	す	る	ヘ	ル	ス	ケ	ア
市	場	に	，	新	た	な	ハ	ー	ブ	製	品	を	投	入	す	る	新	製	品
開	発	戦	略	が	奏	功	し	た	。										

（設問 2）

消	費	者	の	意	見	を	直	接	取	り	入	れ	る	顧	客	参	加	型	の
施	策	を	行	う	。	具	体	的	に	は	，	掲	示	板	を	設	け	，	①
消	費	者	モ	ニ	タ	ー	制	度	を	つ	く	り	製	品	評	価	を	依	頼
，	②	ハ	ー	ブ	の	使	用	方	法	に	つ	い	て	の	情	報	収	集	，
③	ハ	ー	ブ	の	新	商	品	の	ア	イ	デ	ア	募	集	を	行	う	。	

第 4 問（配点20点）

滞	在	中	に	ハ	ー	ブ	栽	培	や	収	穫	に	か	か	わ	り	農	業	を
体	験	し	学	ぶ	ツ	ア	ー	，	島	で	イ	ベ	ン	ト	時	や	祝	い	の
膳	で	供	さ	れ	る	料	理	を	高	齢	者	か	ら	教	わ	り	実	際	に
つ	く	っ	て	食	べ	る	体	験	教	室	，	島	の	文	化	や	風	習	を
実	体	験	す	る	セ	ミ	ナ	ー	の	開	催	等	を	助	言	す	る	。	

●解答にあたっての着眼点と解説

【第 1 問】

(1)　出題の趣旨を把握する

　本問は，経営戦略策定プロセスのうち，経営環境分析（SWOT 分析）に関する設問である。B 社の「強み・弱み・機会・脅威」を分析する基本的な問題である。実務と違い，全体の問題間・設問間関係を意識して解答を構成するほうが，「点数の獲得」と「時間の節約」の両面でメリットがある。

⑵ 解答を導く思考プロセス

①問題の制約条件を確認する

本間には，特に制約条件は存在しない。

②関連する与件と基本知識から解答を導く

B社の「強み・弱み・機会・脅威」に関する与件を抽出し分析を行う。40字以内という制限があり，すべての候補について記述は困難であるため，取捨選択する必要がある。

【強みに関する記述】

関連する与件文は，以下の部分と考えられる。

①社長は農業試験場の支援を得て実験を繰り返し…（第5段落）

②効率的な栽培方法を開発した（第5段落）

③Z社との取引実績が安心材料となり…（第11段落）

強みの選択をする場合には，VRIOのI（模倣困難性）またはコア・コンピタンスの観点から選ぶのがセオリーである。

①②はVRIOのI（コア・コンピタンス）の重要な構成要素の1つである独自に時間をかけて開発した情報・ノウハウの典型であり，ハーブを加工し販売するB社にとって必須の能力でもあるので外せない。③も時間をかけて得たもの（歴史の積み重ね）であるとともに「ブランド」ということもでき，今後のB社のマーケティング戦略を考えた場合には非常に有用な武器となる。

【弱みに関する記述】

関連する与件文は，以下の部分と考えられる。

①社長は，このハーブと島の知名度が大消費地では著しく低いことを痛感し…（第6段落）

②しかし，取引が成立しても，Z社との取引に比べるとまだ少量であり…（第11段落）

①は時制的には10年以上前の話であり，現在どうなのかは確実にはわからない。しかし，与件文に改善したという記述はなく，後の問題でもこの悪条件を前提にしたうえで，将来の戦略を考えていくと解釈できる。

②は現在もZ社1社に依存をしている状態が変わっていないことを示している，克服すべき弱みであるのは確実である。また，第2問はその具体的方向性を解答として求めていることからも，ここで指摘することに合理性がある。

【機会に関する記述】

関連する与件文は，以下の部分と考えられる。

①消費者の健康志向を背景にますます拡大基調にあるヘルスケア市場では…（第7段落）

②自社オンラインサイトで販売してみたところ…大都市圏在住の女性層から注文が来るようになった（第12段落）

　①も正確には時制が不明であるが，常識的にみても市場は成長していることがわかる。また，今後もB社の主戦場の1つはヘルスケア市場であることは間違いなく，その市場が拡大傾向であることは素直に機会であると捉えてよい。

　②では，ブランド力も知名度も低いB社がオンライン販売で大都市圏からある程度の販売実績を挙げたことが確認できる。現在，6～7種のハーブを栽培しているB社にとって，今後「安眠ハーブ」以外のハーブの販売を視野に入れても機会と捉えることが可能であろう。

　オンライン販売の比率が年々増加していることは与件文に直接の記述はないが，常識の範囲といえる。本来ならば，本州から離れた（知名度のない）島という立地（プレイス）は物の製造販売をする会社にとってはかなりのハンディキャップとなるが，オンライン販売はこの弱点をカバーしてくれる。今後の自社ブランドの確立等にも資するものであり，機会とみなすのが妥当である。

【脅威に関する記述】

　関連する与件文は，以下の部分と考えられる。

①ブランド刷新のため，あと2～3年でこの製品を製造中止する可能性が高いことを告げられた（第10段落）

②しかし，取引が成立しても，Z社との取引に比べるとまだ少量であり…（第11段落）

　①には，B社の売上の大部分を占める製品が製造中止になる可能性が明示されている。これは絵に描いたような脅威であり，さらに②より，現在のところ代替手段も確立されていないことがわかる。後の問題でこの脅威の回避策が主題となっていることからも，解答として妥当であると思われる。

【第2問】

⑴　出題の趣旨を把握する

　本問で問われているのは，直接的には新ターゲット層の選択であり，レイヤーとしては経営戦略策定プロセスに当たる。

　昨年度までの3年間のターゲット層確定の問題は，市場細分化の4つの基準である「地理・人口統計・サイコグラフィック・行動」について与件文のヒントから選択す

るオーソドックスな出題形式が多数を占めていた。本年度は「今後の望ましい取引先構成についての方向性」という過去にない問われ方であり，戸惑った受験者も多かったと思われる。外部環境を分析し，自社の独自能力を生かせる新しいターゲットを考えることが基本的なセオリーとなる。

(2) 解答を導く思考プロセス

①問題の制約条件を確認する

本問には，

ⅰ　ハーブYの乾燥粉末について

ⅱ　新たな取引先企業について

ⅲ　Z社の製品とは異なるターゲット層

という3つの厳しい制約条件が付されている。

　具体的には，ⅰより安眠に効果のあるハーブ（以下，「安眠ハーブ」）や他の6〜7種のハーブは除外される。また，ⅱより企業以外は不可になる。ただし，最も重要な制約条件はⅲである。

②関連する与件と基本知識から解答を導く

　関連する与件文は，以下の部分と考えられる。

①一般的にハーブの用途は広く，お茶や調味料，健康食品などのほか，アロマオイルや香水などの原材料にもなる（第6段落）

②伝統あるハーブが有するアンチエイジングの効能と…（第7段落）

③島の大自然とハーブからもたらされる美を意識させるパッケージ…（第9段落）

④ヘルスケアに関心の高い人たちから，このハーブが…（第9段落）

　まず①に，ハーブは通常「多用途」，いいかえると複数のニーズが存在することが示されているが，②③④より，その中でZ社の製品は，アンチエイジングや美を目的とした広義の健康（ヘルスケア）食品であることがわかる。Z社が大手製薬メーカーであることも，その解釈を補強する材料になる。そこで，新しい取引先は「アンチエイジングを中心とした健康食品」以外と考えるのが妥当である。

　しかし，与件文にはハーブYの健康食品以外の利用方法については記述がない。そのため，解答では他の用途についてピンポイントでの指摘はできないため，「お茶や調味料，アロマオイルや香水等」と，与件文の要素を使って記述せざるを得ない。

　与件文にヒントとなる文言がなく，今後もオンライン販売を行うことが予想されることから，地理的基準・人口統計的基準については特に考慮する必要はない。サイコ

グラフィック基準としてB社の規模と今後の戦略を考えると，薄利多売は考えにくく，多少高くても希少性を求めるという基準を入れたい。また，与件文のストーリーとしてZ社への1社依存の解消の方向性が明らかなので，取引先の構成についても，1社ではないことを明示したい。

【第3問】

（設問1）

(1) 出題の趣旨を把握する

本設問は，B社の経営戦略（成長戦略）についての分析問題である。「安眠ハーブ」の販売成功について，アンゾフの製品・市場マトリックス（成長ベクトル）の理論を用いて分析する。戦略の分析問題は事例Ⅰで比較的よく出題されるが，事例Ⅱでは意外と少ない。

(2) 解答を導く思考プロセス

①設問の制約条件を確認する

対象がハーブY等ではなく「安眠ハーブ」であり，また，直接指示はないが，アンゾフの製品・市場マトリックスの4つのパターンのどれに当たるかについて用語を使用して明示しなければならない。

②関連する与件と基本知識から解答を導く

本設問は，典型的な1次知識応用型の問題である。「アンゾフの製品・市場マトリックス」という基本中の基本の理論についての確実な理解を試されている。

一見，解答が容易な問題のようにみえる。しかし，主要指導校の模範解答でも見解が分かれているので，結果的にかなりの難問であったといえるだろう。なぜ「結果的」かといえば，出題者は得点が容易な，いわゆるボーナス問題として出題した可能性が高いと思えるからである。

それがなぜ難問になってしまったかを考えると，そもそも「新製品」と「新市場」の定義があいまいであり，なかでも「新市場」の定義の解釈について問題があるとともに，受験者の誤解も多いからだろうと思われる。

まず，本設問に関係する与件文は，以下の部分と考えられる。

①消費者の健康志向を背景にますます拡大基調にあるヘルスケア市場では…（第7段落）

②島の大自然とハーブからもたらされる美を意識させるパッケージで店頭に並び，主

として30〜40歳代の女性層の支持を獲得した（第9段落）

③ヘルスケアに関心の高い人たちから，このハーブが…（第9段落）

④最近では，このうち安眠効果があるとされるハーブ（Yとは異なるハーブ）…（第11段落）

⑤「眠る前に飲むハーブティー」というコンセプトの製品をOEM企業に生産委託し…（第12段落）

⑥自社オンラインサイトで販売してみたところ，20歳代後半〜50歳代の大都市圏在住の女性層から注文が来るようになった（第12段落）

【判断の要素と順番】

●「新製品」に該当するかどうかの判断

　まず，「安眠ハーブ」と既存の主力商品である「ハーブY（の粉末）」との関係を分析し，安眠ハーブが「既存製品」，「新製品」のどちらに当たるかを判断する必要がある。判断に当たっては，マーケティング理論のうち，ブランド戦略の「ライン拡張」を使用することが，適当かつわかりやすい。

　安眠ハーブは，与件文④より明らかに，ハーブYとは原料が異なるハーブであり，効能も「アンチエイジング」と「安眠」と明確に差があることから，新製品と解釈できる。わざわざかっこ書きで（異なるハーブ）と与件文に明示していることは重要な出題者からのメッセージと捉えるべきである。

　一般的なライン拡張の概念を飲料製品を例にとって説明すると，既存製品に対して色やフレーバー容量等の異なるものを市場に投入することをいう。本事例の両ハーブは原料も効能も違うので，ライン拡張には当たらないと考えられる。

　この時点で解答から，「市場浸透戦略」と「新市場開拓戦略」が消去され，「新製品開発戦略」と「多角化戦略」に絞られる。

●「新市場」に該当するかどうかの判断

　次に，「新市場」に該当するかについての判断に移る。この判断が「新製品」云々の判断よりも困難である。その最大の理由は，「市場」という言葉の定義が確定していないことである。以下，受験者からの質問やよくある誤解も意識しながら，5つの論点について順に解説する。

【論点1】新たに自社サイトで販売していることは，新市場開拓ではないのか（与件文⑥）

　自社サイトで新たに直販することは，チャネルや販路の問題であり，新市場に当然にはつながらない。受験者がよく誤解している部分である。

【論点2】 Ｚ社という法人から消費者個人（自然人）対象にシフトしているのは新市場開拓ではないのか（与件文⑤⑥）

　取引先が「法人（BtoB）」か「消費者（BtoC）」かは，論点1と同様に市場の新旧と当然にはつながらない。仮に，100％卸（法人）を通じて販売していた企業が自社でオンライン販売をはじめたからといって，新市場開拓とはいわないだろう。新市場かどうかの判断は，最終使用者を基準に考えるべきであり，今回，最終的にハーブを使用しているのは，ヘルスケア市場の消費者である。

【論点3】「大都市圏」は新市場ではないのか（与件文⑥）

　与件文には，「大都市圏在住の女性層から注文が来るようになった」とあるが，オンラインサイトは日本全体を対象にしていると考えるのが自然だろう。対して，ハーブＹのＺ社に関しては，詳細は不明だが，大手製薬メーカーであることと商品に地理的差別を行う理由がないことを考えれば，同じく日本全体が市場と考えるのが普通である。

【論点4】「20歳代後半〜50歳代の女性」は新市場ではないのか（与件文⑥）

　20歳代後半〜50歳代の女性は，ハーブＹの顧客層（30〜40歳代の女性）から少し拡大してはいるが，新市場といえるほどではない。ほぼ同じ市場と考えられる。

【論点5】「安眠効果の効能」自体が新市場ではないのか（与件文④）

　この論点については，議論の余地がある。しかし，与件文には「ヘルスケア市場」という言葉が使用されており，安眠効果は間違いなくその範疇に入る。アンゾフの理論における「市場」とは，「製品使命」のことであり，ニーズによる区別を念頭に置いている点からしても，安眠ハーブは新市場にはあたらないと判断される。

　以上の2つの視点から，ハーブＹと安眠ハーブは同じ市場にあると考えられるので，「新製品開発戦略」が適切になる。

（設問2）

(1) 出題の趣旨を把握する

　本設問は，戦術機能戦略のうちプロダクト開発に関する事項を柱として，CRMの内容が複合した問題となっている。求められる解答内容は，コミュニケーション施策であるが，制約条件に従うこと，与件文に明示的なヒントが少ないことなど，近年の過去問の中では，平成28年度の最終問題に近い構成となっている。

　本年度の事例Ⅱの中ではやさしい問題であるので，しっかり得点したい。

⑵　解答を導く思考プロセス

①設問の制約条件を確認する

本問には，

ⅰ　顧客を製品づくりに巻き込む

ⅱ　顧客の関与を高めるため

ⅲ　オンライン上の

という３つの制約条件が付されている。

②関連する与件と基本知識から解答を導く

　本設問で解答を導出するためには，一般的な教科書に記述されているマーケティングの知識よりも，過去問やトレンド，試験委員の著作等からの情報が重要である。簡単にいえば，顧客との関係を深めながら，新製品の開発に力を貸してもらうための具体的なコミュニケーション施策を解答する必要がある。

　本設問に関係する与件文は，以下の部分と考えられる。

・一般的にハーブの用途は広く，お茶や調味料，健康食品などのほか，アロマオイルや香水などの原材料にもなる（第6段落）

　これより，ハーブは用途そのものが広いことがわかる。そして，用途が広いということは，新製品を開発する余地が広いと解釈できる。製造者の知らない用途がわかれば製品につながる可能性があるほか，消費者が持つ直接のニーズを収集することも，新製品の開発につながる可能性がある。

　理論的には，試験委員の岩崎邦彦氏の著書『小が大を超えるマーケティング』の中にある「顧客参加型マーケティング」の実践といえる。

　解答例には，1つ目に前記書籍の中にもある「消費者モニター制度」が問題の趣旨に合致すると考えられることからそのまま取り入れ，2つ目に「消費者オリジナルの使用情報収集」，3つ目に「新商品のアイデア募集」と，製品開発に直結する情報を獲得するためのコミュニケーション施策3つを盛り込んでいる。

　本設問については，別解も多数許容されると考えられるが，いずれにしても，制約条件に合致している必要がある。

【第4問】

⑴　出題の趣旨を把握する

　本問は，製造業の会社がツアーを企画するという過去問にはみられない出題パターンであり，顧客との直接的な関係性強化に関する問題である。レイヤーは戦術の

CRMになるが，第3問（設問2）同様，解答の根拠としては，1次知識そのものより，トレンドや試験委員の著作，与件文の比重が高い。

また，第2問や第3問（設問2）と同じく，与件文に直接，明示的なヒントが少ないため，解答作成に迷いを覚えた受験者も多かったと推測される。

(2) 解答を導く思考プロセス

①問題の制約条件を確認する

制約条件として，B社のみならず「X島のファン」になってほしいとあり，ソーシャルマーケティング的な要素が加味された問題と考えられる。

②関連する与件と基本知識から解答を導く

一般的な教科書には記述がない場合もあるが。試験委員の岩崎邦彦氏の著作『スモールビジネス・マーケティング』の中で強く提唱されている「学びと体験」の考え方がそのまま応用できるほか，近時のトレンドである「モノ消費」から「コト消費」への流れを，与件文の関係する部分と結びつけたい。

関連する与件文は，以下の部分と考えられる。

①比較的温暖な気候で，マリンスポーツや釣りが1年の長い期間楽しめ…（第2段落）

②現在でも祝いの膳やイベント時に必ず食べる風習が残り…（第4段落）

③高齢者は普段からおひたしや酢みそあえにして食べる（第4段落）

④無農薬で高品質のハーブが同じ耕作地で年に4〜5回収穫できる…（第5段落）

⑤生命力あふれる緑の葉が海から吹く風に揺れ，青い空と美しいコントラストを生み出している（第5段落）

⑥こうした経緯もあって，島民は昨今B社の存在を誇りに感じ始めている（第9段落）

①と④から，栽培や収穫の体験をする機会が，ほぼ1年通じてあることがわかる。さらに⑤より，こうした栽培や収穫が魅力的な環境の下で体験できることも示唆されており，解答内容として適合性がある。

③より，普段は乾燥粉末で摂取しているハーブを，実際に料理して食べることは，魅力的なコト体験になると予想される。ここで単なる試食ではなく，島民との交流という視点を入れることで「X島のファンになってほしい」という題意にも沿うと考えられる。

②より，島には独特のイベント・風習等があることがわかる。平成30年度の与件文にあった「山車引き体験」のように，通常は1年間の特定の期間だけ開催されるイベ

ントや風習・祭り等でも，部外者に体験してもらうことは地域活性化につながる。もちろん，島民の協力が必要な施策だが，⑥より可能であると解釈できる。

●学習のポイント

合格に向けた受験者の行動の中で，気になっていることを2点ほど指摘したい。

⑴　試験委員対策

まず，事例を問わず，試験委員対策をしていない受験者が多いことである。これには，以下のようにやむを得ない理由もあると思われる。

1つ目には，事例ごとの作問者が協会から公表されないため個人では対策が取りにくいこと，2つ目には，事例により対策の要不要や性質が違うこと，3つ目には，大手指導校が試験委員対策を重要視していないことがある。

ここでは事例Ⅱに絞って試験委員対策をアドバイスするが，事例Ⅱで最も対策しておくべき試験委員は，岩崎邦彦氏（静岡県立大学教授・附属地域経営研究センター長）である。

岩崎氏は，平成13年度の新制度から20年近く出題委員を務めている。あくまで推測であるが，初期と異なり，現在は直接に作問はされていないようである。しかし，以下の点で岩崎氏の著作を研究しておくことは有用と考える。

①岩崎氏の著作は，小企業を意識して書かれている。市販のほとんどのマーケティングの教科書は，2次試験に出るような典型的な小企業は意識していない。マーケティングには，企業規模を問わない部分も多いが，どうしてもズレが生じる。

②本年度の第3問（設問2）や第4問の解説で指摘したように，岩崎氏の著作には，問題の解答（特に提案・助言系）に直接，応用できる内容が多い。

なかでも，以下に挙げる4冊については十分に読み込み，研究をしておくことをお勧めする。

・『スモールビジネス・マーケティング』中央経済社
・『小が大を超えるマーケティング』日本経済新聞出版
・『引き算する勇気―会社を強くする逆転発想』日本経済新聞出版
・『小さな会社を強くするブランドづくりの教科書』日本経済新聞出版

順序としては，下の3冊を先に読んだうえで『スモールビジネス・マーケティング』に進むと理解しやすいだろう。

⑵　**独学かスクールか**

　近時，独学やネット講座で１次試験に合格する受験者が増加している。そのため，１次試験の延長線上で２次試験も独学で合格が可能だと考えるのも無理はない。

　もちろん，２次試験を独学で合格する方は，一定数存在する。しかし，２次試験を独学で突破することは１次試験に比べ，少なく見積もっても５倍は難しいと考えてほしい。最大の理由は，自分の実力の客観的な認知が，１次試験に比べてはるかに困難なことにある。

　１次試験は，過去問でも新作問題でも，問題を解けば自分がそのテスティングポイントについて記憶・理解できているかいないかが容易に認識できる。後はそれを徹底的に潰していけばよく，ある意味，時間の問題ということもできる（それが，ビジネスパーソンにとっては鬼門であるが）。

　これに対し，２次試験対策で添削も受けずディスカッションもせずに，自分の克服するべき弱点を正確に認識することはかなり困難である。

　となれば，指導校に通うことを考えたいが，指導校にも各種あり，指導方針や理念にはかなり相違がある。次年度試験に向け，イベントとして体験講義を行っているところも多い。決して自宅に近いというような安易な理由で選択せず，十分に比較検討したうえで，自分にフィットした指導校で学習することを強くお勧めする。

　　　　平野純一（KEC ビジネススクール主任講師　中小企業診断士）

中小企業の診断及び助言に関する実務の事例Ⅲ

【C社の概要】

　C社は，1955年創業で，資本金4,000万円，デザインを伴うビル建築用金属製品やモニュメント製品などのステンレス製品を受注・製作・据付する企業で，従業員は，営業部５名，製造部23名，総務部２名の合計30名で構成される。

　C社が受注しているビル建築用金属製品の主なものは，出入口の窓枠やサッシ，各種手摺，室内照明ボックスなどで，特別仕様の装飾性を要求されるステンレス製品である。またモニュメント製品は，作家（デザイナー）のデザインに従って製作するステンレス製の立体的造形物である。どちらも個別受注製品であり，C社の工場建屋の制約から設置高さ７m以内の製品である。主な顧客は，ビル建築用金属製品については建築用金属製品メーカー，モニュメント製品についてはデザイナーである。

　創業時は，サッシ，手摺など建築用金属製品の特注品製作から始め，特に鏡面仕上げなどステンレス製品の表面品質にこだわり，溶接技術や研磨技術を高めることに努力した。その後，ビル建築内装材の大型ステンレス加工，サイン（案内板）など装飾性の高い製品製作に拡大し，それに対応して設計技術者を確保し，設計から製作，据付工事までを受注する企業になった。

　その後，３代目である現社長は，就任前から溶接技術や研磨技術を生かした製品市場を探していたが，ある建築プロジェクトで外装デザインを行うデザイナーから，モニュメントの製作依頼を受けたことを契機として，特殊加工と仕上げ品質が要求されるステンレス製モニュメント製品の受注活動を始めた。

　モニュメント製品は受注量が減少したこともあったが，近年の都市型建築の増加に伴い製作依頼が増加している。受注量の変動が大きいものの，全売上高の40％を占め，ビル建築用金属製品と比較して付加価値が高いため，今後も受注の増加を狙っている。

【業務プロセス】

　ビル建築用金属製品，モニュメント製品の受注から引き渡しまでの業務フローは，

以下のとおりである。

　受注，設計，据付工事施工管理は営業部が担当する。顧客から引き合いがあると，受注製品ごとに受注から引き渡しに至る営業部担当者を決め，顧客から提供される設計図や仕様書などを基に，製作仕様と納期を確認して見積書を作成・提出し，契約締結後，製作図および施工図を作成して顧客承認を得る。通常，製作図および施工図の顧客承認段階では，仕様変更や図面変更などによって顧客とのやりとりが多く発生する。特にモニュメント製品では，造形物のイメージの摺合わせに時間を要する場合が多く，図面承認後の製作段階でも打ち合わせが必要な場合がある。設計には2次元CADを早くから使用している。

　その後，製作図を製造部に渡すことにより製作指示をする。製作終了後，据付工事があるものについては，営業部担当者が施工管理して据付工事を行い，検査後顧客に引き渡す。据付工事は社外の協力会社に依頼し，施工管理のみ社内営業部担当者が行っている。

　契約から製品引き渡しまでのリードタイムは，平均約2か月である。最終引き渡し日が設定されているが，契約，図面作成，顧客承認までの製作前プロセスに時間を要して製作期間を十分に確保できないことや，複雑な形状など高度な加工技術が必要な製品などの受注内容によって，製作期間が生産計画をオーバーするなど，納期の遅延が生じC社の大きな悩みとなっている。

　C社では，全社的な改善活動として「納期遅延の根絶」を掲げ，製作プロセスを含む業務プロセス全体の見直しを進めている。また，その対策の支援システムとしてIT化も検討している。

【生産の現状】

　製作工程は切断加工，曲げ加工，溶接・組立，研磨，最終検査の5工程である。切断加工工程と曲げ加工工程はNC加工機による加工であり，作業員2名が担当している。溶接・組立工程と研磨工程は溶接機や研磨機を用いた手作業であり，4班の作業チームが受注製品別に担当している。この作業チームは1班5名で編成され，熟練技術者が各班のリーダーとなって作業管理を行うが，各作業チームの技術力には差があり，高度な技術が必要な製作物の場合には任せられない作業チームもある。

　ビル建築用金属製品は切断加工，曲げ加工，溶接・組立までは比較的単純であるが，その後の研磨工程に技術を要する。また，モニュメント製品は立体的で複雑な曲線形状の製作が多く，全ての工程で製作図の理解力と高い加工技術が要求される。ビ

ル建築用金属製品は製作完了後，製造部長と営業部の担当者が最終検査を行って，出荷する。モニュメント製品は，デザイナーの立ち会いの下，最終検査が行われ，この際デザイナーの指示によって製品に修整や手直しが生じる場合がある。

　生産計画は，製造部長が月次で作成している。月次生産計画は，営業部の受注情報，設計担当者の製品仕様情報によって，納期順にスケジューリングされるが，溶接・組立工程と研磨工程は加工の難易度などを考慮して各作業チームの振り分けを行いスケジューリングされる。Ｃ社の製品については基準となる工程順序や工数見積もりなどの標準化が確立しているとはいえない。

　工場は10年前に改築し，個別受注生産に適した設備や作業スペースのレイアウトに改善したが，最近の加工物の大型化によって狭隘（きょうあい）な状態が進み，溶接・組立工程と研磨工程の作業スペースの確保が難しく，新たな製品の着手によって作業途中の加工物の移動などを強いられている。

　製造部長は，全社的改善活動のテーマである納期遅延の問題点を把握するため，作業時間中の作業者の稼働状態を調査した。それによると，不稼働の作業内容としては，「材料・工具運搬」と「歩行」のモノの移動に関連する作業が多く，その他作業者間の「打ち合わせ」，営業部担当者などとの打ち合わせのための「不在」が多く発生していた。

第1問（配点20点）
　Ｃ社の(a)強みと(b)弱みを，それぞれ40字以内で述べよ。

第2問（配点40点）
　Ｃ社の大きな悩みとなっている納期遅延について，以下の設問に答えよ。
（設問1）
　Ｃ社の営業部門で生じている(a)問題点と(b)その対応策について，それぞれ60字以内で述べよ。
（設問2）
　Ｃ社の製造部門で生じている(a)問題点と(b)その対応策について，それぞれ60字以内で述べよ。

第3問（配点20点）
　Ｃ社社長は，納期遅延対策として社内の IT 化を考えている。Ｃ社の IT 活用につ

いて，中小企業診断士としてどのように助言するか，120字以内で述べよ。

第4問（配点20点）

　C社社長は，付加価値の高いモニュメント製品事業の拡大を戦略に位置付けている。モニュメント製品事業の充実，拡大をどのように行うべきか，中小企業診断士として120字以内で助言せよ。

解答の着眼

●出題傾向

　本年度事例Ⅲの各設問の配点，解答字数，題意と戦略レベルは以下のとおりである。

問題	配点	解答字数	題意と戦略レベル
第1問	20点	40字×2	【分析】成長戦略 C社の強みと弱み
第2問 （設問1）	40点	60字×2	【分析と提案】生産戦略 C社の営業部門で生じている問題点とその対応策について
第2問 （設問2）		60字×2	【分析と提案】生産戦略 C社の製造部門で生じている問題点とその対応策について
第3問	20点	120字	【提案】生産戦略（IT） 納期遅延対策として社内のIT化について
第4問	20点	120字	【提案】成長戦略 付加価値の高いモニュメント製品事業の充実，拡大をどのように行うべきかについて

　問題数は4問，設問数は5問で，例年の傾向どおり，成長戦略レベルの設問（第1問，第4問）と，生産戦略レベルの設問（第2問（設問1），（設問2），第3問）に大別できる構成になっている。

　成長戦略レベルの設問については，第1問で内部環境分析を行い「C社の強みと弱み」をあげ，第4問でこの分析結果を生かし，C社の戦略（成長戦略）を助言する。毎年，与件文の1つ目の見出しである【C社の概要】から内部環境分析を行うことがポイントになる。本事例においても，第1段落から第5段落までを踏まえて，C社の

成長戦略を導くための強みと弱みを分析（整理）する。また，事例Ⅲにおいて成長戦略が問われた場合，「新市場開拓戦略」あるいは「新製品開発戦略」の成長ベクトルを示すことになる。

　生産戦略レベルの設問攻略のポイントは，設問間で答案の内容を重複させないことである。そのために，与件文の2つ目の見出し【業務プロセス】，3つ目の見出し【生産の現状】を構成している形式段落（第6段落から第15段落）を，設問ごとにリンクさせ，解決すべき問題点をすみ分けることがポイントになる。

●解答例

第1問（配点20点）

(a)	表面品質にこだわり，溶接や研磨技術が高く，設計から製作，据付工事まで受注できる点。
(b)	2種の既存製品が個別受注製品で，工場建屋の制約から設置高さ7m以内に制約される点。

第2問（配点40点）

（設問1）

(a)	最終引き渡し日が設定されているが契約，図面作成，顧客承認までの製作前プロセスに時間を要して製作期間を十分に確保できない点。
(b)	①契約締結後に製造部に製作指示を行い製作準備期間を確保する，②営業部担当者は最終検査を行わず製作前プロセスに専念する。

（設問2）

(a)	複雑な形状など高度な加工技術が必要な製品などの受注内容によって，製作期間が生産計画をオーバーして納期の遅延が生じている点。

(b)	①	生	産	計	画	を	月	次	か	ら	四	半	期	に	変	更	し	作	業	チ
	ー	ム	の	適	切	な	振	り	分	け	を	行	う	,	②	工	程	順	序	や
	工	数	見	積	も	り	を	標	準	化	し	不	稼	働	作	業	を	減	ら	す 。

第3問 （配点20点）

助	言	は	,	①	3	次	元	C	A	D	・	C	A	M	を	導	入	し	,
造	形	物	の	イ	メ	ー	ジ	の	摺	合	わ	せ	時	間	を	短	縮	し	て,
切	断	加	工	,	曲	げ	加	工	工	程	の	支	援	を	進	め	る	,	②
受	注	か	ら	納	品	ま	で	の	情	報	を	ク	ラ	ウ	ド	で	共	有	で
き	る	生	産	管	理	シ	ス	テ	ム	を	導	入	し	,	打	ち	合	わ	せ
や	不	在	に	よ	る	不	稼	働	時	間	の	発	生	を	防	ぐ	。		

第4問 （配点20点）

助	言	は	,	①	外	装	デ	ザ	イ	ナ	ー	が	デ	ザ	イ	ン	し	た	設
置	高	さ	7	m	以	上	の	モ	ニ	ュ	メ	ン	ト	製	品	の	溶	接	・
組	立	と	研	磨	を	設	置	現	場	で	行	い	施	工	管	理	す	る	,
②	建	築	用	金	属	製	品	メ	ー	カ	ー	か	ら	の	装	飾	性	の	高
い	製	品	製	作	の	引	き	合	い	時	に	,	内	装	デ	ザ	イ	ン	に
適	し	た	モ	ニ	ュ	メ	ン	ト	製	品	の	製	作	提	案	を	行	う	。

●解答にあたっての着眼点と解説

　2次試験の解答にあたっては，80分という時間的な制約があるため，あれこれと考えを巡らせていては，間に合わない。問題文中の一つひとつの文言の意味を正しく読解することを通し，出題者がそこに込めた意図（題意）を把握すること，問題文から該当する与件文を特定し，その与件文を構成している文と文の関係を把握することで，合格答案を作成することができる。

　合格答案を作成するための視点とそのポイントは，以下の通りとなる。

【合格答案を作成するための視点とそのポイント】

視点	ポイント
設問マクロ	設問の背景にある1次知識を踏まえ，すべての設問間の関係を俯瞰して整理する
設問ミクロ	求められた字数を踏まえ，書くべき答案骨子を固める
与件リンク	設問とリンクされる与件文を特定し，分析・整理する
答案最適化	上記3つの視点からの分析結果を踏まえて，最適な答案を作成する

　まず，第1問から第4問のすべての設問を，マクロ的に俯瞰して整理する視点が必要となる。本事例は以下のように，成長戦略レベル2設問と生産戦略レベル3設問に大別できる。

成長戦略レベル（2設問）	生産戦略レベル（3設問）
第1問，第4問	第2問（設問1），（設問2），第3問

　成長戦略レベル（2設問）では，「経営（成長）戦略は環境分析から導く」という定石を踏まえて，その一貫性や整合性を図る必要がある。つまり，SWOT分析を行い，「強み×機会」，「弱み×機会」，「強み×脅威」のいずれかのクロス分析の結果を踏まえて，本事例の成長戦略のテーマである「モニュメント製品事業の充実，拡大をどう行うべきか」を示すことになる。
　さらに，生産戦略レベル（3設問）の解答ポイントは，問題解決策の重複を避けることである。本事例の場合，第10段落に第2問と第3問のすみ分けを示す方針が，以下のように「AまたB」という並列の構成で示されている。

第10段落（生産戦略の課題）	対応する設問
製作プロセスを含む業務プロセス全体の見直しを進めている	第2問（設問1），（設問2）
また，その対策の支援システムとしてIT化も検討している	第3問

並列の接続詞「また」の前後で第10段落の内容を分けて考えると，第2問では「業務プロセス全体の見直し」から「納期遅延の根絶」を図り，第3問では「支援システムによるITの活用」から「納期遅延の根絶」を図ることが問われていることになる。つまり，第2問と第3問で，答案内容をすみ分ける・書き分けることが必要である。

【第1問】
(1)　問題文から書くべき答案骨子を描く

　C社の「強みと弱み」が，それぞれ40字以内で問われている。ここであげる強みと弱みは，第4問の成長戦略との関係を重視して考える必要がある。つまり，第4問で示す「モニュメント製品事業の充実，拡大をどのように行うべきか」という助言に関して，外部環境の変化（機会と脅威）に対応するC社の「強みと弱み」をあげることになる。

　したがって，先に第1問の解答内容を特定するのではなく，第4問の成長戦略を特定したあとに，本問の強みと弱みを取捨選択するという手順が望ましい。もちろん，このときには，外部環境の変化も踏まえることになる。

　事例Ⅲの成長戦略は，製品市場マトリックス上の成長ベクトルを示すため，強みも弱みも「製品と顧客」の視点から分析することができる。

　よって，以下のような各40字の答案骨子を描くことができる。

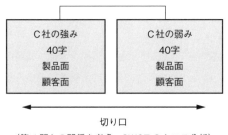

切り口
（第4問との関係を考慮→SWOTのクロス分析）

(2)　問題文と与件文をリンクさせ整理する

　第1問の問題文には，与件文とリンクさせる制約条件は示されていない。そのため，与件文の1つ目の見出し【C社の概要】を構成する第1段落から第5段落について，以下のように整理して考える。

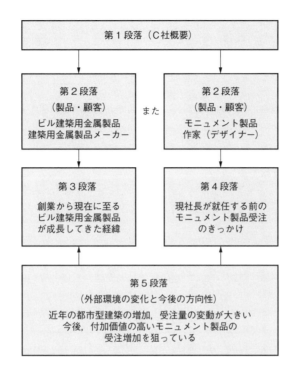

第5段落で外部環境の変化と今後の方向性が示されており，第2段落で製品と顧客の組み合わせが説明されている。そして，第3段落では建築用金属製品について，創業から現状に至るまで成長してきた経緯が，以下のように示されている。

創業時	サッシ，手摺など建築用金属製品の特注品製作から始め，特に鏡面仕上げなどステンレス製品の表面品質にこだわり，溶接技術や研磨技術を高めることに努力した
その後	ビル建築内装材の大型ステンレス加工，サイン（案内板）などの装飾性の高い製品製作に拡大し，それに対応して設計技術者を確保し，設計から製作，据付工事までを受注する企業になった

以上より，C社は創業時から溶接技術や研磨技術が高く，その後，装飾性の高い製品製作に拡大し，それに対応して設計技術者を確保，設計から製作，据付工事まで受注する企業になったと整理できる。これが，第4問への発想につながる。

加えて，第4段落では，現社長が就任前から溶接技術や研磨技術を生かした製品市場を探していたところ，あるデザイナーとの出会いがきっかけでモニュメント製品を受注できたことが，以下のように示されている。

その後	3代目である現社長は，就任前から溶接技術や研磨技術を生かした製品市場を探していたが，ある建築プロジェクトで外装デザインを行うデザイナーから，モニュメントの製作依頼を受けたことを契機として，特殊加工と仕上げ品質が要求されるステンレス製モニュメント製品の受注活動を始めた

ここでもC社の強みに触れられており，第4問で成長戦略を発想する際のヒントになる。

(3) 合格答案を作成する

このように，強みは第3段落と第4段落，弱みは第2段落から特定できる。あとは，40字の中に第4問の今後の戦略につながるキーワードを具体的に盛り込むことがポイントになる。

以下に，外部環境の変化を踏まえモニュメント製品事業の充実・拡大を行うための「強みと弱み」の関係を図示した。第4問の解説も参照してほしい。

第1問と第4問の一貫性

【第2問】

(設問1），（設問2）

(1) **設問文から書くべき答案骨子を描く**

　事例Ⅲでは定番となる「問題点とその対応策」の出題形式に対しては，「結論＋方法並列」型の論理パターンを活用して，以下のような答案骨子を描くことができる。本問では，設問文から，（設問1）も（設問2）も同じ答案骨子となる。

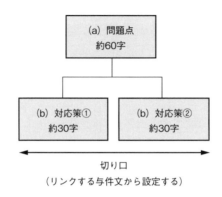

切り口
（リンクする与件文から設定する）

(2) **設問文と与件文をリンクさせ整理する**

　設問文と同じ文言が書かれている与件文にリンクすることを基本手順とすれば，第2問のリード文「C社の大きな悩みとなっている納期遅延について」とリンクできる与件文は，第9段落の最終文「納期の遅延が生じC社の大きな悩みとなっている」となる。

　そして，納期遅延の具体的な内容について，第9段落の「AやBなど」という並列型の文章構成に着目すると，以下のように整理できる。

第9段落の文章構成 「AやBなど」→納期遅延が生じC社の大きな悩み	
最終引き渡し日が設定されているが，契約，図面作成，顧客承認までの製作前プロセスに時間を要して製作期間を十分に確保できないことや	複雑な形状など高度な加工技術が必要な製品などの受注内容によって，製作期間が生産計画をオーバーするなど
ここを 営業部門の問題点とする	ここを 製造部門の問題点とする

なお，問題点の答案表現は，与件文に書かれている事実（悪い事象）をそのまま引用すればよいため，この箇所さえ特定できれば，（設問1）と（設問2）のそれぞれの問題点60字について，短時間で答案を作成できる。

また，第15段落も整理しておきたい。「製造部長は，全社的改善活動のテーマである納期遅延の問題点を改善するため，作業時間中の作業者の稼働状態を調査した」と示されているからである。この調査結果を整理すると，以下のようになる。

第15段落 納期遅延の問題点を改善するため，作業時間中の作業者の稼働状態を調査	
不稼働の作業内容としては，「材料・工具運搬」と「歩行」のモノ移動に関連する作業が多い	その他作業間の「打ち合わせ」，営業部担当者などとの打ち合わせのための「不在」が多く発生している

ここに示されている不稼働の作業内容を稼働状態にすることで，納期遅延の解決につながるというロジックになる。

以上を踏まえて，営業部門と製造部門にわけて，問題への対応策を思考する。

まず，与件文から営業部門の業務プロセスを整理すると，以下のようになる。

手順	営業部門の業務プロセス内容
1	顧客からの引き合いがあると，受注製品ごとに営業担当者を決める
2	顧客から提供される設計図や仕様書を基に，製作仕様と納期を確認して見積書を作成・提出する
3	契約締結後，製作図および施工図を作成して顧客承認を得る ＊通常，仕様変更や図面変更などによって顧客とのやりとりが多く発生する
4	製作図を製造部に渡すことにより製作指示をする
	（ここから製造部門の業務プロセスを経て）
5	製作終了後，据付工事があるものについては，施工管理して据付工事を行い，検査後顧客に引き渡す ＊ビル建築用金属製品は製作完了後，製造部長と営業部の担当者が最終検査を行って，出荷する ＊モニュメント製品は，デザイナーの立ち会いの下，最終検査が行われ，この際デザイナーからの指示によって製品に修整や手直しが生じる場合がある

営業部門の問題点は，製作前プロセスに時間を要していることである。このうち，IT活用（第3問）によって問題解決する箇所は除外することを強く意識して，営業部門の業務プロセスを見直しできる箇所を特定することになる。

まず，最後の手順5のうち，製作終了後，営業部門が据付工事の施工管理と最終検査を行っている点に着目する。ここは，営業部門が担当せず，製造部門の業務（生産統制）と位置づけることで，営業部門の担当者は，製作前のプロセスに専念することができる。

特に，モニュメント製品は，デザイナーの立ち会いの下で最終検査が行われ，修整や手直しが生じる場合もある。現状では，営業部門が担当した作業チームに連絡して作業日を決め，修整や手直しを行い，再度，最終検査を受ける必要がある。このような無駄は取り除くべきである。

もう1つ，手順4のうち，製作図を作成して顧客承認を得てから製作指示している点に着目したい。製作図については，顧客とのやりとりが多く発生していることが読み取れる。「製作図」で製造部へ製作指示するよりも，手順3の契約締結時点で「契約書」により指示を行うことで，製造部門は，必要資材の発注などの現品管理を早期に行うことができるだろう。

次に，製造部門の業務プロセスを整理すると，以下のようになる。

手順	製造部門の業務プロセス内容
1	（営業部担当者が）製作図を製造部に渡すことにより製作指示をする
2	生産計画は，製造部長が月次で作成している 月次生産計画は，営業部の受注情報，設計担当者の製品仕様情報によって，納期順にスケジューリングされるが，加工の難易度などを考慮して各作業チームの振り分けを行う ＊高度な技術が必要な製作物の場合には，任せられない作業チームもある ＊C社の製品については基準となる工程順序や工数見積もりなどの標準化が確立しているとはいえない
3	切断加工工程，曲げ加工工程 ＊NC加工機，作業員2名が担当
4	溶接・組立工程 ＊手作業，4班の作業チームが受注製品別に担当
5	研磨工程 ＊手作業，4班の作業チームが受注製品別に担当
6	最終検査（製造部長と営業部担当者） 据付工事は営業部担当者が協力会社へ依頼・現場で施工管理

ここで示した手順1と手順6の問題点は，（設問1）の営業部門での対応策で解決するため，製造部門の問題点である生産計画がオーバーする点に着目して，生産計画が書かれている手順2を分析する。

生産計画は「日程別計画」と「要素別計画」から分析することができる。まず，日程別計画は，現状では月次で作成している。しかし，「契約から製品引き渡しまでのリードタイムは，平均約2か月」とあるため，最終引き渡し日が設定されているにもかかわらず，受注製品ごとの最終検査までが一目で把握できないことになる。また，月次のため，作業チームによっては，高度な技術が必要な製作物を受注した場合，作業チームを割り振ることができない状態になっていると考えられる。そこで，少なくとも2か月のリードタイムを一目で把握できる四半期（3か月）ごとの生産計画を示す必要がある。

次に，要素別計画については，「C社の製品については基準となる工程順序や工数見積もりなどの標準化が確立しているとはいえない」と明示されている。これらを標準化すれば，第15段落で示されている調査結果のうち，不稼働の作業内容の「材料・工具運搬」と「歩行」のモノ移動に関連する作業を減らすことができる。

(3) 合格答案を作成する

ここまで与件文で整理した内容を踏まえ，対応策の文章は，「現状（原因）＋今後（手段）＋効果（結果）」という基本の因果関係で表現する。解答内容を整理すると，以下のようになる。

【営業部門の問題点】 製作前プロセスに時間を要し 製作期間が確保できない	【製造部門の問題点】 製作期間が生産計画をオーバーする
【対応策①】現品管理 現状：製作図作成後に製作指示 手段：契約締結後に変更 効果：製作準備期間の確保	【対応策①】日程別計画 現状：月次のサイクル 手段：四半期に変更 効果：作業チームの適切な振り分け
【対応策②】進捗管理 現状：営業部担当者が最終検査を担当 手段：製造部門へ移管 効果：営業部担当者が製作前プロセスに専念	【対応策②】要素別計画 現状：標準化できていない 手段：工程順序・工数見積もりを標準化 効果：不稼働作業を減らす

このように，第2問は，結果として，毎年問われている生産計画（設問2）と生産統制（設問1）に関する生産管理の視点から解答することができた。

なお，次の第3問の答案内容と重複しない内容をあげるためにも，本問も含め，生産戦略レベルの3設問で，どのように答案を書き分けるかについて，試験問題の余白ページに先にメモ書きしておきたい。

【第3問】

(1) 問題文から書くべき答案骨子を描く

　納期遅延対策としての社内のIT化について，120字以内で問われている。第2問で解答した対応策を支援することが必要となるため，第2問の（設問1）と（設問2）の解答を支える構成を意識し，方法並列型の論理パターンを活用して作成する。

　よって，以下のような120字の答案骨子を描くことができる。

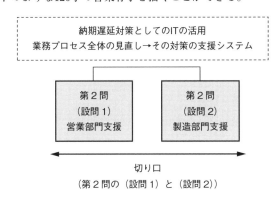

(2) 問題文と与件文をリンクさせ整理する

　現状でのITの活用が示されているのが，第7段落の最終文「設計には2次元CADを早くから使用している」になる。ここから，さらなるIT活用として，3次元CADを発想できる。これにより，「モニュメント製品では，造形物のイメージの摺合わせに時間を要する場合が多く，図面承認後の製作段階でも打ち合わせが必要な場合がある」という問題に対応できる。

　さらに，CAMもセットで提案したい。CAMの導入により，NC加工機による切断加工工程，曲げ加工工程において，3次元CADデータをNC加工機に送信し，同期化できることになる。そうすることで，製作図がたびたび変更になった場合でも，タイムリーに製作プロセスに入ることができるようになる。

　もう1つ，引き合いから納品に至る業務フローをクラウド上で共有できる生産管理システムの導入をあげたい。これにより，第15段落に示された作業時間中の作業者の稼働状態を調査した結果のうち，その他作業者間の「打ち合わせ」，営業部担当者などとの打ち合わせのための「不在」が多く発生している問題を解決できる。

⑶　**合格答案を作成する**

　本問では，与件文第10段落「その対策の支援システムとしてIT化も検討している」を受け，具体的な支援システムを解答する必要がある。そして，提案した支援システムによって，どのような問題点が解決できるのかを示さなければならない。具体的には，第2問（設問1），（設問2）で示した対応策（生産計画と生産統制）を支える内容が望ましい。

　本事例の第2問と第3問のような場合，セットで解答内容を書き分ける意識を持つことが，合格答案の作成につながる

【第4問】

⑴　**問題文から書くべき答案骨子を描く**

　本問では，モニュメント製品事業の充実，拡大をどのように行うべきかについて，120字以内で助言することが求められている。成長戦略レベルの問題と位置付けられ，「充実」と「拡大」を切り口に設定すると，方法並列型の論理パターンを活用することができる。

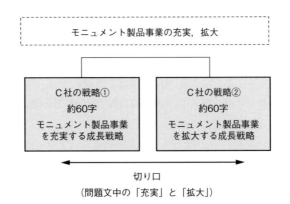

⑵　**問題文と与件文をリンクさせ整理する**

　問題文の「付加価値の高い」と同じ文言でリンクできるのは，第5段落の「モニュメント製品は，（中略）ビル建築用金属製品と比較して付加価値が高いため，今後も受注の増加を狙っている」の部分である。

　そして，第5段落には，近年の外部環境の変化も示されている。さらに，もう1つ，第14段落にも，最近の外部環境の変化が書かれている。

外部環境の変化①	外部環境の変化②
＜第5段落＞ 近年の都市型建築の増加に伴い製作依頼が増加している（機会） 受注量の変動が大きい（脅威）	＜第14段落＞ 最近の加工物の大型化（機会）

　着目すべきは，第5段落には，機会だけでなく，脅威（受注量の変動が大きいこと）も示されていることである。この点をも踏まえて，充実，拡大をどのように行うべきかを助言する必要がある。

(3)　合格答案を作成する

　まず，モニュメント製品事業の充実については，「近年の都市型建築の増加」，「最近の加工物の大型化」という機会を取り込む新製品開発戦略で発想したい。モニュメント製品の受注は，もともと，外装デザイナーとの取引がきっかけであること（第4段落）もヒントになってくる。

　C社の製品は，工場建屋の制約から設置高さ7ｍ以内の製品に限られている。また，第14段落には，最近の加工物の大型化によって，工場内が手狭になっていることも示されている。こうした現状を踏まえると，モニュメント製品については，設置する現場で，溶接・組立作業と研磨作業を行えばよいと助言した。どちらも手作業という情報も示されており，据付工事時は施工管理も行っているという情報もあるので，実現可能と判断できる。現状では取り扱っていない7ｍ以上の大型モニュメント製品を受注し，モニュメント製品事業の充実を図ることができる。

　この成長ベクトルを示すことで，弱みとなる「建屋の高さ制限」を克服して機会を取り込むことができる。もちろん，強みである「設計から製作，据付工事までできる点」を活用することもできる。

　次に，モニュメント製品事業の拡大については，機会として「近年の都市型建築の増加」，脅威として「モニュメント製品は，受注量の変動が大きい」を踏まえて，新市場開拓戦略で発想したい。

　本事例に登場する，もう1つの製品であるビル建築用金属製品は，受注量の変動が大きいとはいえないことが導け，ここに着目した成長戦略を示すことができないかという発想が必要になる。

　つまり，新市場開拓戦略の視点から，受注変動が大きくないビル建築用金属製品の取引において，モニュメント製品事業の拡大を図ることができないかという発想とな

る。C社の既存製品は個別受注製品であり，現状は，受注待ちの企業といえる。しかし，第4段落には，就任前から溶接技術や研磨技術を生かした製品市場を探していた現社長が，あるデザイナーとの出会いを契機に，モニュメント製品事業を立ち上げたことが示されている。そこでいま，受注待ちの企業から，マーケットイン型の攻めの企業へ変革することを助言してもいいだろう。

　このように，本問では，第1問とあわせて，「SWOT分析から成長戦略を導く」というこの試験の定石が問われていた。事例Ⅲは，生産・技術事例であるものの，生産戦略ではなく，成長戦略を論理的に導ける基本思考と基本手順をつくりあげることで，他の受験者と差別化した答案を示すことができ，合格点を獲得することが可能になる。

　本問でSWOT分析から成長戦略を導く関係を整理すると，以下のようになる。

視点	戦略①「充実」 新製品開発戦略	戦略②「拡大」 新市場開拓戦略
外部環境の変化	最近の加工物の大型化	近年の都市型建築の増加 受注量の変動が大きい
製品	7m以上の外装用のモニュメント製品	室内照明ボックスなどと調和が図れる内装用のモニュメント製品
顧客	作家（デザイナー）	建築金属製品メーカー
強みの発揮	塗装・組立，研磨技術が高く手作業で行える	装飾性の高い製品製作に対応できる設計技術
弱みの克服	工場建屋の制限 →7m以上の製品も受注する	個別受注製品 →製作提案を行う

●学習のポイント

(1) 中小企業白書に示された成長戦略の方向性の理解

　中小企業白書には，中小企業の現状を分析したうえで，課題を適切にとらえ，解決に向けて何をなすべきかが記載されている。この中小企業白書を活用することが，最も効果的で効率的な学習方法となる。なお，本事例では，直近の中小企業白書のうち，以下の掲載内容が参考になる。

該当年度	該当するテーマ
2020 年度	企業が生み出す付加価値と労働生産性 （第 2 部第 1 章第 1 節）
2019 年度	経営者参入に至るまでの課題 （第 2 部第 2 章第 2 節）
2018 年度	生産性向上のカギとなる業務プロセスの見直し （第 2 部第 2 章） IT 利活用による労働生産性の向上 （第 2 部第 4 章）

⑵ **過去問トレーニングで出題傾向をつかむ**

　本年度の事例は，平成23年度の金属家具製造業の事例とほぼ同じロジックで思考できたと思われる。これは，設計部門（営業含む）と生産部門に分け，CAD／CAM の導入によるメリットで設計と生産の課題対応を図る事例であった。

　過去問を何度も繰り返し学習し，回数を重ねるごとに，新たな気づきが得られ，事例Ⅲで普遍的に問われている論点が浮かび上がってくる。直近10年間程度の過去問演習が，一番の試験対策となる。

田畑一佳（AAS 京都代表　中小企業診断士）

村上昌隆（AAS 関西合格コーチ　中小企業診断士）

中小企業の診断及び助言
に関する実務の事例Ⅳ

　D社は，約40年前に個人事業として創業され，現在は資本金3,000万円，従業員数106名の企業である。連結対象となる子会社はない。

　同社の主な事業は戸建住宅事業であり，注文住宅の企画，設計，販売を手掛けている。顧客志向を徹底しており，他社の一般的な条件よりも，多頻度，長期間にわたって引き渡し後のアフターケアを提供している。さらに，販売した物件において引き渡し後に問題が生じた際，迅速に駆け付けたいという経営者の思いから，商圏を本社のある県とその周辺の3県に限定している。このような経営方針を持つ同社は，顧客を大切にする，地域に根差した企業として評判が高く，これまでに約2,000棟の販売実績がある。一方，丁寧な顧客対応のための費用負担が重いことも事実であり，顧客対応の適正水準について模索を続けている。

　地元に恩義を感じる経営者は，「住」だけではなく「食」の面からも地域を支えたいと考え，約6年前から飲食事業を営んでいる。地元の食材を扱うことを基本として，懐石料理店2店舗と，魚介を中心に提供する和食店1店舗を運営している。さらに，今後1年の間に，2店舗目の和食店を新規開店させる計画をしている。このほか，ステーキ店1店舗と，ファミリー向けのレストラン1店舗を運営している。これら2店舗については，いずれも当期の営業利益がマイナスである。特に，ステーキ店については，前期から2期連続で営業利益がマイナスとなったことから，業態転換や即時閉店も含めて対応策を検討している。

　戸建住宅事業および飲食事業については，それぞれ担当取締役がおり，取締役の業績は各事業セグメントの当期ROI（投下資本営業利益率）によって評価されている。なお，ROIの算定に用いる各事業セグメントの投下資本として，各セグメントに帰属する期末資産の金額を用いている。

　以上の戸建住宅事業および飲食事業のほか，将来の飲食店出店のために購入した土地のうち現時点では具体的な出店計画のない土地を駐車場として賃貸している。また，同社が販売した戸建住宅の購入者を対象にしたリフォーム事業も手掛けている。リフォーム事業については，高齢化の進行とともに，バリアフリー化を主とするリ

フォームの依頼が増えている。同社は、これを事業の拡大を図る機会ととらえ、これ
まで構築してきた顧客との優良な関係を背景に、リフォーム事業の拡充を検討してい
る。

D社および同業他社の当期の財務諸表は以下のとおりである。

第1問（配点25点）

（設問1）

D社および同業他社の当期の財務諸表を用いて比率分析を行い、同業他社と比較し
た場合のD社の財務指標のうち、①優れていると思われるものを1つ、②劣っている
と思われるものを2つ取り上げ、それぞれについて、名称を(a)欄に、計算した値を(b)
欄に記入せよ。(b)欄については、最も適切と思われる単位をカッコ内に明記するとと
もに、小数点第3位を四捨五入した数値を示すこと。

（設問2）

D社の当期の財政状態および経営成績について、同業他社と比較した場合の特徴を

貸借対照表
（20X2 年 3 月 31 日現在）

（単位：百万円）

	D社	同業他社		D社	同業他社
＜資産の部＞			＜負債の部＞		
流動資産	2,860	3,104	流動負債	2,585	1,069
現金及び預金	707	1,243	仕入債務	382	284
売上債権	36	121	短期借入金	1,249	557
販売用不動産	1,165	1,159	その他の流動負債	954	228
その他の流動資産	952	581	固定負債	651	115
固定資産	984	391	社債・長期借入金	561	18
有形固定資産	860	255	その他の固定負債	90	97
建物・構築物	622	129	負債合計	3,236	1,184
機械及び装置	19	—	＜純資産の部＞		
土地	87	110	資本金	30	373
その他の有形固定資産	132	16	資本剰余金	480	298
無形固定資産	11	17	利益剰余金	98	1,640
投資その他の資産	113	119	純資産合計	608	2,311
資産合計	3,844	3,495	負債・純資産合計	3,844	3,495

損益計算書
(20X1年4月1日~20X2年3月31日)

(単位:百万円)

	D社	同業他社
売上高	4,555	3,468
売上原価	3,353	2,902
売上総利益	1,202	566
販売費及び一般管理費	1,104	429
営業利益	98	137
営業外収益	30	26
営業外費用	53	6
経常利益	75	157
特別利益	—	—
特別損失	67	4
税金等調整前当期純利益	8	153
法人税等	△27	67
当期純利益	35	86

60字以内で述べよ。

第2問 (配点30点)

(設問1)

　ステーキ店の当期の売上高は60百万円,変動費は39百万円,固定費は28百万円であった。変動費率は,売上高70百万円までは当期の水準と変わらず,70百万円を超えた分については60%になる。また,固定費は売上高にかかわらず一定とする。その場合の損益分岐点売上高を求めよ。(a)欄に計算過程を示し,計算した値を(b)欄に記入すること。

(設問2)

　このステーキ店(同店に関連して所有する資産の帳簿価額は35百万円である)への対応を検討することとした。D社の取りうる選択肢は,①広告宣伝を実施したうえでそのままステーキ店の営業を続ける,②よりカジュアルなレストランへの業態転換をする,③即時閉店して所有する資産を売却処分する,という3つである。それぞれの選択肢について,D社の想定している状況は以下のとおりである。

①	・広告宣伝の契約は次期期首に締結し，当初契約は３年間である。広告料は総額15百万円であり，20X2年４月１日から，毎年４月１日に５百万円ずつ支払う。 ・広告宣伝の効果が出る場合には毎年35百万円，効果が出ない場合には毎年△５百万円の営業キャッシュ・フロー（いずれも税引後の金額である。以下同様）を，契約期間中継続して見込んでいる。なお，この金額に広告料は含まない。 ・効果が出る確率は70％と想定されている。 ・効果が出る場合，広告宣伝の契約を２年間延長する。広告料は総額10百万円であり，毎年４月１日に５百万円ずつ支払う。延長後も広告宣伝の効果は出続け，営業キャッシュ・フローの見込み額は同額であるとする。その後，20X7年３月31日に閉店し，同日に，その時点で所有する資産の処分を予定している。資産の処分から得られるキャッシュ・フローは24百万円を予定している。 ・効果が出ない場合，３年後の20X5年３月31日に閉店し，同日に，その時点で所有する資産の処分を予定している。資産の処分から得られるキャッシュ・フローは28百万円を予定している。
②	・業態転換のための改装工事契約を次期期首に締結し，同日から工事を行う。改装費用（資本的支出と考えられ，改装後，耐用年数を15年とする定額法によって減価償却を行う）は30百万円であり，20X2年４月１日に全額支払う。 ・改装工事中（20X2年９月末日まで）は休店となる。 ・改装後の営業が順調に推移した場合には毎年25百万円，そうでない場合には毎年15百万円の営業キャッシュ・フローを見込んでいる。ただし，営業期間の短い20X2年度は，いずれの場合も半額となる。 ・改装後の初年度における営業キャッシュ・フローがその後も継続する。 ・営業が順調に推移する確率を40％と見込んでいる。 ・いずれの場合も，５年後の20X7年３月31日に閉店し，同日に，その時点で所有する資産の処分を予定している。資産の処分から得られるキャッシュ・フローは27百万円を予定している。
③	・20X2年４月１日に，30百万円で処分する。

　以上を基に，D社が次期期首に行うべき意思決定について，キャッシュ・フローの正味現在価値に基づいて検討することとした。①の場合の正味現在価値を(a)欄に，②の場合の正味現在価値を(b)欄に，３つの選択肢のうち最適な意思決定の番号を(c)欄に，それぞれ記入せよ。(a)欄と(b)欄については，(i)欄に計算過程を示し，(ii)欄に計算結果を小数点第３位を四捨五入して示すこと。

　なお，将来のキャッシュ・フローを割り引く必要がある場合には，年８％を割引率として用いること。利子率８％のときの現価係数は以下のとおりである。

	1年	2年	3年	4年	5年
現価係数	0.926	0.857	0.794	0.735	0.681

第3問（配点20点）

　D社は，リフォーム事業の拡充のため，これまで同社のリフォーム作業において作業補助を依頼していたE社の買収を検討している。当期末のE社の貸借対照表によれば，資産合計は550百万円，負債合計は350百万円である。また，E社の当期純損失は16百万円であった。

（設問1）

　D社がE社の資産および負債の時価評価を行った結果，資産の時価合計は500百万円，負債の時価合計は350百万円と算定された。D社は50百万円を銀行借り入れ（年利4％，期間10年）し，その資金を対価としてE社を買収することを検討している。買収が成立した場合，E社の純資産額と買収価格の差異に関してD社が行うべき会計処理を40字以内で説明せよ。

（設問2）

　この買収のリスクについて，買収前に中小企業診断士として相談を受けた場合，どのような助言をするか，60字以内で述べよ。

第4問（配点25点）

　D社の報告セグメントに関する当期の情報（一部）は以下のとおりである。

（単位：百万円）

	戸建住宅事業	飲食事業	その他事業	合計
売上高	4,330	182	43	4,555
セグメント利益	146	△23	△25	98
セグメント資産	3,385	394	65	3,844

※内部売上高および振替高はない。
※セグメント利益は営業利益ベースで計算されている。

　D社では，戸建住宅事業における顧客満足度の向上に向けて，VR（仮想現実）を用い，設計した図面を基に，完成予定の様子を顧客が確認できる仕組みを次期期首に導入することが検討されている。ソフトウェアは400百万円で外部から購入し，5年間の定額法で減価償却する。必要な資金400百万円は銀行借り入れ（年利4％，期間5年）によって調達する予定である。このソフトウェア導入により，戸建住宅事業の

売上高が毎年92百万円上昇することが見込まれている。以下の設問に答えよ。

（設問1）

(a)戸建住宅事業および(b)D社全体について，当期のROIをそれぞれ計算せよ。解答は，％で表示し，小数点第3位を四捨五入すること。

（設問2）

各事業セグメントの売上高，セグメント利益およびセグメント資産のうち，このソフトウェア導入に関係しない部分の値が次期においても一定であると仮定する。このソフトウェアを導入した場合の次期における戸建住宅事業のROIを計算せよ。解答は，％で表示し，小数点第3位を四捨五入すること。

（設問3）

取締役に対する業績評価の方法について，中小企業診断士として助言を求められた。現在の業績評価の方法における問題点を(a)欄に，その改善案を(b)欄に，それぞれ20字以内で述べよ。

解答の着眼

●出題傾向

本年度の事例Ⅳでは，これまでと同様，経営比率分析，CVP分析，投資の経済性計算，連結会計および企業価値，セグメント別損益計算などが出題された。

第1問は，毎年出題されている経営比率分析の問題である。近年の傾向としては，優れている点と課題が問われていたが，本年度も優れている指標と劣っている指標，およびその説明が問われており，出題の内容はこれまでと同様であった。ただ，優れている指標，劣っている指標とも解答として適切と思われる指標が複数あり，指標の選択に迷う問題であった。

第2問（設問1）は，CVP分析の問題であり，これまでは得点源と考えられていた問題であるが，今回の問題はやや応用的であり，難易度が高まった印象である。続く（設問2）は，投資の経済性計算の問題であり，条件設定が多いことから，一見難易度が高い問題に思えるが，後で解説するように，収支の情報を一つひとつ丁寧に整理することで正解を導き出すことができる問題であった。

第3問は，連結会計および企業価値に関連する問題であるが，会計処理などに関する記述問題であり，配点の6割は確保したい問題であった。

第4問は，セグメント別損益計算（事業部制会計）の問題である。（設問2）については，条件設定がやや曖昧なため，計算をどこまで厳密に行うべきかがわかりにくかったが，それ以外の設問は比較的易しく，得点を確保しやすかった。

　以前の事例Ⅳは，計算問題の数はそれほど多くなく，難易度が高い問題が出されていた。しかし最近は，計算問題の数が多くなり，難易度の高い問題と低い問題を組み合わせた構成になっている。このような場合は，計算工数が少ない易しい問題から取り組み，「得点をかき集める」イメージで解答していくことが合格のコツである。

●解答例

第1問〔配点25点〕

【解答例1】与件文のヒントを重視し，劣っている点として売上高営業利益率をあげた場合

（設問1）

① (a)売上高総利益率　　　(b)26.39（％）

② (a)売上高営業利益率　　(b)2.15（％）

　　(a)当座比率　　　　　(b)28.74（％）

（設問2）

D	社	は	，	①	総	利	益	段	階	の	収	益	性	は	高	い	が	，	②
顧	客	対	応	費	用	の	負	担	と	赤	字	店	舗	で	本	業	の	収	益
性	は	低	く	，	短	期	支	払	能	力	も	劣	っ	て	い	る	。		

【解答例2】安全性・収益性・活動性からバランスよく指標を選択した場合

（設問1）

① (a)売上高総利益率　　　(b)26.39（％）

② (a)有形固定資産回転率　(b)5.30（回）

　　(a)自己資本比率　　　　(b)15.82（％）

（設問2）

D	社	は	，	①	顧	客	志	向	で	収	益	性	は	高	い	が	，	②	飲
食	店	舗	や	土	地	等	の	投	資	効	率	が	悪	く	，	そ	の	結	果
本	業	の	収	益	も	劣	り	資	本	構	成	も	悪	い	状	況	で	あ	る 。

第2問（配点30点）

（設問1）

(a)損益分岐点売上高をXとして次式で求める。

損益分岐点売上高X－変動費70×0.65－（X－70）×0.6－固定費28＝0

X＝78.75

(b)78.75（百万円）

（設問2）

(a)(i)

・効果が出る場合のCF＝－5＋（0.926＋0.857＋0.794＋0.735）×30＋0.681×59

＝134.539

・効果が出ない場合のCF＝－5＋（0.926＋0.857）×（－10）＋0.794×23＝－4.568

・NPV＝0.7×134.539＋0.3×（－4.568）＝92.8069

(ii)92.81（百万円）

(b)(i)

・営業が順調に推移する場合のCF＝－30＋0.926×12.5＋（0.857＋0.794＋0.735）

×25＋0.681×52＝76.637

・営業が順調に推移しない場合のCF＝－30＋0.926×7.5＋（0.857＋0.794＋0.735）

×15＋0.681×42＝41.337

・NPV＝0.4×76.637＋0.6×41.337＝55.457

(ii)55.46（百万円）

(c)①

第3問（配点20点）

（設問1）

時	価	評	価	の	純	資	産	額	と	買	収	額	の	差	額	100	百	万	円
の	負	の	の	れ	ん	を	特	別	利	益	に	一	括	計	上	す	る	。	

（設問2）

E	社	は	当	期	純	損	失	を	計	上	し	て	い	る	た	め	，	D	C
F	法	等	の	収	益	還	元	法	や	類	似	業	種	比	準	法	等	の	市
場	価	値	法	を	用	い	，	総	合	的	に	判	断	す	べ	き	で	あ	る

第4問（配点25点）

（設問1）

(a)4.31（％）

(b)2.55（％）

（設問2）

4.18（％）

（設問3）

| (a) | 投 | 資 | 規 | 模 | や | 収 | 益 | 力 | の | バ | ラ | ツ | キ | が | 大 | き | い | 。 | | |
| (b) | 各 | 事 | 業 | の | Ｒ | Ｏ | Ｉ | と | 資 | 本 | コ | ス | ト | を | 比 | 較 | す | る | 。 | |

●解答にあたっての着眼点と解説

【第1問】

経営比率分析の問題である。

（設問1）

D社および同業他社の当期の財務諸表を用いて比較分析を行い，経営指標のうち，①優れていると思われるものを1つ，②劣っていると思われるものを2つ取り上げ，指標の名称と計算値を解答することを求めている。

⑴　与件文の内容を重視した場合

経営比率分析の設問において，短時間で確実に合格点を確保するためには，与件文のヒントを生かしながら指標を選択することがポイントである。与件文をヒントとした場合，次の指標をあげることができる。

①優れていると思われる指標

与件文第2段落の「顧客志向を徹底しており，（中略）アフターケアを提供している」などから，売上高総利益率を選択することができる。

②劣っていると思われる指標

与件文第2段落の「丁寧な顧客対応のため費用負担が重い」や第3段落の「ステーキ店1店舗と，ファミリー向けのレストラン1店舗を運営している。これら2店舗については，いずれも当期の営業利益がマイナスである」から，売上高営業利益率を選択することができる。

また，貸借対照表中の現金及び預金，売上債権，流動負債の情報から，当座比率を

選択することができる（安全性の指標については，与件文中にヒントが記されること
は少ないため，貸借対照表から得られる情報で解答を考える）。

(2) 安全性，収益性，効率性のバランスを考えた場合

次に，与件文の内容を生かしつつ，安全性，収益性，効率性の視点からバランスよ
く解答することを重視して指標を選ぶと，以下のようになる。

①優れていると思われる指標

与件文第2段落の「顧客志向を徹底しており，（中略）アフターケアを提供してい
る」などから，売上高総利益率を選択することができる。

②劣っていると思われる指標

与件文第3段落の「ステーキ店1店舗と，ファミリー向けのレストラン1店舗を運
営している。これら2店舗については，いずれも当期の営業利益がマイナスである」
や第5段落「購入した土地のうち現時点では具体的な出店計画のない土地を駐車場と
して賃貸している」から，有形固定資産回転率を選択することができる。

また，第3段落の「これら2店舗については，いずれも当期の営業利益がマイナス
である」や貸借対照表の純資産合計，負債・純資産合計の情報から，自己資本比率を
選択することができる。

（設問2）

（設問1）で優れている指標を①，劣っている指標を②に記すことを要求している
ので，（設問2）もこれにあわせて，①，②と番号をつけて区分しながら，「原因や分
析」を与件文中の言葉を用いて説明していきたい。具体的な展開は，解答例を参照い
ただきたい。

【第2問】

CVP分析と投資の経済性計算についての応用的な問題である。

（設問1）

ステーキ店の損益分岐点売上高を求めている。条件は次のとおりであり，損益分岐
点売上高は以下の計算で求めることができる。

＜条件＞

・基本情報：売上高60百万円，変動費39百万円，固定費28百万円。

・変動費率は，売上高70百万円までは当期の水準と変わらない（65％）。70百万円を
超えた分については60％になる。

・固定費は売上高にかかわらず一定である。

＜計算方法＞

・損益分岐点売上高をXとして次式で求める。

・損益分岐点売上高 X － 変動費$70×0.65$ － $(X-70)×0.6$ － 固定費$28=0$

　$X=78.75$（百万円）

また，次のように計算することもできる。

・損益分岐点売上高 X ＝ 売上高70＋売上高70時の営業赤字額÷（1－売上高70超時の変動費率）

　$X=70+3.5÷(1-0.6)=78.75$（百万円）

（設問2）

　(a)では，広告宣伝を実施したうえでそのままステーキ店の営業を続けた場合の正味現在価値（NPV）が求められている。

　まずは，設問の条件をもとに，図表1のように情報を整理し，フリーCFを求め

図表1　広告宣伝を実施したうえでステーキ店の営業を続けた場合のフリーCF

●効果が出る場合

期	X2期 期首 X2/4/1	X2期 期末 X3/3/31	X3期 期首 X3/4/1	X3期 期末 X4/3/31	X4期 期首 X4/4/1	X4期 期末 X5/3/31	X5期 期首 X5/4/1	X5期 期末 X6/3/31	X6期 期首 X6/4/1	X6期 期末 X7/3/31
営業CF		＋35		＋35		＋35		＋35		＋35
広告料	△5		△5		△5		△5		△5	
投資CF										＋24
フリーCF	△5	＋30		＋30		＋30		＋30		＋59
係数	1	0.926		0.857		0.794		0.735		0.681
PV	△5	27.78		25.71		23.82		22.05		40.179

●効果が出ない場合

期	X2期 期首 X2/4/1	X2期 期末 X3/3/31	X3期 期首 X3/4/1	X3期 期末 X4/3/31	X4期 期首 X4/4/1	X4期 期末 X5/3/31	X5期 期首 X5/4/1	X5期 期末 X6/3/31	X6期 期首 X6/4/1	X6期 期末 X7/3/31
営業CF		△5		△5		△5				
広告料	△5		△5		△5					
投資CF						＋28				
フリーCF	△5	△10		△10		＋23		0		0
係数	1	0.926		0.857		0.794		0.735		0.681
PV	△5	△9.26		△8.57		18.262		0		0

る。次に，設問に記された生起確率をもとに，以下のように正味現在価値を求める。

<計算過程>

・効果が出る場合の CF $= -5 + (0.926 + 0.857 + 0.794 + 0.735) \times 30 + 0.681 \times 59 = 134.539$

・効果が出ない場合の CF $= -5 + (0.926 + 0.857) \times (-10) + 0.794 \times 23 = -4.568$

・NPV $= 0.7 \times 134.539 + 0.3 \times (-4.568) = 92.8069$

(b)では，よりカジュアルなレストランへ業態転換をする場合の NPV が求められている。

まずは，設問の条件をもとに，図表2のように情報を整理し，フリーCF を求める。

次に，設問に記された生起確率をもとに，以下のように正味現在価値を求める。

<計算過程>

・営業が順調に推移する場合の CF $= -30 + 0.926 \times 12.5 + (0.857 + 0.794 + 0.735) \times 25 + 0.681 \times 52 = 76.637$

・営業が順調に推移しない場合の CF $= -30 + 0.926 \times 7.5 + (0.857 + 0.794 + 0.735) \times 15 + 0.681 \times 42 = 41.337$

図表2　よりカジュアルなレストランへ業態転換をする場合のフリー CF

●営業が順調に推移する場合

期	X 2 期		X 3 期		X 4 期		X 5 期		X 6 期	
	期首 X2/4/1	期末 X3/3/31	期首 X3/4/1	期末 X4/3/31	期首 X4/4/1	期末 X5/3/31	期首 X5/4/1	期末 X6/3/31	期首 X6/4/1	期末 X7/3/31
営業 CF		+12.5		+25		+25		+25		+25
投資 CF	△30									+27
フリー CF	△30	+12.5		+25		+25		+25		+52
係数	1	0.926		0.857		0.794		0.735		0.681
PV	△30	11.575		21.425		19.85		18.375		35.412

●営業が順調に推移しない場合

期	X 2 期		X 3 期		X 4 期		X 5 期		X 6 期	
	期首 X2/4/1	期末 X3/3/31	期首 X3/4/1	期末 X4/3/31	期首 X4/4/1	期末 X5/3/31	期首 X5/4/1	期末 X6/3/31	期首 X6/4/1	期末 X7/3/31
営業 CF		+7.5		+15		+15		+15		+15
投資 CF	△30									+27
フリー CF	△30	+7.5		+15		+15		+15		+42
係数	1	0.926		0.857		0.794		0.735		0.681
PV	△30	6.945		12.855		11.91		11.025		28.602

・NPV $= 0.4 \times 76.637 + 0.6 \times 41.337 = 55.457$

(c)の最終的な意思決定は，正味現在価値で判断する。

①案の NPV $= 92.81$（百万円）

②案の NPV $= 55.46$（百万円）

③案の NPV $= 30$（百万円）

よって，最適な意思決定は①となる。

【第3問】

連結会計と企業価値に関する問題である。

（設問1）

E社の資産の時価合計が500百万円，負債の時価合計が350百万円と算定されたときに，D社が50百万円を銀行から借り入れ（年利4％，期間10年），その資金を対価にE社を買収した場合，D社がE社の純資産額と買収価格の差異に関してどのような会計処理を行うべきかが問われている。

この場合，E社の純資産の時価が150百万円，D社の買収価格が50百万円となり，100百万円の差額利益が得られる。この差額利益を「負ののれん」といい，一括で特別利益に計上することになる。この点を40字以内にまとめて解答すればよい。

（設問2）

買収のリスクについて，買収前に中小企業診断士として相談を受けた場合の助言を求めている。設問文中にはE社が当期純損失16百万円を計上していると記されており，解答内容にはこれを踏まえた買収リスク（留意点）についての助言を求めていると考えられる。

一般に企業を買収する場合，純資産法のみで株主価値を判断するのではなく，収益還元法などのインカムアプローチ，市場株価法などのマーケットアプローチなどの方法で総合的に株主価値を評価し買収価格を決定する。（設問1）は純資産法で株主価値を求めているため，（設問2）では，「他の方法も含めた総合的判断を行うことで買収リスクを低減する」という助言が1つの解答となる。

また，E社の当期純損失が16百万円ということから，「収益性向上の困難性」のリスク，D社が50百万円を銀行から借り入れているということから，「資本構成への悪影響」のリスクも指摘できる。

以上の点を整理すると，次のような別解も可能である。

【別解】

E	社	は	当	期	純	損	失	を	出	し	て	お	り	収	益	性	向	上	が
難	し	い	一	方	.	D	社	は	資	金	を	銀	行	か	ら	借	り	入	れ
て	お	り	資	本	構	成	へ	の	悪	影	響	が	懸	念	さ	れ	る	。	

【第4問】

　セグメント別損益計算（事業部制会計）についての問題である。

（設問1）

　戸建住宅事業およびD社全体について，当期のROIを求めている。サービス問題ともいえるが，ポカミスのないように計算したい。

(a)戸建住宅事業のROI＝セグメント利益146÷セグメント資産3,385＝4.31（％）

(b)D社全体のROI＝セグメント利益98÷セグメント資産3,844＝2.55（％）

（設問2）

　ソフトウェアを導入した場合の次期における戸建住宅事業のROIを求めている。条件は次のとおりであり，ROIは以下の計算で求めることができる。

＜条件＞

・VR（仮想現実）を用いた仕組みを，次期期首に導入する。

・ソフトウェアは400百万円で外部から購入し，5年間の定額法で減価償却する。

・必要な資金400百万円は銀行借り入れ（年利4％，期間5年）によって調達する。

・戸建住宅事業の売上高が，毎年92百万円上昇する。

＜計算過程＞

・次期の戸建住宅事業のセグメント利益＝当期セグメント利益146＋（次期の増加売上高92－減価償却費80）＝158

・次期期末の戸建住宅事業のセグメント資産＝当期資産3,385＋売上（現金収入と仮定）92＋ソフトウェア400－減価償却費80－支払利息16＝3,781

・次期の戸建住宅事業のROI＝158÷3,781＝0.0417878→4.18％

（設問3）

　現在の取締役に対する業績評価方法の問題点と，その改善案が求められている。

　ここでは，事業部制会計の一般的な内容を説明した後，現在のD社の取締役の業績評価方法（第4段落）の問題点と改善法を考えていく。

　一般に事業部制会計の損益計算書は，図表3のように作成される。

企業に対する貢献利益としては，第1に限界利益をあげることができる。限界利益は，すべてのキャパシティ・コストと経常利益に対する貢献額を示しているからである。しかし，限界利益は，個々の事業部に引き当てられる分離可能なキャパシティ・コストを控除しておらず，事業部の企業に対する貢献度が適正に評価されているとはいえない。

そこで，事業部業績の評価を行う場合，事業部長の業績評価には限界利益から管理可能固定費を差し引いた管理可能利益，事業部そのものの業績評価には管理可能利益から管理不能個別固定費を差し引いた事業部貢献利益が用いられることが多い。

管理可能固定費とは，事業部門ごとに発生する事業部長が管理できる範囲の固定費であり，管理不能個別固定費とは，事業部門ごとに発生する事業部長が管理できない範囲の固定費である。具体的な内容・範囲は，事業部長の責任と権限や事業部が利益センターであるか投資センターであるかによって異なるが，一般的に管理可能固定費は，人件費，広告宣伝費など，管理不能個別固定費は，設備の減価償却費，保険料，当該事業部のためにサービスを提供している本社のスタッフの費用などである。いずれにせよ，管理可能固定費，管理不能個別固定費の内容は，事業の特徴や事業部長の責任と権限によって異なってくる。

また，事業部の各種の利益にのみ着目するのではなく，各事業部で使用した資産（投資額）に対してどれだけの利益が得られたかを示す投資利益率（ROI）を用いて評価する場合もある。

さらに，事業部の業績評価の尺度の1つに，残余利益がある。残余利益とは管理可能利益から資本コストを控除した金額であり，投資の収益力が評価できる。

こうした事業部制会計の基礎と，第4段落に示された現在のD社の取締役の業績評価方法を考え合わせると，先にあげた解答例の他にも，次のような別解が可能である。

図表3　事業部の損益計算書の作成手順

①	売上高
②	変動費
③	限界利益（①－②）
④	管理可能固定費
⑤	管理可能利益（③－④）
⑥	管理不能個別固定費
⑦	事業部貢献利益（⑤－⑥）
⑧	管理不能共通固定費
⑨	経常利益（営業利益）（⑦－⑧）

【別解1】

(a)	経	費	に	取	締	役	の	管	理	不	能	固	定	費	が	含	ま	れ	る	。
(b)	管	理	可	能	利	益	を	評	価	指	標	と	し	て	用	い	る	。		

【別解2】

(a)	利	益	率	の	み	で	利	益	額	の	評	価	基	準	が	欠	け	て	い	る	。
(b)	資	本	コ	ス	ト	控	除	後	の	利	益	額	も	評	価	基	準	と	す	る	。

●学習のポイント

　事例Ⅳは，2次試験の合否を分ける重要な科目である。しかも，得意とする受験者と苦手とする受験者が極端に分かれる科目でもある。苦手としている場合には，まずは，苦手意識を取り払うことが合格点を獲得する第1のステップになる。

　学習方法としては，出題頻度の高い項目からマスターしていくことが重要になる。前述したように，事例Ⅳでは，経営比率分析をはじめ，キャッシュフローの計算と説明，CVP分析，設備投資の経済性計算などが中心に出題されている。合格するためには，これらの頻出項目をしっかり学習していきたい。

　それぞれの項目についての学習上の留意点は，以下のとおりである。

①経営比率分析：重要指標の選択方法と与件文を利用した分析・評価方法を研究し，書き方にも留意して，高得点を目指したい。

②キャッシュフロー：キャッシュフロー計算書を作成し，キャッシュフローの状況を分析・説明できるようにしておきたい。

③CVP分析：変動費・固定費の分解と損益分岐点売上高や目標利益達成点売上高の計算及び損益分岐点比率・安全余裕率の計算と評価ができるようにしておきたい。

④正味現在価値法による投資の意思決定：数値を正しく計算する力を高めておきたい。

⑤期待値・デシジョンツリー：④で正味現在価値の計算精度を高めることができたら，次に期待正味現在価値の計算力を高めたい。

　財務・会計に関する基本的な知識は，1次試験対策で使用したテキストを中心にしながら，以下に紹介した参考書で理解度を深め，計算のスピードや正確性を高めてほしい。

〈参考文献〉

1）大塚宗春・辻正雄『現代会計学の基礎5　管理会計の基礎』税務経理協会
2）大塚宗春『意思決定会計講義ノート』税務経理協会
3）井出正介・高橋文郎『ビジネス・ゼミナール経営財務入門』日本経済新聞出版社

中小企業診断士スクール MMC

令和元年度
中小企業診断士第 2 次試験

問題の読み方・解答の着眼点

出題傾向と学習のポイント
設問要求の解釈が難化し，設問解釈を誤ると
題意を外すリスクが高い構成となった

1. 令和元年度の各事例の特徴

(1) 事例 I （組織（人事を含む）を中心とした経営の戦略及び管理に関する実務の事例）

①設問構成

事例 I では，助言問題が毎年1問程度出題されるが，本年度は出題がなく，情報整理問題が中心となった。

②経営戦略問題の難易度（第1問，第3問）

経営戦略問題は，例年以上に難易度が高かった。特に，第1問は設問解釈が難しく，出題者の意図の特定が困難であった。また，第3問も題意に沿った解答を作成することは難しかった。

③経営組織問題の難易度（第2問，第4問，第5問）

第2問に，企業風土の背景を問う問題が出題された。組織構造・人的資源管理の問題は，例年どおり第4問と第5問に出題された。第4問は設問解釈時点で題意の想定がしやすく，第5問も経営戦略問題と比べると対応しやすい問題であった。

(2) 事例 II （マーケティング・流通を中心とした経営の戦略及び管理に関する実務の事例）

①設問構成

本年度は問題数4問，うち3つが助言問題と3年連続同様の設問構成となった。第1問では，昨年度に続き環境分析の問題が出題されている。

②設問設計・与件設計

平成28年度までは製品戦略，ブランド戦略など，「○○戦略」という設問条件が示されていたが，この形式は平成29年度以降なくなり，「施策」という表現に変更されている。この形式は，本年度も踏襲されている。また，平成29年度以降，設問内の情報量と与件文に記載されるB社の経営資源の根拠が増加しており，これらの情報を読

み取る力の重要性が増している。

　本年度は，これまでの「施策」を提案させる問題に加え，「理由」を書かせる問題が出された。「施策」が問われる問題と比べ，「理由」が問われる問題は，解答構成の難易度が低くなる。施策の問題は「手段（How）」の提案が求められるが，理由の問題は「手段（How）」より「理由（Why）」に重点が置かれるため，対応する要素を複数指摘することで，加点機会が多くなるからである。

③助言問題の難易度

　与件文に埋め込まれたB社の経営資源の根拠が多く，それらの資源が，デザイン力・技術力など類似した言葉で表現されていることから，3つの助言問題への活用資源の対応付けが難しかった。

(3)　事例Ⅲ（生産・技術を中心とした経営の戦略及び管理に関する実務の事例）

①設問構成

　戦略問題が2問（第1問，第4問），生産面の問題が3問（第2問，第3問）という構成は，例年を踏襲していた。

②設問設計

　生産面では，例年どおり生産管理と生産現場についての問題が出されたが，第3問では「新工場の在り方について」，「どのような検討が必要なのか」と，これまでのような「対応策」とは違った問われ方であった。

③与件設計

　第3問の2つの問題の根拠が第5段落から第14段落にわたって示されており，各設問への対応付けを難しくしている。設問解釈時点での理論想定（生産管理と生産現場）がないと識別が難しい。また，第4問の処理が，第3問の処理後でないとできないようになっている点も難度を高めている。

(4)　事例Ⅳ（財務・会計を中心とした経営の戦略及び管理に関する実務の事例）

　本年度は，例年と比較して，設問・与件設計が素直な問題が多かった。

①設問構成

　経営分析（第1問），損益分岐点分析（第2問），経済性計算（第3問），知識問題（第4問）と，最もオーソドックスな構成となった。

②時間配分

　相対的にリスクの高い第3問（設問3）の優先順位を下げることで，十分な配分が

可能であった。

2．各事例の解答アプローチ

(1) 事例Ⅰ

第1問

設問解釈が難しい。与件文には理由を特定できる有力な根拠がないため，類推しなければならない。事業多角化の失敗要因と解釈すれば，①コア資源を活かせない事業分野であること，②サービス事業のノウハウがないことを理由と考えることができるが，難易度は高い。

第2問

設問解釈が難しい。設問要求は高コスト体質を生み出した企業風土である。理論として「組織慣性」は設問解釈時点で想定でき，与件にかつて最盛を極めた根拠及び古参社員が新しい事業に抵抗している根拠が明示されていることがヒントになる。

第3問

設問解釈が難しい。HPを立ち上げ，そこにアクセスしてくれた潜在顧客のニーズを製品改良へ活用し，それによって，新規事業を必要とする市場の開拓ができたという方向を示すことが求められる。

第4問

設問解釈・与件解釈ともに容易である。設問文の「新規事業の拡大に積極的に取り組むようになった」から組織活性化を想定でき，その要因として大胆な人事施策や評価制度の改編を想定できる。

第5問

相対的に設問解釈がしやすい問題である。設問文の「組織再編」から組織構造の問題であることが想定でき，与件文の機能別組織と対応付けられる。解答では「最大の理由」の条件に留意し，機能別組織のデメリットよりメリットを優先したことを結論付ければよい。

(2) 事例Ⅱ

第1問

設問解釈は容易だが，40字以内という制約の中で，与件文に示されたすべての候補を指摘することは難しいため，過去ではなく現状で当てはまるものを，それぞれ選び出す必要がある。

第2問

　設問解釈が非常に難しい。「デザインを重視する既存顧客の客単価を高めるために」という制約から，B社の「季節感の表現力」や「服に合わせてデザインできる技術力」，「2人の装飾力」を活かしてオプション購入を促すための情報発信が考えられる。「画像を添付する」，「顧客のニーズを聞き出す」等，情報発信ではない施策は条件外となるため，加点されない可能性が高い。

第3問

（設問1）

　設問解釈は容易である。解答構成は，①協業先の指摘，②新規顧客層の指摘，③それらの理由の3点であり，わかりやすい。

　事例Ⅱではアライアンスの問題が頻出されるが，それらは，連携，提携，協業の3つに分けられる。本問は協業であることから，協業先との経営資源の融合が求められ，この点が連携との相違点になる。

　貸衣裳チェーン店は，①B社のターゲット層を既に顧客としている点，②惜しまれて退職したYさんが相手先に必要な経営資源となる点，③要望を聞きながら提案できる接客力はトライアルを促す機会となる点でお互いの経営資源の融合ができる。

　また，ターゲット層は，市場細分化理論に基づき，①地理的基準により高級住宅地に住む層，②人口動態基準により40代を中心とした女性層，③心理的基準によりデザインを重視する層を特定できる。

（設問2）

　設問解釈は比較的容易である。解答は，B社の強みである高い技術力を活用してデザインしたネイルを協業先に提案し，他店との差別化を図る方向性となる。

(3)　**事例Ⅲ**

第1問

　設問解釈，与件解釈ともに容易な問題である。「事業変遷」からC社の生産性向上や垂直統合への取り組みが想定でき，与件にある「特殊な技術の蓄積」や「熱処理部門に加え設計部門と機械加工部門を保有」を対応付けることができる。

第2問

　設問解釈は容易である。「生産面」という縛りから，「売上増加」，「収益増加」などは条件外となることに留意したい。

第3問

（設問1）

　設問解釈が難しいが，「新工場の在り方」から工場施設や設備レイアウト，「生産性を高める量産加工のため」から生産現場（QC/IE）の改善が期待されていることが想定できる。

（設問2）

　設問解釈は容易である。「生産管理上」から，生産計画と生産統制の2つの切り口が想定でき，この両面から解答を展開すればよい。

　後工程引取方式では，小ロット生産による生産リードタイム短縮が課題となる。また，最終工程の平準化生産に合わせた生産の平準化と，それを実現するための厳密な発注管理が必要になる。

第4問

　設問解釈は容易である。与件文にある「将来的にはX社向け自動車部品以外の量産の機械加工ができる新工場にする」を今後の課題と設定し，そのための戦略を指摘する。

(4)　事例Ⅳ

第1問

　経営分析の問題である。

①経営指標の判断基準

　平成26年度以降の「課題」という表現が「改善・悪化」に変わったが，数値結果で指標選択の妥当性を確認できるという点で，処理しやすくなったと思われる。

②指標想定・選択の難易度

　与件に経営指標を想定できる根拠がわかりやすく埋め込まれており，想定どおりの財務比率となっていたため，試行錯誤せずに指標選択ができる。改善指標としては「所有物件の賃貸収入が全社的な利益に貢献」から有形固定資産回転率，悪化指標としては「分譲住宅の販売不振」などから棚卸資産回転率か当座比率，「建材価格の高騰」，「事業部の損益赤字」などから売上高営業利益率か売上高総利益率を指摘できる。

第2問

　損益分岐点分析の問題である。

（設問1）

　変動費率の計算問題であり，確実に得点したい。

（設問2）

損益分岐点売上高の計算部分は，確実に得点したい。記述問題は設問解釈が難しいため，解答のバラツキが大きくなり，加点機会は多いと想定できる。

（設問3）

利益や損益分岐点比率を固定して固定費削減額を求めるタイプの問題は，平成24年度以降，3回出題されており，売上額に連動して変動費も増減するタイプの設問設計は，平成21年度，平成27年度でも出題されている。準備していれば，対応しやすかったと思われる。

第3問

設備投資の経済性計算の問題である。

（設問1）

各期のキャッシュフローを計算させる素直な問題であり，確実に得点したい。

（設問2）

回収期間法と正味現在価値法による計算問題だが，（設問1）が平易であったことから，本問も対応しやすかったはずである。

（設問3）

相対的に難易度の高い問題であり，優先順位を下げ，他の計算問題の時間を確保することが妥当であった。

第4問

（設問1）

建設事業部に付帯する事業が別会社で運営されているため，配送業務の収益性が評価できる一方，管理コストが重複するなどのデメリットがある。

（設問2）

単なる知識問題ではなく，与件根拠を解釈させる意図の問題であり，平成30年度にも同様の出題があった。設問のみで想定できることは「受発注業務の効率化による収益性向上」であり，与件文の「取引先との在庫情報共有」の解釈から，「最適在庫の実現による棚卸資産の投資効率向上」が指摘できる。

江口明宏（EBA中小企業診断士スクール　中小企業診断士）

中小企業の診断及び助言
に関する実務の事例 I

　A社は，資本金8,000万円，売上高約11億円の農業用機械や産業機械装置を製造する中小メーカーである。縁戚関係にある8名の役員を擁する同社の本社は，A社長の祖父が創業した当初から地方の農村部にある。二代目の長男が現代表取締役のA社長で，副社長には数歳年下の弟が，そして専務にはほぼ同年代のいとこが就いており，この3人で経営を担っている。

　全国に7つの営業所を構えるA社は，若い経営トップとともに総勢約80名の社員が事業の拡大に取り組んでいる。そのほとんどは正規社員である。2000年代後半に父から事業を譲り受けたA社長は，1990年代半ば，大学卒業後の海外留学中に父が病気となったために急きょ呼び戻されると，そのままA社に就職することになった。

　A社長入社当時の主力事業は，防除機，草刈り機などの農業用機械の一つである葉たばこ乾燥機の製造販売であった。かつて，たばこ産業は厳しい規制に守られた参入障壁の高い業界であった。その上，関連する産業振興団体から多額の補助金が葉たばこ生産業者に支給されていたこともあって，彼らを主要顧客としていたA社の売上は右肩上がりで，最盛期には現在の数倍を超える売上を上げるまでになった。しかし，1980年代半ばに公企業の民営化が進んだ頃から向かい風が吹き始め，健康志向が強まり喫煙者に対して厳しい目が向けられるようになって，徐々にたばこ市場の縮小傾向が進んだ。さらに，受動喫煙問題が社会問題化すると，市場の縮小はますます顕著になった。しかも時を同じくして，葉たばこ生産者の後継者不足や高齢化が急速に進み，葉たばこの耕作面積も減少するようになった。こうした中で，A社の主力事業である葉たばこ乾燥機の売上も落ち込んで，A社長が営業の前線で活躍する頃には経営の根幹が揺らぎ始めていたといえる。とはいえ，売上も現在の倍以上あった上，一新人社員に過ぎなかったA社長に際立った切迫感があったわけではなく，存続危機に陥るなどとは考えていなかった。

　しかし，2000年を越えるころになって，小さな火種が瞬く間に大きくなり，2000年代半ばには，大きな問題となった。すでに5年以上のキャリアを積み経営層の一角となってトップ就任を目前にしていたA社長にとって，存続問題は現実のものとなって

いた。そこで，自らが先頭に立って自社製品のメンテナンスを事業化することに取り組んだ。しかし，それはビジネスとして成り立たず，売上減少と費用増大という二重苦を生み出すことになってしまった。このままでは収益を上げることはもとより，100名以上の社員を路頭に迷わすことにもなりかねない状況であった。そこで，自社の技術を見直し，農作物や加工食品などの乾燥装置など葉たばこ乾燥機に代わる新製品の開発に着手した。もっとも，その中で成功の部類に入るのは，干椎茸製造用乾燥機ぐらいであったが，この装置の売上が，最盛期の半分以下にまで落ち込んだ葉たばこ乾燥機の売上減少に取って代わる規模になるわけではなかった。その上，新しい事業に取り組むことを，古き良き時代を知っている古参社員たちがそう簡単に受け入れるはずもなかった。そして，二代目社長が会長に勇退し，新体制が発足した。

　危機感の中でスタートした新体制が最初に取り組んだのは，長年にわたって問題視されてきた高コスト体質の見直しであった。減価償却も済み，補修用性能部品の保有期間を過ぎている機械の部品であっても客から依頼されれば個別に対応していたために，膨大な数の部品が在庫となって収益を圧迫していたのである。また，営業所の業務が基本的に手書きの帳簿で処理され，全社的な計数管理が行われないなど，前近代的な経理体制であることが明らかとなった。そこで，A社のこれまでの事業や技術力を客観的に見直し，時代にあった企業として再生していくことを目的に，経営コンサルタントに助言を求めながら，経営改革を本格化させたのである。

　当然のように，業績悪化の真っただ中にあっても見直されることなく，100名以上にまで膨らんでしまっていた従業員の削減にも手を付けることになった。定年を目前にした高齢者を対象とした人員削減ではあったが，地元で長年にわたって苦楽を共にしてきた従業員に退職勧告することは，若手経営者にとっても，A社にとっても，初めての経験であり辛い試練であった。その後の波及効果を考えると，苦渋の決断ではあったが，これを乗り越えたことで従業員の年齢が10歳程度も引き下がり，コストカットした部分を成果に応じて支払う賞与に回すことが可能になった。

　こうして社内整備を図る一方で，自社のコアテクノロジーを「農作物の乾燥技術」と明確に位置づけ，それを社員に共有させることによって，葉たばこ乾燥機製造に代わる新規事業開発の体制強化を打ち出した。その結果，３年の時を経て，葉たばこ以外のさまざまな農作物を乾燥させる機器の製造と，それを的確に機能させるソフトウエアの開発に成功した。さらに，動力源である灯油の燃費効率を大幅に改善することにも成功し，新規事業の基盤が徐々に固まってきた。

　しかしながら，新規事業の拡大は機器の開発・製造だけで成就するわけではなく，

新規事業を必要とする市場の開拓はもちろん，販売チャネルの構築も不可欠である。当初，経営コンサルタントの知恵を借りながらA社が独自で切り開くことのできた市場は，従来からターゲットとしてきたいわば既存市場だけであり，キノコや果物などの農作物の乾燥以外に，何を何のために乾燥させるのか，ターゲット市場を絞ることはできなかった。

　藁をもつかむ思いでA社が選択したのは，潜在市場の見えない顧客に用途を問うことであった。自社の乾燥技術や製品を市場に知らせるために自社ホームページ（HP）を立ち上げた。そして，そこにアクセスしてくれた潜在顧客に乾燥したいと思っている「モノ」を送ってもらって，それを乾燥させて返送する「試験乾燥」というサービスを開始した。背水の陣で立ち上げたHPへの反応は，1990年代後半のインターネット黎明期では考えられなかったほど多く，依頼件数は初年度だけで100件以上にも上った。生産農家だけでなく，それを取りまとめる団体のほか，乾物を販売している食品会社や，漢方薬メーカー，乾物が特産物である地域など，それまでA社ではアプローチすることのできなかったさまざまな市場との結びつきもできたのである。もちろん，営業部隊のプレゼンテーションが功を奏したことは否めない事実である。

　こうして再生に向けて経営改革に取り組むA社の組織は，本社内に拠点を置く製造部，開発部，総務部と全国7地域を束ねる営業部が機能別に組織されており，営業を主に統括するのが副社長，開発と製造を主に統括するのが専務，そして大所高所からすべての部門にA社長が目配りをする体制となっている。

　しかしながら，これまでリストラなどの経営改革に取り組んできたものの，A社の組織は，創業当時の機能別組織のままである。そこで，A社長が経営コンサルタントに助言を求めたところ，現段階での組織再編には賛成できない旨を伝えられた。それを受け，A社長は熟考の末，今回，組織再編を見送ることとした。

第1問（配点20点）
　A社長がトップに就任する以前のA社は，苦境を打破するために，自社製品のメンテナンスの事業化に取り組んできた。それが結果的にビジネスとして成功しなかった最大の理由は何か。100字以内で答えよ。

第2問（配点20点）
　A社長を中心とした新経営陣が改革に取り組むことになった高コスト体質の要因は，古い営業体質にあった。その背景にあるA社の企業風土とは，どのようなもので

あるか。100字以内で答えよ。

第3問（配点20点）

　A社は，新規事業のアイデアを収集する目的でHPを立ち上げ，試験乾燥のサービスを展開することによって市場開拓に成功した。自社製品やサービスの宣伝効果などHPに期待する目的・機能とは異なる点に焦点を当てたと考えられる。その成功の背景にどのような要因があったか。100字以内で答えよ。

第4問（配点20点）

　新経営陣が事業領域を明確にした結果，古い営業体質を引きずっていたA社の営業社員が，新規事業の拡大に積極的に取り組むようになった。その要因として，どのようなことが考えられるか。100字以内で答えよ。

第5問（配点20点）

　A社長は，今回，組織再編を経営コンサルタントの助言を熟考した上で見送ることとした。その最大の理由として，どのようなことが考えられるか。100字以内で答えよ。

解答の着眼

●出題傾向

(1) 出題企業の概要と事例テーマ

　本事例のテーマは，「時代に合った企業への再生に向けた事業領域の明確化及びドメイン・コンセンサスの形成による，組織・人事の再構築」である。

　A社は，農業用機械や産業機械装置を製造するメーカーであり，縁戚関係の役員と正規社員中心の人員体制である。創業当初は，参入障壁が高いたばこ産業をターゲットに，安定した成長を遂げてきた。しかし，たばこ市場の縮小に伴い，主力事業である葉たばこ乾燥機の売上が落ち込む中で，それまでに構築されてきた企業風土が足かせとなり，環境変化への対応が困難になっていた。

　そのような状況下で，現社長が事業を継承し，経営コンサルタントと協力して変革を進めた。変革の1つが，定年を目前にした高齢者を対象とした人員削減であり，もう1つは，事業領域の明確化と社内コンセンサスの形成である。これによって，従業

員の意識改革を促しつつ，今後の事業に必要な技術やスキルを方向付けてきた。

　そして，今後は「農作物の乾燥技術」をコアテクノロジーとして，製品・市場を拡大していくための組織・人事体制を構築することがA社の方向性である。2000年代以降の時制がわかりにくいので，図表1のようにA社のドメインの変遷を追いかけながら，事例の全体像をつかむことが有効であった。

図表1　A社のドメイン

	創業当初	存続危機		現在
誰に	たばこ産業	たばこ産業	農作物加工食品	農作物を中心とした潜在顧客
何を	葉たばこ乾燥機	自社製品のメンテナンス	乾燥機	農作物の乾燥技術
どのように	高い参入障壁	依頼に応じた対応	技術の見直し	HP（試験乾燥），機器・ソフトウェア・燃費効率の改善，プレゼンテーション
組織人事	堅調な業績に安住	受身の営業体質	変革を受け入れない	人員削減を通じて切迫感が醸成され，業績改善に向けた部門間連携が促された
経営課題	切迫感の醸成	変革に向けたドメイン・コンセンサスの形成と客観的視点を取り入れた高コスト体質の改善		全社的視点に立ったリーダーシップとドメイン・コンセンサスの維持

(2)　問題の特徴・難易度

　出題形式は，例年の傾向と大きく変わらない。与件文の分量や解答記述数，各設問の配点などはオーソドックスなものであった。

　一方，「最大の理由」を問う設問が2題あり，記述力・表現力は工夫したかった。例年通りドメインの変遷が明確に記されていたので，合格答案を作成するためには，単純に与件文を読むのではなく，ドメインの移り変わりを意識するとともに，そこで形成されてきた組織・人事体制を把握することが求められた。

　総括すると，ドメインの変遷を意識しながら事例の全体像をつかむことが攻略のポイントであり，難易度は例年並みであるが，正しく訓練を積んできた実力のある受験者とそうでない受験者で，結果に明確な差が出る内容であったと考えられる。

(3)　設問の構造化

　各設問の配点，解答字数，題意は，図表2の通りである。また，第1問から第4問までを構造化すると，図表3のような関係となる。

　第1問は，A社長がトップに就任する以前に実施した，自社製品のメンテナンス事業が

図表2　各設問の配点，解答字数，題意

問題	配点	解答字数	題意
第1問	20点	100字	【分析：内部環境分析】自社製品のメンテナンス事業がビジネスとして成り立たなかった理由をコア・コンピタンスとケイパビリティの視点から分析する。
第2問	20点	100字	【分析：内部環境分析】高コスト体質，古い営業体質の背景にある要因としてのA社の企業風土を，A社の事業変遷や組織体制の視点から分析する。
第3問	20点	100字	【分析：事業戦略】HPを用いた試験乾燥のサービスが市場開拓の成功をもたらした背景にある要因を，事業戦略の視点から分析する。
第4問	20点	100字	【分析：組織・人事戦略】古い体質を引きずっていた営業社員が，新規事業の拡大に積極的に取り組むようになった要因を，組織・人事戦略の視点から分析する。
第5問	20点	100字	【助言：組織戦略】組織再編を見送ることとした理由を，A社の今後の方向性や経営課題を意識しつつ考察する。

ビジネスとして成功しなかった最大の理由が問われている。その後に展開した農作物や加工食品向け乾燥機の開発や，事業領域を明確化させた後の事業展開と対比させながら，最大の理由を論理的に導き出すことが求められている。

第2問は，高コスト体質や古い営業体質の背景にあるA社の企業風土が問われており，それまでの事業展開やA社の組織体制などをもとに，総合的な視点から考察することが求められている。

第3問は，今後のドメインにおけるHPの位置付け及び市場開拓の成功に向けて焦点を当てた点について問われている。第1問，第2問の内容

図表3　設問構造図

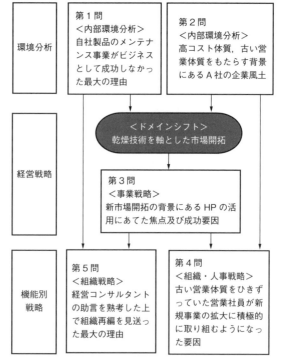

を受けて、それまでの事業展開や組織文化からの脱却を可能にした要因などをもとに組み立てることが求められている。

　第4問は、第2問（古い営業体質）や第3問（今後の事業戦略）を受け、営業社員が新規事業拡大に積極的に取り組むようになった要因を、組織・人事の視点から考察することが求められている。

　そして、第5問はそれまでの設問の内容や今後のA社の方向性を意識しながら、機能別組織であるA社が組織再編を行うべきではない最大の理由を指摘することが求められている。

●解答例

第1問（配点20点）

理	由	は	、	変	革	に	向	け	た	コ	ン	セ	ン	サ	ス	が	得	ら	れ
ず	全	社	的	な	対	応	が	不	足	し	た	こ	と	で	あ	る	。	よ	っ
て	、	事	業	経	験	が	未	熟	で	あ	り	権	限	も	弱	い	A	社	長
が	先	導	す	る	中	、	縮	小	す	る	た	ば	こ	市	場	に	依	存	し
コ	ア	技	術	を	活	か	し	た	新	市	場	の	開	拓	も	不	足	し	た	。

第2問（配点20点）

正	社	員	中	心	の	構	成	で	過	去	の	成	功	や	年	功	的	待	遇
に	安	住	し	、	変	革	を	嫌	う	企	業	風	土	で	あ	る	。	同	族
経	営	で	変	革	を	促	す	客	観	的	視	点	が	不	足	し	全	社	的
な	計	数	管	理	も	な	い	た	め	、	全	国	の	営	業	所	に	切	迫
感	が	浸	透	せ	ず	受	身	の	営	業	体	質	が	根	付	い	て	い	る	。

第3問（配点20点）

要	因	は	、	顧	客	と	の	共	創	に	焦	点	を	当	て	、	乾	燥	機
に	依	存	し	た	ビ	ジ	ネ	ス	モ	デ	ル	か	ら	の	脱	却	を	図	っ
た	こ	と	で	あ	る	。	乾	燥	技	術	と	い	う	機	能	を	軸	に	、
開	発	・	製	造	・	営	業	が	連	動	し	て	潜	在	ニ	ー	ズ	に	対
す	る	新	た	な	サ	ー	ビ	ス	を	展	開	し	市	場	を	開	拓	し	た	。

第4問（配点20点）

要	因	は	，	人	員	削	減	に	よ	る	危	機	感	の	醸	成	と	成	果
に	応	じ	た	賞	与	に	よ	り	高	次	学	習	が	促	さ	れ	た	こ	と
で	あ	る	。	自	社	の	方	向	性	が	明	確	と	な	り	，	乾	燥	技
術	の	知	識	習	得	に	向	け	た	学	習	意	欲	の	醸	成	と	主	体
的	な	提	案	を	行	う	営	業	体	質	へ	の	変	革	を	果	た	し	た	。

第5問（配点20点）

理	由	は	，	時	代	に	合	っ	た	変	革	意	識	を	全	社	に	浸	透
さ	せ	る	た	め	に	は	ト	ッ	プ	が	大	局	的	に	判	断	で	き	る
機	能	別	組	織	が	適	す	る	た	め	で	あ	る	。	よ	っ	て	，	全
社	的	な	計	数	管	理	を	行	う	と	と	も	に	若	い	同	族	経	営
者	が	迅	速	に	意	思	決	定	を	行	う	こ	と	が	優	先	さ	れ	る	。

●解答にあたっての着眼点と解説

【第1問】

(1) 題意の把握と解答の方向性

　自社製品のメンテナンス事業がビジネスとして成功しなかった最大の理由が問われている。「A社長がトップに就任する以前」及び「苦境を打破するために」行ったという設問要求の記述を意識しながら，重要度の最も高い理由を，事例Iらしく組織論の視点から論理的に導き出したい。

(2) 与件分析と解答の構成

　創業当初のA社のドメインは，たばこ産業に向けた葉たばこ乾燥機を製造することであり，規制に守られた参入障壁の高い業界特性や買い手にとって補助金が充実するなど，外部環境の後押しによって堅調な成長を遂げてきた。

　一方，市場が縮小していく中で，苦境を打破するために実施した自社製品のメンテナンス事業は，売上減少と費用増大をもたらすものとなった。

　このメンテナンス事業が成功しなかった根拠の1つは，葉たばこ乾燥機を対象としており，既存市場であるたばこ産業に依存した事業であったことである。よって，市

場が縮小する中で売上が確保できなかったことが考えられる。

　もう1つは，その後の事業展開と対比させて考えたい。第4段落に，自社の技術を見直して，葉たばこ乾燥機に変わる新製品の開発に着手し，その中で干椎茸製造用乾燥機は成功の部類に入るとある。メンテナンス事業は，そのようなA社のコアテクノロジー（農作物の乾燥技術）を軸とした展開ではなかったことが考えられる。

　組織論的視点から，これら2つの根拠をもたらした最大の理由として，変革に向けたコンセンサスが得られず全社的な対応ができなかったことがあげられる。特に，A社長は（他社の就業経験もなく）急遽，A社に入社している。その後，5年以上ほどのキャリアを積んではいるが，事業経験が未熟であったと考えられる。

　また，自社製品のメンテナンス事業は存続危機を感じたA社長が自発的に先導したものであり，トップとしての権限を持って実行したものではない。その結果，変革を嫌う企業風土（第2問）の中，古き良き時代を知っている古参社員の理解を得られず，全社的な対応が不足したのではないかと考えられる。

【第2問】

(1)　題意の把握と解答の方向性

　高コスト体質や古い営業体質の背景にあるA社の企業風土が問われている。与件文から硬直した企業風土が読み取れると思うが，それをもたらしたA社の事業変遷や組織体制などにも着目しながら総合的な解答を心掛けたい。

(2)　与件分析と解答の構成

　まず，根拠となる与件文は，第3段落にある一新人社員に過ぎなかったA社長に際立った切迫感がなかったという点や，第4段落にある古き良き時代を知っている古参社員が新しい事業に取り組むことを簡単に受け入れるはずもなかったという点である。

　このような意識が醸成されてきた理由は，創業以降のA社の事業変遷にある。それは，たばこ産業の安定した市場に安住し，徐々に市場の縮小傾向が進んでいることに切迫感がなかったことである。さらに，A社は全国に営業所があり，距離的な隔たりがある中で，全社的な計数管理が行われていないことも，意識の浸透を阻害した要因と考えられる。

　この真因をさらに遡及していくと，A社の経営体制や組織体制が浮かび上がってくる。第1段落にある通り，A社は同族経営であり，外部からのガバナンスが効きにくい体制にある。よって，第5段落にある通り，現状は事業や技術に客観的視点が不足

しており，時代に合った企業として再生していくために，外部の専門家である経営コンサルタントに助言を求めたのである。

　また，A社はほとんどが正規社員による人員構成である。そして，第6段落には定年を目前とした高齢社員を対象とした人員削減によって，成果に応じて支払う賞与の原資を確保できたとあり，それまでは年功的待遇に依存した古参社員が多く存在していたことが考えられる。

　これらをまとめれば，過去の成功や年功的待遇に安住した，変革を嫌う企業風土があり，さらに変革に必要な客観的な視点や全社的な計数管理による切迫感の共有がなされなかったため，高コストな受け身の営業体質が根付いてしまったと考えられる。

【第3問】

(1) 題意の把握と解答の方向性

　解釈が難しい問題である。設問文を整理すると，問われているのは市場開拓に成功した背景にある要因であるが，宣伝効果など，通常HPに期待する目的・機能とは異なる点に焦点を当てたと補足している。

　事例IでHPが取り上げられることは珍しく，マーケティングの視点に引きずられないよう注意する必要があった。

　本問は本事例の核となる設問であり，第1問と第2問の内容を受け，今後のドメインを意識した事業戦略としてのレイヤーであるとともに，その後の機能別戦略の設問では，本問の内容に従う組織が問われるという関連性を意識したい。

(2) 与件分析と解答の構成

　まずは，HPを用いることに対し，従来とは異なる視点で焦点を当てたことについて考察したい。A社が藁をもつかむ思いでHPを立ち上げた理由について考察すると，第8段落に，新規事業の拡大は機器の開発・製造だけで成就するわけではなく，市場開拓や販売チャネルの構築が不可欠とあり，また，経営コンサルタントの知恵を借りるだけでは，農作物の乾燥以外の新たな市場の開拓が困難であったとある。ここから，A社はHPを通じて潜在顧客から知恵を借りること（顧客との「共創」）によって新たな用途を開発すること，ひいては乾燥技術を軸としたドメインを深耕し，機器の製造販売に依存したビジネスモデルからの脱却を図ったことが考えられる。

　そして，100件以上にも上る依頼を受け，営業部隊のプレゼンテーションも功を奏したとある。この成功の裏側には，農作物以外を乾燥させることができる機器の製造

や，それらを的確に機能させるソフトウェアの開発などが不可欠であり，乾燥技術を軸に開発・製造・営業が連動して新たな用途の開発を行ったことが考えられる。

よって，本問において乾燥技術を軸としたドメインへのシフト（「モノからコトへ」）及びドメイン・コンセンサスが形成されたことを指摘し，後に続く機能別戦略の設問では，本問の内容を意識した解答構成が求められることとなる。

【第4問】

(1) 題意の把握と解答の方向性

古い営業体質を引きずっていたＡ社の営業社員が，新規事業の拡大に積極的に取り組むようになった要因が問われている。第2問で指摘した古い営業体質との対比を意識するとともに，人的資源管理の視点から，新規事業拡大に向けた動機付けが促された要因を考察したい。

(2) 与件分析と解答の構成

まず，粘着性の高い古い営業体質から脱却できた要因について考察したい。第2問で指摘した通り，古い営業体質をもたらしていたのは，年功的待遇への依存や切迫感のなさである。そんな中，第6段落にあるように人員削減が行われたことは，従業員が危機感を感じる大きな出来事であったと考えられる。

1次試験の企業経営理論で学んだように，組織の変革には高次学習が促進されることが求められる。高次学習が誘発される要因として，外部環境の変化が激しいこと，成果主義であること，学習意欲が高いこと，企画的要素の強い職務を行うことなどがある。

Ａ社では，新経営陣が事業領域を明確にしたことにより，危機感が醸成され，変革の必要性も認識され，成果に応じた賞与の支給，コア・コンピタンスの明確化により，学習意欲の醸成，主体的な提案（プレゼンテーション）がなされるようになったと考えられる。

よって，本問では，第2問で変革の必要性を認識できなかったことによる受け身の営業体質を指摘したのと反対に，変革の必要性を認識するとともに高次学習が促され（「組織学習サイクル」がうまく回った），主体的な営業体質への変革を果たしたことを指摘する。

第3問で指摘した新たなドメインを全社的に共有したことによって，今後のＡ社に重要となる中核能力（コア・コンピタンス）が明確になるとともに，営業社員の意識

と行動の変革（役割の明確化で全社的な計数管理との連携にもつながる）がみられたことが，新規事業の拡大に向けた積極的な取り組みにつながっていると考えられる。

【第5問】

(1) 題意の把握と解答の方向性

機能別組織であるA社が組織再編を見送った最大の理由について問われている。単なる知識問題と捉えずに，それまでの設問の解答内容やA社の今後の方向性を意識して，総合的な視点から解答を構成していくことがポイントである。

(2) 与件分析と解答の構成

まず，A社の現状の組織構造は，製造部，開発部，総務部，営業部からなる機能別組織であり（第10段落），全国7地域を束ねる営業部を統括するのは，A社長の数歳年下の弟である副社長，開発と製造を主に統括するのが，ほぼ同年代のいとこにあたる専務である（第1段落）。

つまり，若い同族経営者がトップに立つ経営体制で，時代に合った企業として再生するために経営改革に取り組んでいる。そのため，トップに情報が集約され大局的な判断を行いやすい，全社的に情報が行き渡りやすいという機能別組織のメリットを活かし，第1問で指摘した内容とは反対に，全社的なリーダーシップを発揮できることが，機能別組織を維持した最大の理由であると考えられる。

第2問で指摘した通り，以前は同族経営でガバナンスが効きにくいことが変革の必要性を認識する上で阻害要因となったが，現在の経営陣は変革の必要性を認識している。さらに，同族経営のメリットである素早い意思決定を行うことができるという点に目を向けると，現状の機能別組織体制により大局的な視点で変革が推進できると考えられる。特に，若い経営者がそれまでの慣習にとらわれず，時代に合った企業に再生するための変革を主導していくことができるだろう。

また，第3問で指摘した通り，現在のA社は乾燥技術を軸とした今後のドメインに対するコンセンサスが形成されており，一体感が醸成されている状態である。事業別の編成にして，事業ごとのドメインを再定義する必要性も，現状のA社からは見受けられない。

課題としてあがるのは，全社的な計数管理が不足している点であり，これを克服することによって全社的な視点で意思決定を進めていくことが組織再編より優先される。

●事例Ⅰの出題特性と今後の学習方法

⑴　出題特性

　事例Ⅰでは,「戦略が組織に従ってしまっている」事例が多い。つまり,組織文化などに問題があり,企業・事業戦略や機能戦略に支障を来たしている企業を経営革新していく事例が出題される。ここで重要なことは,戦略は変わるが組織文化はなかなか変わらない（ここに課題が生じる）ということである。

　また,他の事例に比較して,事例Ⅰでは与件の「明示性」が低く（与件文に隠されている情報が多い）,題意の「一意性」も低い（題意の解釈が分かれる）。さらに,与件文中に時制表現が散りばめられており,答案作成には,これまでの事業変遷を整理することが重要となる。

⑵　1.5次知識を活用する：7つの着眼ポイント

　事例Ⅰの解法スキルを高めるためには,過去問の事例解法トレーニングが必須である。その際,1次試験科目の企業経営理論で学んだ知識を,事例企業の経営課題や改善策の提言に実践的に使えるレベル（1.5次知識）に磨いていく必要がある。

　事例Ⅰでは,経営課題を把握するに当たり,考慮しなければならない7つの着眼ポイントがある。これらの着眼ポイントを,思考のフレームワークとして使いこなせるよう意識して学習することをお勧めする。

【着眼ポイント①】企業の歴史と事業変遷

　事例Ⅰでは,事例企業の現状のドメインと新たなドメインを把握するために,企業の歴史と事業の変遷を整理することが重要となる。特に,企業の創業年度や時制表現に注意することで,事業のライフサイクルや現状の組織文化を正確に捉えたい。そして,事例企業は,環境の変化に適合した新たな方向性に向け,組織・人事・文化面の変革を図っていく必要がある。

【着眼ポイント②】経済性効果

　1次試験で学習したように,企業には経済性の効果を活用し,組織としての力を最大化していくことが求められる。経済性効果は,大きく分けて4つ（規模・範囲・スピード・ネットワーク）である。

【着眼ポイント③】バーナードの組織成立要件

　アメリカの経営学者であるバーナードは,組織の成立要件として3つの要素（共通目的・貢献意欲・コミュニケーション）を提示している。組織的な問題がどこに隠さ

れているかを，この３つの要素に着眼して分析することができる。

＜共通目的＞

　経営理念や企業のビジョン，施策導入の目的などが該当する。経営者は経営理念やビジョンを策定するだけでは不十分で，組織のメンバーと共有し理解し合うことで組織の一体感を醸成していく必要がある。また，新たな施策を導入する場合は，その目的や期待する効果について，従業員の理解を得る必要がある。

＜貢献意欲＞

　組織の能力を最大化するためには，共通目的を共有したうえで，従業員の貢献意欲を促していく必要がある。そのためには，共通目的を細分化し，各部門や個人に与える目標を明確化するとともに，正当な評価を行うことで，動機付けを促していくことが重要となる。

＜コミュニケーション＞

　事業部間やメンバー間の意思疎通が円滑に行われるような組織体制を整備していく必要がある。良好なコミュニケーションは，目的の共有や貢献意欲を促す効果を持つ。

【着眼ポイント④】外部資源の活用とリソースベースドビュー

　中小企業は小規模ゆえに自社内で経営資源を完備できないことが多く，外部資源との連携を強化していく必要がある。一方で，リソースベースドビューの視点から，持続的な競争優位性を確保するためには，価値があり，かつ独自の経営資源はできるだけ内部で構築していく必要がある。また，外部組織任せにせず，業務の委託や統制を主導的に行っていくことや，自社固有の技術やノウハウの流出に留意する必要がある。

【着眼ポイント⑤】正規雇用と非正規雇用

　働き方の多様化が進む現代，自ら非正規型の雇用を選ぶ人が増えており，非正規社員は低コストで単純作業を行う人材という従来の位置付けから，自社において欠かすことのできない戦力としての位置付けにシフトしている。企業にとって，非正規社員の能力を最大限活用できるような労働環境の整備や継続的な動機付けを図ることが不可欠となる。

【着眼ポイント⑥】事業承継

　中小企業白書にも掲載されているように，多くの中小企業が事業承継に課題を抱えている。事業承継には，企業内部の人材に経営権を譲渡する内部承継と，外部の組織に経営権を譲渡する外部承継がある。事例Ⅰに出題されるのは内部承継のパターンが多く，これから事業承継を行う場合と，既に事業承継を行っており，新たな方向性に向けて体制を整備していく場合の２通りが考えられる。

事業承継における具体的な着眼事項には，経営理念の再認識，承継者の選定，承継者の育成，利害関係者の理解などがある。

【着眼ポイント⑦】グローバル化への対応

　グローバル化の進展に伴い，多くの中小企業が海外進出を図っている。しかし，文化や商慣習，法制度の違いにより，国内でのシステムが海外で成功するとは限らない。

　そこで，海外拠点との連携や，マネジメントを行う人材の育成が重要となる。また，自社単独ではなくパートナー企業と協力して海外進出を行うケースが多く，連携強化が課題となる。

⑶　**本事例における1.5次知識の活用ポイント**

本事例においては特に，次の３つが中心論点であったと考えられる。

①企業の歴史と事業変遷

③バーナードの組織成立要件

⑥事業承継

　創業以降の事業変遷によって根付いた企業風土に対し，変革意識を促すための共通目的，貢献意欲，全国の営業所とのコミュニケーションが不足しており，A社は存続危機に陥っていたのである。そして，A社長がトップ就任前に実施した事業はビジネスとして成立しなかった。

　こうした状況を打開するため，外部の知恵も借りつつ，若い経営陣で，事業領域の明確化（共通目的の共有），人員削減，業績連動型賃金（貢献意欲），部門間連携と役員をトップとした集権体制（コミュニケーション）によって，従業員の変革意識を醸成したというのが本事例の全体像である。

後藤　博（LEC専任講師　中小企業診断士）

立花夏生（LEC専任講師　中小企業診断士）

中小企業の診断及び助言に関する実務の事例Ⅱ

　B社は資本金200万円，社長を含む従業者2名の完全予約制ネイルサロンであり，地方都市X市内の商店街に立地する。この商店街は県内では大規模であり，週末には他地域からも来街客がある。中心部には小型百貨店が立地し，その周辺には少数ではあるが有名ブランドの衣料品店，宝飾店などのファッション関連の路面店が出店している。中心部以外には周辺住民が普段使いするような飲食店や生鮮品店，食料品店，雑貨店，美容室などが出店している。X市は県内でも有数の住宅地であり，中でも商店街周辺は高級住宅地として知られる。X市では商店街周辺を中核として15年前にファミリー向け宅地の開発が行われ，その頃に多数の家族が入居した（現在の人口分布は図1参照）。当該地域は新興住宅地であるものの，桜祭り，七夕祭り，秋祭り，クリスマス・マーケットなどの町内会，寺社，商店街主催のイベントが毎月あり，行事が盛んな土地柄である。

　B社は2017年に現在の社長が創業した。社長と社員Yさんは共に40代の女性で，美術大学の同級生であり，美大時代に意気投合した友人でもある。社長は美大卒業後，

図1　全国とX市の年齢別人口構成比

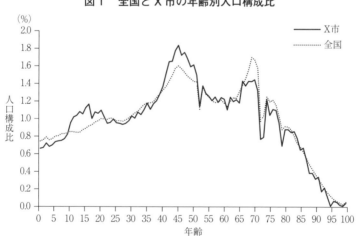

当該県内の食品メーカーに勤務し，社内各部署からの要望に応じて，パッケージ，販促物をデザインする仕事に従事した。特に在職中から季節感の表現に定評があり，社長が提案した季節限定商品のパッケージや季節催事用のPOPは，同社退職後も継続して利用されていた。Yさんは美大卒業後，X市内2店を含む10店舗を有する貸衣装チェーン店に勤務し，衣装やアクセサリーの組み合わせを提案するコーディネーターとして従事した。2人は同時期の出産を契機に退職し，しばらくは専業主婦として過ごしていた。やがて，子供が手から離れた頃に社長が，好きなデザインの仕事を，家事をこなしながら少ない元手で始められる仕事がないかと思索した結果，ネイルサロンの開業という結論に至った。Yさんも社長の誘いを受け，起業に参加した。なお，Yさんはその時期，前職の貸衣装チェーン店が予約会（注）を開催し，人手が不足する時期に，パートタイマーの同社店舗スタッフとして働いていた。Yさんは七五三，卒業式，結婚式に列席する30〜50代の女性顧客に，顧客の要望を聞きながら，参加イベントの雰囲気に合わせて衣装の提案を行う接客が高く評価されており，同社に惜しまれながらの退職であった。2人は開業前にネイリスト専門学校に通い始めた。当初は絵画との筆遣いの違いに戸惑いを覚えたが，要領を得てからは持ち前の絵心で技術は飛躍的に向上した。

技術を身に付けた2人は，出店候補地の検討を開始した。その過程で空き店舗が見つかり，スペースを改装して，営業を開始した。なお，当該店舗は商店街の中心部からは離れた場所にあり，建築から年数がたっており，細長いスペースが敬遠されていた。そのため，商店街の中では格安の賃貸料で借りることができた。また，デザインや装飾は2人の得意とするところであり，大規模な工事を除く内装のほとんどは手作業で行った。2人が施術すれば満員となるような狭いスペースではあるものの，顧客からは落ち着く雰囲気だと高い評価を得ている。また，Yさんが商店街の貸衣装チェーン店で勤務していた経緯もあり，商店街の他店ともスムーズに良好な関係を構築することができた。

ネイルサロンとは，ネイル化粧品を用いて手および足の爪にネイルケア，ネイルアートなどを施すサービスを行う店舗を指す。一般にネイルサロンの主力サービスは，ジェルネイルである（図2参照）。ジェルネイルでは，ジェルと呼ばれる粘液状の合成樹脂を爪に塗り，LEDライトもしくはUV（紫外線）ライトを数十秒から1分程度照射してジェルを固める。この爪にジェルを塗る作業と照射を繰り返し，ネイルを完成させる。おおむね両手で平均1時間半の時間を要する（リムーブもしくはオフと呼ばれるジェルネイルの取り外しを含める場合は平均2時間程度である）。サー

ビスを提供する際に顧客の要望を聞き，予算 に基づき，要望を具体化する。ただし，言葉で伝えるのが難しいという顧客もおり，好きな絵柄やSNS上のネイル写真を持参する場合も多くなっている。またB社の価格体系は表のようになっている。

図2　ジェルネイルの参考イメージ

　ネイルサロン市場は2000年代に入り需要が伸び，規模が拡大した。近年，成長はやや鈍化したものの，一定の市場規模が存在する。X市の駅から商店街の中心部に向かう途中にも大手チェーンによるネイルサロンが出店している。また自宅サロンと呼ばれる，大手チェーンのネイルサロン勤務経験者が退職後に自宅の一室で個人事業として開業しているサロンも，商店街周辺には多数存在する。

　開業当初，B社にはほとんど顧客がいなかった。あるとき，B社社長が，自分の子供の卒業式で着用した和服に合わせてデザインしたジェルネイルの写真を写真共有アプリ上にアップした。その画像がネット上で話題になり拡散され，技術の高さを評価した周辺住民が来店するようになった。そして，初期の顧客が友人達にB社を紹介し，徐々に客数が増加していった。ジェルネイルは爪の成長に伴い施術から3週間〜1カ月の間隔での来店が必要になる。つまり固定客を獲得できれば，定期的な来店が見込める。特に初来店の際に，顧客の要望に合ったデザイン，もしくは顧客の期待以上のデザインを提案し，そのデザインに対する評価が高ければ，固定化につながる例も多い。この際には社長やYさんが前の勤務先で培った提案力が生かされた。結果，

表　B社の価格体系

		価格	説明
基本料金		10本当たり 7,000円	ケア＋単色のジェルネイル
オプション	デザイン・オプション	1本当たり 500円〜2,000円	グラデーションなどの2色以上のデザインを施すオプション
	ストーン・オプション	1本当たり 300円〜1,000円	ガラスやストーンなどを爪に乗せるオプション
	アート・オプション	1本当たり 1,000円〜6,000円	より凝ったデザインの絵を爪に描くオプション

従業者1人当たり25名前後の固定客を獲得するに至り，繁忙期には稼働率が9割を超える時期も散見されるようになった。なお，顧客の大半は従業者と同世代である。そのうちデザイン重視の顧客と住宅地からの近さ重視の顧客は半数ずつとなっている。後者の場合，オプションを追加する顧客は少なく，力を発揮したい2人としてはやや物足りなく感じている。

　B社店舗の近隣には，数年前に小型GMSが閉店しそのままの建物があった。そこを大手デベロッパーが買い取り，2019年11月に小型ショッピングモールとして改装オープンすることが決定した。当初，一層の集客を期待したB社社長であったが，当該モール内への，大手チェーンによる低価格ネイルサロンの出店が明らかになった。B社社長は，これまで自宅から近いことを理由に来店していた顧客が大幅に流出することを予想した。B社社長とYさんは大幅に減少する顧客数を補うための施策について思案したが，良い案も出ず，今後の方針について中小企業診断士に相談することとした。

（注）貸衣装業界で行われるイベント。百貨店，ホール，ホテル，大学，結婚式場などの大規模な会場で，顧客が会場でサンプルを確認，試着し，気に入ったものがあれば商品を予約することができる。支払いは後日行う。

第1問（配点20点）

　小型ショッピングモール開業を控えた2019年10月末時点のB社の状況について，SWOT分析をせよ。各要素について，①〜④の解答欄にそれぞれ40字以内で説明すること。

第2問（配点30点）

　B社社長は初回来店時に，予約受け付けや確認のために，インスタント・メッセンジャー（インターネットによるメッセージ交換サービス）のアカウント（ユーザーID）を顧客に尋ねている。インスタント・メッセンジャーでは個別にメッセージを配信できる。

　このアカウントを用いて，デザインを重視する既存顧客の客単価を高めるためには，個別にどのような情報発信を行うべきか。100字以内で助言せよ。

第3問（配点50点）

　B社社長は2019年11月以降に顧客数が大幅に減少することを予想し，その分を補う

ために商店街の他業種との協業を模索している。

（設問1）

　B社社長は減少するであろう顧客分を補うため，協業を通じた新規顧客のトライアルが必要であると考えている。どのような協業相手と組んで，どのような顧客層を獲得すべきか。理由と併せて100字以内で助言せよ。

（設問2）

　協業を通じて獲得した顧客層をリピートにつなげるために，初回来店時に店内での接客を通じてどのような提案をすべきか。価格プロモーション以外の提案について，理由と併せて100字以内で助言せよ。

解答の着眼

●出題傾向

(1) 事例のテーマ

　本年度の事例Ⅱのテーマは，社長と友人との2人で新規創業を行った企業が，外部環境の変化に対応するための他業種との協業や自己の強みを活かすことのできる新しい経営戦略を策定し，具体的なマーケティングを進める方法を問うものである。

　従業員が社長を含め2名と過去の出題問題の中でも最少人数で，典型的な小企業であること，ネイルサロンという男性にとってはかなりなじみが薄く，イメージしにくい業態からの出題であったことが特徴としてあげられる。

(2) 出題の特徴

　事例Ⅱで出題される企業は，ここ数年，商店街，製造小売業，寝具販売店，旅館など，バラエティーに富んでいる。本年度は，昨年度の宿泊旅館業に続き，2年連続で純粋なサービス業の設定となった。ちなみに，近い業種としては，美容院が平成17年度に出題されている。

　本年度の事例Ⅱは，昨年度に比べて難化したように思われる。昨年度に引き続き制限文字数が少ないため，書く内容を要領よく収めることが難しく感じた受験者も多かったのではないだろうか。第1問がSWOT分析の問題であり，学習上は大変なじみのある出題項目ではあるものの，過去問題での出題は意外に少なく，対応が困難であったかと思われる。

また，通常，第1問の分析問題は比較的容易なボーナス問題であることが多いが，本年度のSWOT分析はかなり難問であった。第2問は問題の制約条件が厳しく，第3問も配点が50点と大きい上，協業相手の選択により解答内容が変化する難しさがあった。平成27・28年度頃の出題と比べ，与件文依存型の問題が増えている印象を受ける。

　出題委員は，「ターゲットの明確化」や「図表の出題」，「ノイズが多いこと」，「SNSの活用」，「トラップがあること」，「多数の協業候補の存在」などの特徴を考えると，昨年度と同じである可能性が高い。事例Ⅱはここしばらく，2年ごとに出題委員が交替することが慣行となっていたが，本年度は3年連続同じ出題委員になったと推察される。

　本年度の出題については，他事例にもいえることであるが，問題文・設問文の多くに，例年に増して厳しい「制約条件」が付されている。内容はもちろんであるが，いかに制約条件に忠実な解答を記述できたか，いいかえれば，いかに「守りきれた」かが，合格点獲得の大きなカギとなった。

　与件文は，図表1ページを含め4ページと，例年よりやや多めである。解答の指定字数は4設問中3設問が100字，第1問のSWOT分析が160字であり，総字数が460字となった。昨年度に引き続き，過去の事例Ⅱの中でも字数の少ない年度となった。

(3)　設問構造
　2次試験の設問は大きく，①分析問題，②戦略策定問題，③機能戦略（戦術）問題に大別される。

　本事例の各設問を構造面から考えると以下のようになる。

・第1問：分析問題（SWOT分析）
　　　　　↓
・第2問：機能戦略（戦術）問題（CRM・ONE to ONEマーケティング）
　　　　　↓
・第3問（設問1）：戦略策定問題（アライアンス先及び新規ターゲット層の選定）
　　　　　↓
・第3問（設問2）：機能戦略問題（プロモーション・地域連携），第3問（設問1）を前提とした具体的な機能戦略

●解答例

第1問（配点20点）

S（強み）

2	人	の	従	業	員	が	持	つ	高	い	技	術	力	,	デ	ザ	イ	ン	力	,
接	客	力	,	提	案	力	と	店	舗	の	内	装	へ	の	高	い	評	価	。	

W（弱み）

既	存	顧	客	の	半	数	が	自	宅	と	店	舗	が	近	い	こ	と	を	来
店	理	由	に	し	て	お	り	,	ロ	イ	ヤ	リ	テ	ィ	が	低	い	こ	と 。

O（機会）

ネ	イ	ル	サ	ロ	ン	市	場	の	拡	大	,	デ	ザ	イ	ン	を	直	接	訴	求
で	き	る	S	N	S	の	普	及	,	高	級	住	宅	街	に	近	い	立	地	。

T（脅威）

自	宅	サ	ロ	ン	の	増	加	,	大	手	チ	ェ	ー	ン	に	よ	る	低	価
格	ネ	イ	ル	サ	ロ	ン	の	近	隣	モ	ー	ル	内	へ	の	出	店	。	

第2問（配点30点）

オ	プ	シ	ョ	ン	獲	得	の	た	め	,	①	毎	月	行	わ	れ	る	地	域
イ	ベ	ン	ト	に	合	わ	せ	た	季	節	感	あ	ふ	れ	る	デ	ザ	イ	ン
や	,	②	卒	業	式	等	,	顧	客	の	年	齢	や	家	族	構	成	に	よ
る	ラ	イ	フ	イ	ベ	ン	ト	の	雰	囲	気	に	合	わ	せ	た	コ	ー	デ
ィ	ネ	ー	ト	提	案	を	映	像	で	タ	イ	ム	リ	ー	に	発	信	す	る 。

第3問（配点50点）

（設問1）

衣	料	品	店	や	宝	飾	品	店	な	ど	フ	ァ	ッ	シ	ョ	ン	関	連	の
店	舗	と	協	業	し	,	40	代	を	中	心	に	デ	ザ	イ	ン	に	こ	だ
わ	り	を	持	つ	女	性	客	の	獲	得	を	目	指	す	。	理	由	は	,
人	口	構	成	比	が	高	く	,	従	業	員	と	同	年	代	で	あ	り	,
強	み	の	デ	ザ	イ	ン	力	や	提	案	力	が	生	か	せ	る	か	ら	。

（設問2）

協	業	先	の	顧	客	が	使	用	す	る	衣	料	品	や	宝	飾	品	等	に
フ	ィ	ッ	ト	す	る	ネ	イ	ル	デ	ザ	イ	ン	を	提	案	す	る	。	理
由	は	,	B	社	の	強	み	を	生	か	し	て	顧	客	ご	と	の	嗜	好
に	合	わ	せ	た	提	案	を	行	う	こ	と	で	,	他	店	と	の	差	別
化	が	可	能	に	な	り	,	リ	ピ	ー	ト	が	期	待	で	き	る	か	ら	。

●解答にあたっての着眼点と解説

【第1問】

(1) 出題の趣旨を把握する

　経営戦略策定プロセスの経営環境分析（SWOT分析）に関する問題であり（強み・弱み・機会・脅威）の視点から解答する必要がある。

(2) 解答を導く思考プロセス

①問題の制約条件を確認する

　「2019年10月末時点のB社の状況」という制約条件の解釈に迷った受験者も多かったと思われる。ショッピングモールの開店自体が現在の話ではないため，T（脅威）に当たらないのではないかとも考えられる。

　しかし，確実に数週間以内に出現する明らかな脅威を解答しないという選択は考えられない。それよりも「過去（開店当初）」のことを，「現在」のSWOT分析の内容に入れてはいけないというヒントであると考えるのが妥当であろう。

　詳しくは，以下の解説の中で説明する。

②関連する与件と基本知識から解答を導く

　B社の（強み・弱み・機会・脅威）に関する与件を抽出し分析を行う。40字以内という制限があり，すべての候補について記述することは困難であるため，取捨選択する必要がある。

【強みに関する記述】

　関連する与件文は，以下の部分である。

① （デザインにおいては）特に在職中から季節感の表現に定評があり……（第2段落）

②顧客の要望を聞きながら……提案を行う接客が高く評価されており（第2段落）

③要領を得てからは持ち前の絵心で技術は飛躍的に向上した。（第2段落）

④狭いスペースではあるものの，（店舗の内装は）顧客からは落ち着く雰囲気だと高い評価を得ている。（第3段落）

　「強み」を選択する基準としては，後半の問題に関係する事項及び競合に対して持つ強みやVRIO分析のI（模倣困難性）に該当するものを優先する。

　上記①〜③は典型的なI（模倣困難性）である「人に宿る能力」であり，今後の展開の中心をなすものであるから外せない。④については迷うところではあるが，与件文で「顧客からは高い評価」とS（強み）であることが示唆されている。

【弱みに関する記述】

　関連する与件文は，以下の部分である。

①なお，当該店舗は商店街の中心部から離れた場所にあり，建築から年数がたっており，細長いスペースが敬遠されていた。（第3段落）

②開業当初，B社にはほとんど顧客がいなかった。（第6段落）

③そのうちデザイン重視の顧客と住宅地からの近さ重視の顧客は半数ずつとなっている。（第6段落）

④これまで自宅から近いことを理由に来店していた顧客が大幅に流出する……（第7段落）

　ここでは，前述の「2019年10月末時点のB社の状況」の解釈がポイントとなる。

　①のうち，立地については，②にあるように開業当初は弱みであったと考えられる。しかし，現在は50人の固定客を抱えそのうちの半分は「住宅地からの近さ重視」（第6段落）であるため，弱みとはいいにくい。「建築から年数がたっている」，「細長いスペース」であることも，現時点ではマイナスにはなっていないことから弱みには入らない。

　反対に③④より，顧客の半分に対し自社の強みを生かせず，ロイヤルティが低いこ

とは弱みと解釈できる。

【機会に関する記述】

関連する与件文は，以下の部分である。

①ネイルサロン市場は……近年，成長はやや鈍化したものの，一定の市場規模が存在する。(第5段落)

②ジェルネイルの写真を写真共有アプリ上にアップした。その画像がネット上で話題になり拡散され，技術の高さを評価した周辺住民が来店するようになった。(第6段落)

③(要望を)言葉で伝えるのが難しいという顧客もおり，好きな絵柄やSNS上のネイル写真を持参する場合も多くなっている。(第4段落)

①によると，やや鈍化しているものの，市場は成長していることがわかる。これは，機会であると捉えるのが普通であろう。

②③では，SNSの普及がB店に有利に働いていることが示唆されている。デザインや芸術性に強みを持つB社にとって，その強みを直接訴求できるため，機会と解釈した。第2問の解答が，B社の強みをSNSを使って訴求する方向になることとも整合性がある。

【脅威に関する記述】

関連する与件文は，以下の部分である。

①当該モール内への，大手チェーンによる低価格ネイルサロンの出店が明らかになった。(第7段落)

②B社社長とYさんは大幅に減少する顧客数を補うための施策について……(第7段落)

③また自宅サロンと呼ばれる，大手チェーンのネイルサロン経験者が退職後に……，多数存在する(第5段落)

①②から，低価格ネイルサロンの出店により，大幅に顧客数が減少することがわかる。これは絵にかいたような脅威と考えられ，解答には必須の要素である。また，③の自宅サロンについても，そのうちの一定数はB社に似た強みを持つ競合相手となる可能性が高い。

【第2問】

(1) **出題の趣旨を把握する**

マーケティングにおける機能戦略(戦術)であるCRM(顧客関係性管理)のうち，

具体的プロモーションについての具体的な施策を助言させる問題である。さらに，問題文に「個別に」とあることから「ONE to ONE マーケティング」の実施ポイントについて的確な解答が求められる。

　解答の骨子は「情報発信」であるが，以下に解説するように非常に厳しい制約条件がある。

(2)　解答を導く思考プロセス

①問題の制約条件を確認する

本問は厳しい制約条件を忠実に守った答案を作成する必要がある。具体的には，

・インスタント・メッセンジャーのアカウントを用いて

・デザインを重視する

・既存顧客の

・単価を高めるために

・個別にメッセージを発信

という5つの制約に従う必要がある。

　また，解答の前提として，第3問（設問2）との切り分けが問題となる。

　第2問は「既存顧客に対する個別の情報発信」，第3問は「初回来店時に店内での接客を通じての提案」が解答に求められる内容であり，広い意味での情報提供という意味では同じである。違いは，第2問では，顧客の個人情報（年齢・家族構成・ライフイベント情報・趣味・デザインの好み等）が既にB社に保有されているのに対し，第3問は制約条件に「初回来店時」とあり，まったく保有していないことである。

　制約条件から解答の方向性を考えると，以下のようになる。

・「インスタント・メッセンジャーのアカウントを用いて」

　映像が配信できるかどうかは与件文に明らかにされていないが，現在のIT技術や第6段落の「写真共有アプリ……」の記述を考えれば，使用できると考えるのが妥当であろう。

・「デザイン重視」，「既存顧客」

　これより情報の発信先は固定客の半数を占めるデザイン重視の顧客であり，より映像（画像）を使用することが想定される。

・「単価を高めるために」

　与件文の表Bから，単価を高めるためにはオプションの追加が必要であることがわかる。

・「個別にメッセージを発信」

　いわゆる「ONE to ONE マーケティング」が求められている。

　1次知識として，CRM の具体的実施方法には，まず「FSP」があり，その先に「ONE to ONE マーケティング」がある。この2つの具体的な実行要件の違いを考える際，重要なポイントとなるのが「定性的な個人情報」の有無である。「FSP」は「RFM 分析」や「デシル分析」に代表される「定量分析」が可能であれば実施できるが，「ONE to ONE マーケティング」には，通常，「好み」等の「定性情報」が必要となる。

　本事例の場合，ネイルの施術時間は1時間半との記述があることから，デザインの好み等はもとより，家族構成やライフイベント等の周辺情報も収集できていることが示唆されている。

②関連する与件と基本知識から解答を導く

　関連する与件情報は，以下の部分である。

①表　B社の価格体系

②町内会，寺社，商店街主催のイベントが毎月あり，行事が盛んな土地柄である。

　（第1段落）

③（社長は）特に在職中から季節感の表現に定評があり……（第2段落）

④顧客の要望を聞きながら……提案を行う接客が高く評価されており……（第2段落）

　以上の情報から「情報発信の具体的内容」について考える。

　まず，目的としては，「単価を高めるために」という制約条件に合致するため，①の表より「オプションの獲得」は解答の構成要素として必須と考えられる。

　次に，②③も解答内容に盛り込むことが妥当であろう。また，④も個別の顧客データからわかるライフイベントについてタイミングを合わせて（タイムリー）に情報発信することは解答要求に合致すると考えられる。

　この問題は，1次知識の応用というよりは与件文依存の強い内容である。

【第3問】

（設問1）

(1)　出題の趣旨を把握する

　本問は，設問をまたいで戦略策定と機能戦略を横断するかなり特殊な出題形態と考えられる。（設問1）のレイヤーは，戦略策定問題に分類できる。

　顧客の減少を前提としている時点で過去問題にないパターンであるが，基本的なス

トーリーとして，ドメインの「誰に（ターゲット）」及び「協業（アライアンス）」戦略の相手方を選定した上で，その理由を問う形となっている。

⑵　解答を導く思考プロセス
①設問の制約条件を確認する
　第2問に続き，制約条件の厳しい問題であるが，求められる記述内容としては，①協業の相手，②獲得すべき顧客層，③その理由，と明確である。
　②関連する与件と基本知識から解答を導く
　まず，獲得すべき顧客層について考える。関連する与件情報は，以下の部分である。
①図1　全国とX市の年齢別人口構成比
②なお，顧客の大半は従業者と同世代（40代）である。（第6段落）
　ターゲットの選定については，「市場細分化の4基準」で考えるのがセオリーである。①図1より，「人口動態的基準」の観点からは，40代と10代に山があるのがわかる。一般的に10代は，ネイルをするとしても低価格店のメインターゲットであること，B社の強みである接客力や提案力は従業員と同世代の女性客に発揮されることから，B社が獲得すべき顧客層とは考えにくい。「サイコグラフィック基準」からは，B社の強みが生きる「デザインにこだわりある層」と特定できる。
　なお，「地理的基準」と「行動基準」は今回は協業経由となるため，特に指摘していない。
　次に，協業先を考える。
　関連する与件文は，以下の部分である。
①中心部には小型百貨店が立地し，その周辺には少数ではあるが有名ブランドの衣料品店，宝飾店などのファッション関連の路面店が出店している。（第1段落）
②中心部以外には，雑貨店，美容室などが出店している。（第1段落）
③Yさんが商店街の貸衣装チェーン店で勤務していた経緯もあり……（第3段落）
　協業先は，必ず与件文に明記されたものから選択する必要がある。与件文からネイルサロンと協業の可能性がある業種を考えると，与件文の①②より衣料品や宝飾品のファッション関連の路面店と美容室，③より貸衣装店が候補と考えられる。
　このうち，美容室については，髪型とネイルを合わすことは少なく，他の与件文からも関係性がみえないため，候補から外れる。残る「貸衣装店」と「衣料品や宝飾品等のファッション関連の店舗」であるが，どちらも解答候補として蓋然性が高く，選びにくい。

ただし，協業先の選択については，選択そのものより，その後の解答との整合性等が決め手になる。解答例では，以下の理由から「衣料品や宝飾品等のファッション関連の店舗」を選択し，「貸衣装店」は外している。

①ターゲットを「デザインにこだわりがある」層としたときには，ファッション関連の方が親和性が高いと考えられること。

②貸衣装店を利用する顧客とファッション関連の店を利用する顧客を比べると，ファッション関連の方が絶対数が圧倒的に多いこと。

③貸衣装店を利用する客層は価格に敏感な性質を持つことが推測され，今後のB社の，デザイン性が高いが高価格のネイルサロンの顧客には（少なくともファッション関連の店より）適していないこと。

④（設問2）の「リピートにつなげる」方策が，「貸衣装店」からは導き出しにくいこと。

⑤現在も繁忙期では混雑しており，貸衣装店からの集客はその時期にバッティングする可能性が高いこと。

（設問2）

⑴　出題の趣旨を把握する

　（設問1）の解答を受け，協業したアライアンス先からの顧客をリピートにつなげる提案について問う問題である。

　経営戦略策定プロセスの機能戦略のうち，主にプロモーション（ただし，「提案」とあるので，正確には「人的販売」）に関する設問と考えられるが，明らかに難しい内容である。

⑵　解答を導く思考プロセス

①設問の制約条件を確認する

　求められる解答内容は，「接客を通じての提案」であるが，制約条件が3つある。

　A　協業を通じて獲得した顧客層

　B　リピートにつなげるために

　C　初回来店時に店内で

それぞれの条件に従った解答作成は容易ではない。

②関連する与件と基本知識から解答を導く

以下の与件文が関連する。

・特に初来店の際に，顧客の要望に合ったデザイン，もしくは顧客の期待以上のデザ

インを提案し，そのデザインに対する評価が高ければ，固定化につながる例も多い。この際には社長やＹさんが前の勤務先で培った提案力が生かされた。（第6段落）

上記Ａについては，（設問1）と連動する。解答例では，「初回来店時」に店内で顧客それぞれのファッションに合わせたコーディネートをすることを提案している。

理由としては，まず，Ｂ社の強みである提案力を生かせることはもちろん，「顧客それぞれの嗜好にあったファッションに合わせた提案」は他のネイルサロンができない差別化になり，かつ，それが顧客の感性にフィットするならば，Ｂの制約条件である「リピートにつながる」ことも自然な流れである。Ｃの条件による，顧客に関する情報がない中での提案という条件にも合致する。

ここで，（設問1）の解答で協業相手に「貸衣装店」を選択した場合には，提案力を生かすことは十分可能であると思うが，「リピートにつなげる」という制約条件を満たす解答を論理的に組み立てることは，かなり難しく感じる。

●学習のポイント

(1) 試験対策上の事例Ⅱの特徴

中小企業診断士の2次試験は，経営コンサルタントの実務に必要とされる1次知識の応用力を検定する試験である。よく2次試験合格のための能力として，「読む，考える，書く」のいわゆる，①読解力，②思考力，③記述力を3大能力と呼ぶこともあるが，これらの能力は万全な知識力の上にあって初めて有効となることを肝に銘じてほしい。

もちろん，2次試験も「試験」であるので合格しなければならず，そのためにはそれなりの対策をする必要がある。

2次試験の問題はそれぞれの事例について明らかな特徴があり，学習の前提に当たって，その「クセ」を認識しておくことは重要だと考えられる。

そこで，2次試験事例Ⅱの特徴を他事例と比較すると，以下のような3つのポイントがある。

①試験委員の交代で傾向が顕著に変わる

過去問を検証すれば，「平成25・26年度」，「平成27・28年度」，「平成29・30・令和元年度」が，それぞれ同じ出題委員の作問と考えられる。研究した受験者はわかると思うが，平成26年度，28年度，令和元年度では，出題の形式がかなり異なっており，これは事例Ⅰや事例Ⅲと大きく異なる特徴である。

過去問の研究が得点に直結するわけではないが、「対応する与件文の特徴」、「トラップのパターン」、「明示・黙示の制約条件」などについて研究することは、80分という制約時間内での適切な対応を行うためには間違いなく有用である。

②求められる1次知識の「幅」と「使われ方」

これは、事例Ⅰと比較するとわかりやすい。事例Ⅰでは、目的を定めてそれに適した知識そのものを正確に解答する問題が頻出する。たとえば、「チャレンジ精神と創造性を高めるための施策を述べなさい」のような問われ方である。それに対する解答には、直接的な1次知識が求められる。

それに比べて、事例Ⅱは、解答の「記述そのもの」に知識が表れることは比較的少なく、解答を「選ぶ過程」で1次知識の応用を求められることが多くなる。たとえば、本年度も出題のあった「SWOT分析」や「ターゲット選定」系の問題がこれに当たるが、選定されたターゲット自体に知識が表現されることはない。この点を意識している受験者は少ないが、非常に重要な点である。

また「幅」という点でも、「ドメインの再設計」という上位概念からパッケージの具体的内容という現場の細かい論点まで、非常に幅広い知識を求められるのも事例Ⅱの特徴である。

③事例Ⅰ・事例Ⅲに比べ、与件の「ノイズ」や「トラップ」がある

ノイズやトラップの見抜き方でも、1次知識の理解が試されている。たとえば、平成28年度の事例Ⅱ（醤油製造業）において、「女性」、「シニア」、「外国人観光客」等、いかにも新規ターゲットの候補になりそうな与件文の記述があった（ここでは詳細は説明できないので、各自問題を確認してほしい）。

「健康にこだわる層」や「多少高くても味にこだわる層」をターゲットとすることは良いが、ここで「女性」や「シニア」という限定を付けることには疑問が残る。なぜなら、そのような「絞り」をした場合のマーケティング戦略上の利点が見当たらないからである。つまり、「男性」や「若手～中年」を排除するメリットが存在しない。もちろん、与件文で何か「メリット」が示唆されていれば別である。

(2)　「ターゲットの選定」に注意

各論でいえば、過去問において5年連続で「ターゲットの選定」が出題されている。基本論点であるが、意外にできていない受験者が多い。「市場細分化の4基準」及び「セグメントの有効要件」をしっかり考慮した上で、与件文から慎重に選び出す必要がある。

注意点をあげると，多くの受験者にターゲットを不用意に狭めすぎる傾向がみられる。「品揃え」を絞ることと「ターゲットや商圏」を絞ることを混同することは，絶対にしてはいけないミスである。特に，地域密着型の企業の場合には，もともとターゲットの絶対数（人口）が少ないという問題を抱えていることも多いので，なおさらである。

⑶　主要出題分野は実務でも必須

　最後に，読者は，コンサルタントを目指している方が大半であると思う。将来，実務に就くにあたっても，２次試験の主要出題分野である「マーケティング」，「戦略論」，「組織論」，「財務」（特に経営分析やCVP，CF）は，「よくわかりません」では絶対に許されない。だが，このあたりの「覚悟」ができていない受験者が多く見受けられる。将来コンサルタントとして活躍したいと考えている方は，この分野に関しては徹底して時間を惜しまず学習してほしい。

　　　　　　平野純一（KEC ビジネススクール主任講師　中小企業診断士）

中小企業の診断及び助言に関する実務の事例Ⅲ

【企業概要】

　C社は，輸送用機械，産業機械，建設機械などに用いられる金属部品の製造業を顧客に，金属熱処理および機械加工を営む。資本金6千万円，従業員数40名，年商約5億円の中小企業である。組織は，熱処理部，機械加工部，設計部，総務部で構成されている。

　金属熱処理とは，金属材料に加熱と冷却をして，強さ，硬さ，耐摩耗性，耐食性などの性質を向上させる加工技術である。多くの金属製品や部品加工の最終工程として，製品品質を保証する重要な基盤技術である。金属材料を加熱する熱処理設備など装置産業の色彩が強く，設備投資負担が大きく，また素材や形状による温度管理などの特殊な技術の蓄積が必要である。このため，一般に金属加工業では，熱処理は内製せず熱処理業に外注する傾向が強い。C社は創業当初から，熱処理専業企業として産業機械や建設機械などの部品，ネジや歯車など他社の金属製品を受け入れて熱処理を行ってきた。

　その後，熱処理加工だけでなく，その前工程である部品の機械加工も含めた依頼があり，設計部門と機械加工部門をもった。設計部門は，発注先から指示される製品仕様をC社社内の機械加工用に図面化するもので，現在2名で担当している。機械加工は，多品種少量の受注生産で，徐々に受注量が増加し，売上高の増加に貢献している。

　約10年前，所属する工業会が開催した商談会で，金属熱処理業を探していた自動車部品メーカーX社との出会いがあり，自動車部品の熱処理を始めた。その後X社の増産計画により，自動車部品専用の熱処理工程を増設し，それによってC社売上高に占めるX社の割合は約20％までになっている。さらに現在，X社の内外作区分の見直しによって，熱処理加工に加え，前加工である機械加工工程をC社に移管する計画が持ち上がっている。

【生産の概要】

　C社の工場は，熱処理工場と機械加工工場がそれぞれ独立した建屋になっている。

熱処理工場は，熱処理方法が異なる熱処理炉を数種類保有し，バッチ処理されている。機械加工工場では，多品種少量の受注ロット生産に対応するため，加工技能が必要なものの，切削工具の交換が容易で段取り時間が短い汎用の旋盤，フライス盤，研削盤がそれぞれ複数台機能別にレイアウトされている。

　熱処理は，加熱条件や冷却条件等の設定指示はあるものの，金属材料の形状や材質によって加熱・冷却温度や速度などの微調整が必要となる。そのため金属熱処理技能検定試験に合格し技能士資格をもつベテラン作業者を中心に作業が行われ品質が保持されている。また，機械加工も汎用機械加工機の扱いに慣れた作業者の個人技能によって加工品質が保たれている。

　生産プロセスは，受注内容によって以下のようになっている。

　　・機械加工を伴う受注：材料調達→機械加工→熱処理加工→出荷検査
　　・熱処理加工のみの受注：部品受入→熱処理加工→出荷検査

　生産計画は，機械加工部と熱処理部それぞれで立案されるが，機械加工を伴う受注については熱処理加工との工程順や日程などを考慮して調整される。両部門とも受注生産であることから，納期を優先して月ごとに日程計画を作成し，それに基づいて日々の作業が差立てされる。納期の短い注文については，顧客から注文が入った時点で日程計画を調整，修正し，追加される。機械加工受注品に使用される材料の調達は，日程計画が確定する都度発注し，加工日の1週間前までに納品されるように材料商社と契約しており，材料在庫は受注分のみである。

【自動車部品機械加工の受託生産計画】

　C社では，自動車部品メーカーX社から生産の移管を求められている自動車部品機械加工の受託生産について検討中である。

　その内容は，自動車部品専用の熱処理設備で加工しているX社の全ての部品の機械加工であり，C社では初めての本格的な量産機械加工になる。受託する金属部品は，寸法や形状が異なる10種類の部品で，加工工程は部品によって異なるがそれぞれ5工程ほどの機械加工となり，その加工には，旋盤，フライス盤，研削盤，またはマシニングセンタなどの工作機械が必要になる。この受託生産に応える場合，機械加工部門の生産量は現在の約2倍になると予想され，現状と比較して大きな加工能力を必要とする。

　また，この機械加工の受託生産の実施を機会に，X社で運用されている後工程引取方式を両社間の管理方式として運用しようとする提案がX社からある。具体的運用方

—元·42—

法は，X社からは3カ月前に部品ごとの納品予定内示があり，1カ月ごとに見直しが行われ，納品3日前にX社からC社に届く外注かんばんによって納品が確定する。これら納品予定内示および外注かんばんは，通信回線を使用して両社間でデータを交換する計画である。

外注かんばんの電子データ化などのシステム構築は，X社の全面支援によって行われる予定となっているが，確定受注情報となる外注かんばんの社内運用を進めるためには，C社内で生産管理の見直しが必要になる。この後工程引取方式は，X社自動車部品の機械加工工程および自動車部品専用の熱処理工程に限定した運用範囲とし，その他の加工品については従来同様の生産計画立案と差立方法で運用する計画である。

生産設備面では，現在の機械加工部門の工程能力を考慮すると加工設備の増強が必要であり，敷地内の空きスペースに設備を増設するために新工場の検討を行っている。C社社長は，この新工場計画について前向きに検討を進める考えであり，次のような方針を社内に表明している。

1. X社の受託生産部品だけの生産をする専用機化・専用ライン化にするのではなく，将来的にはX社向け自動車部品以外の量産の機械加工ができる新工場にする。

2. これまでの作業者のスキルに頼った加工品質の維持ではなく，作業標準化を進める。

3. 一人当たり生産性を極限まで高めるよう作業設計，工程レイアウト設計などの工程計画を進め，最適な新規設備の選定を行う。

4. 近年の人材採用難に対応し，新工場要員の採用は最小限にとどめ，作業方法の教育を実施し，早期の工場稼働を目指す。

現在C社社内では，各部の関係者が参加する検討チームを組織し，上記のC社社長方針に従って検討を進めている。

第1問（配点20点）

C社の事業変遷を理解した上で，C社の強みを80字以内で述べよ。

第2問（配点20点）

自動車部品メーカーX社からの機械加工の受託生産に応じる場合，C社における生産面での効果とリスクを100字以内で述べよ。

第3問（配点40点）

　X社から求められている新規受託生産の実現に向けたC社の対応について，以下の設問に答えよ。

（設問1）

　C社社長の新工場計画についての方針に基づいて，生産性を高める量産加工のための新工場の在り方について120字以内で述べよ。

（設問2）

　X社とC社間で外注かんばんを使った後工程引取方式の構築と運用を進めるために，これまで受注ロット生産体制であったC社では生産管理上どのような検討が必要なのか，140字以内で述べよ。

第4問（配点20点）

　新工場が稼働した後のC社の戦略について，120字以内で述べよ。

解答の着眼

●出題傾向

　本年度事例Ⅲの各設問の配点，解答字数，題意は以下のとおりである。

	配点	解答字数	題意
第1問	20点	80字	【分析】C社の事業変遷を理解した上でのC社の強み
第2問	20点	100字	【分析】X社からの機械加工の受託生産に応じる場合のC社における生産面の効果とリスク
第3問 （設問1）	20点	120字	【提案】C社社長の新工場計画についての方針に基づいて，生産性を高める量産加工のための新工場の在り方
（設問2）	20点	140字	【提案】X社とC社で外注かんばんを使った後工程引取方式の構築と運用を進めるため，これまで受注ロット生産体制であったC社が生産管理上，検討すべきこと
第4問	20点	120字	【提案】新工場が稼働した後のC社の今後の戦略

　設問数は5問で，例年の傾向どおり，成長戦略レベルの設問（第1問，第4問）と，生産戦略レベルの設問（第2問，第3問（設問1），（設問2））に大別できる構成になっている。

　成長戦略レベルの設問については，第1問で内部環境分析を行い「C社の強み」を

あげ，第4問でこの分析結果を生かせるＣ社の戦略（成長戦略）を助言する。事例Ⅲにおいて成長戦略が問われた場合，「新市場開拓戦略」あるいは「新製品開発戦略」の成長ベクトルを示すことになる。

　生産戦略レベルの設問攻略のポイントは，設問間で答案の内容を重複させないことである。そのために，与件文の【生産の概要】および【自動車部品機械加工の受託生産計画】を構成している形式段落（第5段落から第14段落）を，設問ごとにすみ分けてリンクさせることがポイントになる。

●解答例

第1問（配点20点）

強	み	は	，	①	創	業	当	初	か	ら	，	熱	処	理	専	業	企	業	と
し	て	熱	処	理	設	備	と	特	殊	技	術	を	保	有	し	て	い	る	こ
と	，	②	そ	の	後	，	既	存	顧	客	の	依	頼	に	よ	り	前	工	程
で	あ	る	設	計	部	門	や	機	械	加	工	部	門	を	有	し	た	こ	と	。

第2問（配点20点）

効	果	は	，	熱	処	理	工	場	の	バ	ッ	チ	処	理	の	平	準	化	が
図	れ	，	前	工	程	で	無	駄	な	機	械	加	工	が	防	止	で	き	る
こ	と	。	リ	ス	ク	は	，	熱	処	理	工	場	の	建	屋	の	中	で	異
な	る	管	理	方	式	の	運	用	が	行	わ	れ	，	量	産	機	械	加	工
に	お	い	て	仕	掛	在	庫	の	管	理	が	必	要	に	な	る	こ	と	。

第3問（配点40点）

（設問1）

在	り	方	は	，	①	機	能	別	レ	イ	ア	ウ	ト	で	は	な	く	業	務
プ	ロ	セ	ス	を	見	直	し	た	工	程	計	画	を	進	め	，	省	力	化
で	き	る	マ	シ	ニ	ン	グ	セ	ン	タ	の	導	入	を	図	る	こ	と	，
②	作	業	者	ス	キ	ル	を	見	え	る	化	し	て	作	業	標	準	化	を
進	め	，	作	業	マ	ニ	ュ	ア	ル	の	作	成	・	整	備	に	よ	る	作
業	方	法	の	教	育	で	多	能	工	化	・	兼	務	化	を	図	る	こ	と	。

（設問2）

必	要	な	検	討	は	，	①	納	期	を	優	先	し	た	月	ご	と	の	日
程	計	画	の	作	成	に	対	し	，	X	社	か	ら	の	1	カ	月	ご	と
の	見	直	し	を	考	慮	し	熱	処	理	部	も	含	め	た	生	産	計	画
を	立	案	す	る	こ	と	，	②	日	程	計	画	が	確	定	す	る	都	度
発	注	し	材	料	在	庫	は	受	注	分	の	み	の	材	料	調	達	に	対
し	，	3	カ	月	前	の	納	品	予	定	内	示	に	基	づ	き	定	期	発
注	を	行	い	一	定	の	安	全	在	庫	を	保	有	す	る	こ	と	。	

第4問（配点20点）

戦	略	は	，	①	熱	処	理	業	者	を	探	し	て	い	る	自	動	車	部
品	メ	ー	カ	ー	に	，	自	動	車	部	品	専	用	熱	処	理	工	程	と
量	産	機	械	加	工	能	力	を	訴	求	し	新	規	顧	客	を	開	拓	す
る	，	②	ネ	ジ	等	の	金	属	製	品	の	熱	処	理	加	工	の	み	を
受	注	し	て	い	る	顧	客	に	，	設	計	部	門	を	活	か	し	た	VE
提	案	を	行	い	量	産	機	械	加	工	の	受	注	を	獲	得	す	る	。

●解答にあたっての着眼点と解説

　2次試験の解答にあたっては，与件を構成している文と文の関係や，設問文の一つひとつの文言の意味を正しく読解することを通し，出題者がそこに込めた意図（題意）を把握することが必要である。

　具体的な手順としては，以下のようになる。80分という制約がある本試験では，あれこれ考えるよりは，設問を素直に捉え，該当する形式段落を特定し，問われたことだけに答えていくことが，合格答案を作成するポイントになる。

【合格答案を思考する視点とポイント】

視点	ポイント
設問ミクロ	設問で求められた字数を踏まえ，書くべき答案骨子を固める。
設問マクロ	設問の背景にある1次知識を踏まえ，設問間の関係を俯瞰する。
与件リンク	設問からリンクされる与件文を特定し，分析・整理する。
答案最適化	上記3つの視点からの分析結果を踏まえて，最適な答案を作成する。

【第1問】

⑴ 問題文から書くべき答案骨子を描く

　C社の強みが80字以内で問われている。ここであげる強みは，第4問の成長戦略との関係を重視して考える必要がある。第4問で2つの成長戦略を助言しているのに対応し，本問の強みも2つあげることになる。具体的には，「熱処理加工」に関わる強みと，「機械加工」に関する強みとなる。これは，設問文の制約である「事業変遷を理解した上で」を踏まえると，妥当な切り口ともいえる。

　よって，以下のような80字の答案骨子を描くことができる。

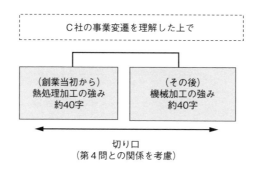

⑵ 問題文と与件文をリンクさせ整理する

　C社の事業変遷について説明されているのは，1つ目の小見出し【企業概要】を構成する第1段落から第4段落である。

段落	C社の事業変遷に関する記述内容
第1段落	〈現状の事業〉 金属熱処理及び機械加工を営む
第2段落	〈創業当初から現在の事業〉 創業当時から，金属処理専業企業として部品や金属製品を受け入れて熱処理を行う
第3段落	〈その後から現在の事業〉 その後，部品の機械加工も含めた依頼により，設計部門と機械加工部門をもった
第4段落	〈約10年前から現在の事業〉 商談会でX社と出会い自動車部品の熱処理を始める。自動車部品専用の熱処理工程を増設する。現在，前加工である機械加工工程をC社に移管する計画がある

第1問と第4問の一貫性

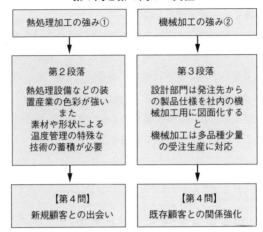

(3) 合格答案を作成する

　与件文を整理してＣ社の事業変遷を理解すると，創業当初から現在に至るまで「金属熱処理専業企業」を営んでいることがわかる。また，Ｃ社に熱処理を外注している既存顧客からの依頼で，熱処理の前工程である「機械加工工程」を新設したことも認識できる。

　よって，上の図で示したように，①熱処理加工に関する強み，②機械加工に関する強みを明らかにした上で，第4問で問われているＣ社の戦略につなげていくことになる。

　つまり，ここで表現すべき内容が，第4問の今後の戦略を導くための根拠になっていなければならない。よって，第4問の今後の戦略につながるキーワードを具体的に盛り込むことがポイントになる。

【第2問】

(1) 問題文から書くべき答案骨子を描く

　問題文から，答案は「効果とリスク」を並列で構成することになるため，方法並列型の論理パターンを活用する。

　よって，以下のような100字の答案骨子を描くことができる。

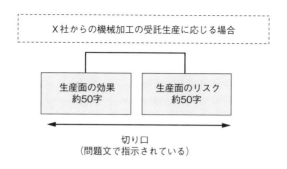

図中：
X社からの機械加工の受託生産に応じる場合

生産面の効果
約50字

生産面のリスク
約50字

切り口
（問題文で指示されている）

(2) 問題文と与件文をリンクさせ整理する

本問とリンクする与件文を特定することが難しい。「X社からの機械加工の受託生産」を視点にリンク先を探すことになるが、これは第3問と同じテーマになるからである。このようなときは、本問と第3問の間で、答案内容を書き分けるとよい。

まず、整理しやすいのは、本問ではなく第3問になる。第3問（設問1）は、「C社社長の新工場計画についての方針」、（設問2）は「外注かんばんを使った後工程引取方式」で、それぞれ与件文とリンクすることができる。つまり、第3問（設問1）と（設問2）で作成した答案と重複しない内容を本問で述べればよい。

結果として、問題文の「自動車部品メーカーX社からの機械加工の受託生産に応じる場合」について、第11段落の「X社で運用されている後工程引取方式を両者間の管理方式として運用する提案」を受け入れた場合と考える。そして、現状のC社の生産体制として、第5段落の「熱処理工場と機械加工工場がそれぞれ独立した建屋になっている」点や、「熱処理工場でのバッチ処理」、「機械加工工場での多品種少量の受注ロット生産」などを踏まえて考える。

(3) 合格答案を作成する

X社からの後工程引取方式の受け入れと、現状のC社の生産体制を踏まえた効果とリスクを整理すると、以下のようになる。

熱処理工場	機械加工工場
（効果） 最終工程のバッチ処理が平準化できること	（効果） 前工程の無駄な機械加工が防止できること
（リスク） 独立した建屋の中で、従来同様の管理方式と運用が混在すること	（リスク） 量産機械加工に対応する仕掛在庫を保有すること

第5段落にある「Ｃ社の工場」の情報と，Ｘ社からの後工程引取方式を受け入れた場合を比較して，答案を作成する。

なお，次の第3問の答案内容と重複しない内容をあげるためにも，先に第3問の答案を確定させたあとに本問の答案を作成することが望ましい。

【第3問】

（設問1）

(1) 設問文から書くべき答案骨子を描く

生産性を高める量産加工のための新工場の在り方が120字以内で問われている。答案は，方法並列型の論理パターンを活用して作成する。

なお，「Ｃ社社長の新工場計画の方針」が書かれているのは第13段落になる。ここには，Ｃ社社長が社内に表明している方針が4つ示されている。この4つを切り口に設定するのがもっとも素直な答案構成ではある。

しかし，生産性向上の観点からみれば，4つの方針のうち，1つ目と3つ目が設備投資による労働生産性向上，2つ目と4つ目が人材面の工夫による労働生産性向上の視点となっている。

よって，4つの方針を2つにグルーピングして，以下のような120字の答案骨子を描くことができる。

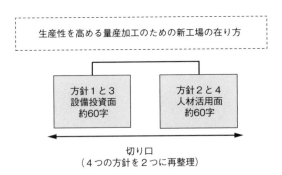

(2) 設問文と与件文をリンクさせ整理する

まず，3つ目の小見出し【自動車部品機械加工の受託生産計画】を構成する第9段落から第14段落と本問の関係を整理すると，以下のように図示できる。

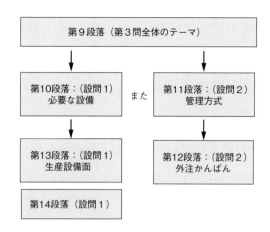

　このように，（設問1）と（設問2）にリンクできる形式段落を明確に分けることができる。つまり，（設問1）は，第10・13・14段落，（設問2）は，第11・12段落にリンクして整理したうえで，答案を思考することになる。

　加えて，第13段落の4つの方針に対するC社の生産概要の現状についてもセットで整理する必要がある。

　以下に，関連する形式段落を整理してみた。

方針	関連する形式段落
1	専用機化・専用ライン化 →第5段落「機能別レイアウト」
2	作業者のスキルに頼った加工品質 →第6段落「作業者の個人技能による加工品質」
4	最適な新規設備の導入 →第5段落「汎用の旋盤……複数台」 →第10段落「マシニングセンタなどの工作機械」
3	作業方法の教育 →直接的ではないが，第6段落にリンクできる

　このように，4つの方針はその目的となる「生産性を高める手段」を切り口に，①設備投資による労働生産性の向上（方針1と方針3）と，②人材活用面による労働生産性の向上（方針2と方針4）の2つに整理することができる。これは，2018年版中小企業白書「人手不足を乗り越える力，生産性向上のカギ」の中で提唱されていた労働生産の向上の視点とも合致している。

ここで，改めて2018年版中小企業白書の概要を確認してみると，以下のようになる。

【2018年版中小企業白書の概要】

①生産性向上の鍵となるのは業務プロセスの見直し

②人材活用面の工夫による労働生産性の向上

③IT 利活用による労働生産性の向上

④設備投資による労働生産性の向上

⑤M&Aを通じた労働生産性の向上

本問では，このうち①②④が問われ，次の（設問2）で①と③が問われていることになる。

(3) 合格答案を作成する

「生産性を高めるため」という制約条件を踏まえて，「設備投資による生産性向上」と「人材活用面による生産性向上」の観点から，新工場の在り方を答案に表現する。

答案作成にあたっては，2018年版中小企業白書で紹介されている以下の取り組みが参考になる。この白書知識を踏まえながら，新工場の在り方として，解答例のような答案を作成したい。

方針	生産性を高める取組み
1・3 設備投資面	業務プロセスを見直す 省力化投資を図る
2・4 人材活用面	作業者の個人技能を「見える化」する 作業マニュアルを作成・整備する 作業者の多能工化・兼務化を図る

あとは，すべて白書知識のみで答案作成するのではなく，方針に書かれている内容を引用しつつ答案を表現することで，客観性を高める工夫をすることも必要である。

（設問2）

(1) 設問文から書くべき答案骨子を描く

「生産管理上」という制約条件を踏まえ，生産知識から「生産管理＝工程（納期）管理」と位置付け，「生産計画と生産統制」の切り口を設定する。

よって，方法並列型の論理パターンを活用して，以下のような140字の答案骨子を描くことができる。

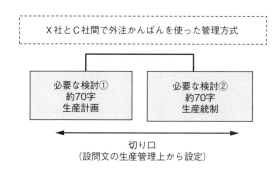

X社とC社間で外注かんばんを使った管理方式

必要な検討①
約70字
生産計画

必要な検討②
約70字
生産統制

切り口
（設問文の生産管理上から設定）

⑵ **設問文と与件文をリンクさせ整理する**

リンクできるのは，第11段落と第12段落，さらに，現状の生産計画が書かれている第8段落となる。これを整理すると，以下のようになる。

形式段落	生産管理	
	生産計画	生産統制
第11段落 第12段落	〈量産機械加工〉 ・3カ月前に部品ごとの納品予定内示 ・1カ月ごとに見直し ・納品3日前に外注かんばんで確定	〈量産機械加工〉 ・納品3日前の外注かんばんで作業指示・進捗管理
第8段落	〈多品種少量の受注ロット生産〉 ・納期を優先した月ごとの日程計画 ・納期の短い注文は顧客から注文が入った時点で日程計画を調整，修正，追加	〈多品種少量の受注ロット生産〉 ・日々の作業は差立て（作業指示と作業割当） ・材料在庫は受注分のみ（材料調達）

⑶ **合格答案を作成する**

毎年出題されている「生産管理」をテーマにした出題であり，解答する上でのポイントは2つある。

1つは，生産計画と生産統制の2つに与件情報を整理して思考することである。そして，もう1つは，生産方法の違いを意識することである。現状は「多品種少量の受注生産」であり，X社からの移管計画は「10種類の部品の量産（見込み生産）」であることに着目する。

まず，生産計画面では，納期を優先して月ごとに作成していた日程計画に，1カ月ごとに見直されるX社からの納品予定の見直しを反映させる必要がある。さらに，納

期の短い注文が入ったときの日程計画の調整，修正，追加について，熱処理部も含めて検討する必要がある。

　次に，生産統制面では，現状の差立方法から外注かんばんに変更される。このとき着目すべきは，材料調達のリードタイムが1週間であるのに対して，納期は3日前に確定するという点にある。つまり，3カ月の内示情報により，その都度ではなく，定期的に材料調達を行い，一定の安全在庫を保有することを検討する必要がある。

【第4問】

(1) 問題文から書くべき答案骨子を描く

　新工場稼働後のC社の戦略について，120字以内で助言することが求められている。よって，方法並列型の論理パターンを活用し，第1問であげた「強み」の分析結果を踏まえた上で助言することになる。

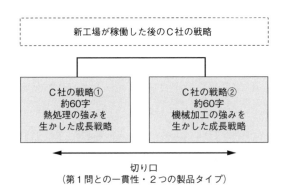

切り口
(第1問との一貫性・2つの製品タイプ)

(2) 問題文と与件文をリンクさせ整理する

　問題文にある「新工場が稼働した後」について書かれている与件文は，第13段落の方針1「将来的にはX社向け自動車部品以外の量産の機械加工ができる新工場にする」である。

　つまり，X社以外の新たな顧客を開拓する戦略になる。第1問でリンクした【C社の概要】から，過去の成功事例も踏まえて考えたい。

(3) 合格答案を作成する

　まず，X社向け自動車部品以外の量産の機械加工を行う戦略を考える。金属の熱処理は装置産業の色彩が強く，また，特殊な技術も必要である点を第1問で明らかにし

ているため，X社のために増設した「自動車部品専用の熱処理工程」の設備を活用するためには，ターゲットを「自動車部品メーカー」に絞り込む必要がある。

　第4段落にあるとおり，C社とX社が出会ったのは，「商談会」である。この商談会に積極的に参画して，熱処理技術を訴求し，新たな顧客を獲得していくことを考えたい。その際に，熱処理だけではなく，前工程の量産機械加工もできる点を訴求して，量産機械加工を求めるX社以外の自動車部品メーカーとの出会いを模索することが考えられる。

　次に，既存顧客の受注内容が2つに分かれている点に着目する。①機械加工を伴う受注，②熱処理加工のみの受注である。仮に，X社との出会いから現状検討している移管計画までを事業変遷としてみるなら，現在C社が受注している顧客のうち，熱処理だけ行っている顧客に対して，製品仕様を図面化できる設計部門を生かして，製品品質を高めるためのVE提案を行い，量産機械加工につなげていくことが考えられる。

　特に，既存顧客からは「部品」だけではなく，ネジや歯車などの「金属製品」も受け入れている。よって，「金属製品」の方に着目して，前工程を活用した新製品開発戦略を提案する。

	戦略①　新市場開拓戦略	戦略②　新製品開発戦略
誰に	X社以外の自動車部品メーカー	既存の金属製品の製造業者
何を	自動車の部品	ネジや歯車などの金属製品
どのように	所属する工業会が主催する商談会にて，自動車部品専用の熱処理設備と技術と量産機械加工を訴求する	製品品質を高めるため，設計部門を生かしたVE提案を行い，量産機械加工できる新製品の開発を行う

　今後の戦略を考える際には，「成長ベクトル」を意識することが重要である。特に，本問では，「顧客は誰なのか」について，具体的に述べられているかどうかが，採点のポイントになったと思われる。

●学習のポイント

(1) 中小企業白書の成長戦略の方向性の理解

　中小企業白書には，中小企業の在り方が記載されている。また，現状を理解し，課題を適切にとらえ，解決に向けて何をするべきかが記載されている。

　本事例の狙いは，2018年版中小企業白書第2部「中小企業の生産性革命」を読み，成功している企業のさまざまな取り組みを理解していることで対応できる。

事例企業は，中小企業白書に掲載されている企業そのものである。やはり，この試験の聖書と位置付けられる中小企業白書を読み込むことが，最も効果的で効率的な学習方法となる。中小企業白書を精読することで，各設問の題意の方向がみえてくる。

(2) 過去問トレーニングで出題傾向をつかむ

事例のテーマのもととなる相談者の要望や企業の状態，出題構成などには，一定の傾向がある。この傾向をつかむために，過去問トレーニングを実施することが有効である。

毎年，表面の文章は変わっていても，骨格となるものは変わっていない。過去問を何度も繰り返し学習すれば，回数を重ねるごとに，新たな気づきが得られ，事例Ⅲで普遍的に問われている論点が明らかになり，この論点に対する思考手順をトレーニングすることができる。過去問題演習が，一番の本試験対策となることを忘れないでほしい。

田畑一佳（AAS京都・金沢代表　中小企業診断士）

村上昌隆（AAS関西合格コーチ　中小企業診断士）

中小企業の診断及び助言に関する実務の事例Ⅳ

　D社は，1940年代半ばに木材および建材の販売を開始し，現在は，資本金2億円，従業員70名の建材卸売業を主に営む企業である。同社は，連結子会社（D社が100％出資している）を有しているため，連結財務諸表を作成している。

　同社は3つの事業部から構成されている。建材事業部では得意先である工務店等に木材製品，合板，新建材などを販売しており，前述の連結子会社は建材事業部のための配送を専門に担当している。マーケット事業部では，自社開発の建売住宅の分譲およびリフォーム事業を行っている。そして，同社ではこれらの事業部のほかに，自社所有の不動産の賃貸を行う不動産事業部を有している。近年における各事業部の業績等の状況は以下のとおりである。

　建材事業部においては，地域における住宅着工戸数が順調に推移しているため受注が増加しているものの，一方で円安や自然災害による建材の価格高騰などによって業績は低迷している。今後は着工戸数の減少が見込まれており，地域の中小工務店等ではすでに厳しい状況が見られている。また，建材市場においてはメーカーと顧客のダイレクトな取引（いわゆる中抜き）も増加してきており，これも将来において業績を圧迫する要因となると推測される。このような状況において，同事業部では，さらなる売上の増加のために，地域の工務店等の取引先と連携を深めるとともに質の高い住宅建築の知識習得および技術の向上に努めている。また，建材配送の小口化による配送コストの増大や非効率な建材調達・在庫保有が恒常的な収益性の低下を招いていると認識している。現在，よりタイムリーな建材配送を実現するため，取引先の了解を得て，受発注のみならず在庫情報についてもEDI（Electronic Data Interchange，電子データ交換）を導入することによって情報を共有することを検討中である。

　マーケット事業部では，本社が所在する都市の隣接地域において建売分譲住宅の企画・設計・施工・販売を主に行い，そのほかにリフォームの受注も行っている。近年，同事業部の業績は低下傾向であり，とくに，当期は一部の分譲住宅の販売が滞ったことから事業部の損益は赤字となった。経営者は，この事業部について，多様な広告媒体を利用した販売促進の必要性を感じているだけでなく，新規事業開発によって

テコ入れを図ることを検討中である。

　不動産事業部では所有物件の賃貸を行っている。同事業部は本社所在地域においてマンション等の複数の物件を所有し賃貸しており，それによって得られる収入はかなり安定的で，全社的な利益の確保に貢献している。

　D社の前期および当期の連結財務諸表は以下のとおりである。

連結貸借対照表

(単位：百万円)

	前期	当期		前期	当期
＜資産の部＞			＜負債の部＞		
流 動 資 産	2,429	3,093	流 動 負 債	2,517	3,489
現金預金	541	524	仕入債務	899	1,362
売上債権	876	916	短期借入金	750	1,308
棚卸資産	966	1,596	その他の流動負債	868	819
その他の流動資産	46	57	固 定 負 債	1,665	1,421
固 定 資 産	3,673	3,785	長期借入金	891	605
有形固定資産	3,063	3,052	その他の固定負債	774	816
建物及び構築物	363	324	負債合計	4,182	4,910
機械設備	9	7	＜純資産の部＞		
その他の有形固定資産	2,691	2,721	資本金	200	200
無形固定資産	10	12	利益剰余金	1,664	1,659
投資その他の資産	600	721	その他の純資産	56	109
			純資産合計	1,920	1,968
資産合計	6,102	6,878	負債・純資産合計	6,102	6,878

連結損益計算書

(単位：百万円)

	前期	当期
売上高	4,576	4,994
売上原価	3,702	4,157
売上総利益	874	837
販売費及び一般管理費	718	788
営業利益	156	49
営業外収益	43	55
営業外費用	37	33
経常利益	162	71
特別利益	2	7
特別損失	7	45
税金等調整前当期純利益	157	33
法人税等	74	8
親会社に帰属する当期純利益	83	25

第1問（配点25点）

（設問1）

　D社の前期および当期の連結財務諸表を用いて比率分析を行い，前期と比較した場合のD社の財務指標のうち，①悪化していると思われるものを2つ，②改善していると思われるものを1つ取り上げ，それぞれについて，名称を(a)欄に，当期の連結財務諸表をもとに計算した財務指標の値を(b)欄に記入せよ。なお，(b)欄の値については，小数点第2位を四捨五入し，カッコ内に単位を明記すること。

（設問2）

　D社の当期の財政状態および経営成績について，前期と比較した場合の特徴を50字以内で述べよ。

第2問（配点25点）

　D社のセグメント情報（当期実績）は以下のとおりである。

（単位：百万円）

	建材事業部	マーケット事業部	不動産事業部	共通	合計
売上高	4,514	196	284	―	4,994
変動費	4,303	136	10	―	4,449
固定費	323	101	30	20	474
セグメント利益	－112	－41	244	－20	71

注：セグメント利益は経常段階の利益である。売上高にセグメント間の取引は含まれていない。

（設問1）

　事業部および全社（連結ベース）レベルの変動費率を計算せよ。なお，％表示で小数点第2位を四捨五入すること。

（設問2）

　当期実績を前提とした全社的な損益分岐点売上高を(a)欄に計算せよ。なお，（設問1）の解答を利用して経常利益段階の損益分岐点売上高を計算し，百万円未満を四捨五入すること。

　また，このような損益分岐点分析の結果を利益計画の資料として使うことには，重大な問題がある。その問題について(b)欄に30字以内で説明せよ。

（設問3）

　次期に目標としている全社的な経常利益は250百万円である。不動産事業部の損益は不変で，マーケット事業部の売上高が10％増加し，建材事業部の売上高が不変であることが見込まれている。この場合，建材事業部の変動費率が何％であれば，目標利益が達成できるか，(a)欄に答えよ。(b)欄には計算過程を示すこと。なお，（設問1）の解答を利用し，最終的な解答において％表示で小数点第3位を四捨五入すること。

第3問 （配点30点）

　D社は，マーケット事業部の損益改善に向けて，木材の質感を生かした音響関連の新製品の製造販売を計画中である。当該プロジェクトに関する資料は以下のとおりである。

<資料>

　大手音響メーカーから部品供給を受け，新規機械設備を利用して加工した木材にこの部品を取り付けることによって製品を製造する。

・新規機械設備の取得原価は20百万円であり，定額法によって減価償却する（耐用年数5年，残存価値なし）。

・損益予測は以下のとおりである。

（単位：百万円）

	第1期	第2期	第3期	第4期	第5期
売　上　高	20	42	60	45	35
原 材 料 費	8	15	20	14	10
労　務　費	8	12	12	11	6
減 価 償 却 費	4	4	4	4	4
その他の経費	5	5	5	5	5
販　売　費	2	3	4	3	2
税 引 前 利 益	− 7	3	15	8	8

・キャッシュフロー予測においては，全社的利益（課税所得）は十分にあるものとする。また，運転資本は僅少であるため無視する。なお，利益（課税所得）に対する税率は30％とする。

（設問1）

　各期のキャッシュフローを計算せよ。

（設問2）

当該プロジェクトについて，(a)回収期間と(b)正味現在価値を計算せよ。なお，資本コストは5％であり，利子率5％のときの現価係数は以下のとおりである。解答は小数点第3位を四捨五入すること。

	1年	2年	3年	4年	5年
現価係数	0.952	0.907	0.864	0.823	0.784

（設問3）

＜資料＞記載の機械設備に替えて，高性能な機械設備の導入により原材料費および労務費が削減されることによって新製品の収益性を向上させることができる。高性能な機械設備の取得原価は30百万円であり，定額法によって減価償却する（耐用年数5年，残存価値なし）。このとき，これによって原材料費と労務費の合計が何％削減される場合に，高性能の機械設備の導入が＜資料＞記載の機械設備より有利になるか，(a)欄に答えよ。(b)欄には計算過程を示すこと。なお，資本コストは5％であり，利子率5％のときの現価係数は（設問2）記載のとおりである。解答は，％表示で小数点第3位を四捨五入すること。

第4問（配点20点）

（設問1）

D社は建材事業部の配送業務を分離し連結子会社としている。その(a)メリットと(b)デメリットを，それぞれ30字以内で説明せよ。

（設問2）

建材事業部では，EDI の導入を検討している。どのような財務的効果が期待できるか。60字以内で説明せよ。

解答の着眼

●出題傾向

本年度の事例Ⅳは，経営比率分析，CVP 分析，設備投資の経済性計算など，これまでと同様の項目が多く出題されており，過去5年間と同じ出題傾向である。難易度

については，それほど複雑な条件設定がないため，近年の事例Ⅳの中では，比較的取り組みやすかったといえる。

　第1問は，毎年出題されている経営比率分析である。近年の傾向としては，問題点と改善点など，良い点と悪い点を示す指標を挙げさせ，説明については50字程度で3指標の特徴をまとめて説明させる問題が多くなっている。解答として挙げる指標は，事例の内容が異なっても，いつもほぼ同じである。合格点を確保するためには，過去問を利用して，重要指標を整理しておくことが有効である。

　また，経営状況の説明については，指標との関係をわかりやすくするために，①～，②～と番号をつけて区分するとともに，「原因や分析」を与件やキーワードを使って記述することがポイントである。これについても，過去問を利用して，記述のパターンを準備しておくことが有効である。

　第2問は，CVP分析の問題である。CVP分析の問題も頻出であり，比較的計算の難易度は低いため，確実に得点しておきたい。ミスをなくするためには，与えられた条件を損益計算書の形式で再整理して計算に取り組むなど，計算プロセスをできるだけ標準化・統一化することがポイントである。

　第3問も，頻出の設備投資の経済性計算の問題である。本年度の場合，比較的やさしい設問と難しい設問を組み合わせたような出題であるが，難易度的には毎年，徐々に低下している印象である。こちらも計算精度を高めるためには，与えられた条件を損益計算書・CF計算書などで再整理して計算に取り組むなど，計算過程を標準化・統一化することがポイントである。

　第4問は記述問題であるが，このような問題は，財務的な計算力がなくても得点できる場合が多い。このため，時間や気持ちに比較的ゆとりがある早い時間帯に解答を作成し，確実に得点を確保しておきたい。

●解答例

第1問（配点25点）

解答例1：与件文のヒントを優先した場合

（設問1）

① 　(a)売上高総利益率　　　　(b)16.76（％）

　　(a)棚卸資産回転率　　　　(b)3.13（回）

② 　(a)有形固定資産回転率　　(b)1.64（回）

（設問2）

①	建	材	・	配	送	費	の	増	大	と	非	効	率	な	在	庫	保	有	で
収	益	性	や	投	資	効	率	は	悪	化	し	た	が	，	②	固	定	資	産
の	投	資	効	率	は	改	善	し	た	。								

解答例2：指標の選択を安全性・収益性・活動性でバランスよく解答した場合

（設問1）

① 　(a)売上高総利益率　　　(b)16.76（％）

　　(a)当座比率　　　　　　(b)41.27（％）

② 　(a)有形固定資産回転率　(b)1.64（回）

（設問2）

①	建	材	・	配	送	コ	ス	ト	の	増	大	で	収	益	性	が	低	下	し，
短	期	支	払	能	力	も	悪	化	し	た	が	，	②	固	定	資	産	の	投
資	効	率	は	改	善	し	た	。											

第2問（配点25点）

（設問1）

建材事業部　　95.33%

マーケット事業部　　69.39%

不動産事業部　　3.52%

全社　　89.09%

（設問2）

(a)4,345百万円

(b)	各	事	業	部	の	収	益	構	造	の	差	が	大	き	く	全	社	の	み	の
	分	析	は	有	効	性	に	欠	け	る	。									

（設問3）

(a)91.49%

(b)全社的な経常利益250百万円を達成する全社変動費率は85.56％である。全社変動費
　率が85.56％となる建材事業部の変動費率（X）は，次のように求められる。

　　$85.56\% = X \times 4,514 \div 5013.6 + 69.39\% \times 215.6 \div 5013.6 + 3.52\% \times 284 \div 5013.6$

X＝91.49％

第3問（配点30点）

（設問1）

第1期　　−0.9（百万円）

第2期　　6.1（百万円）

第3期　　14.5（百万円）

第4期　　9.6（百万円）

第5期　　9.6（百万円）

（設問2）

(a)回収期間　　　　3.03年（3.35年も可）

(b)正味現在価値　　　12.63百万円

（設問3）

(a)10.52％

(b)「資料記載のプロジェクトの正味現在価値12.63百万円」よりも有利になる「原材料費・労務費合計の削減割合」は，次のようにして求められる（単位：百万円）。

正味現在価値12.63＜−30＋（−0.3＋11.2X）×0.952＋（6.7＋18.9X）×0.907

＋（15.1＋22.4X）×0.864＋（10.2＋17.5X）×0.823＋（10.2＋11.2X）×0.784

X＞0.10521→10.52％削減する

第4問（配点20点）

（設問1）

(a)：以下のうちいずれでも可

利	益	責	任	を	明	確	に	で	き	，	コ	ス	ト	高	の	配	送	業	務
の	効	率	化	が	期	待	で	き	る	。									

親	会	社	か	ら	の	分	離	に	よ	り	，		配	送	業	務	の	財	務	状
況	を	明	確	に	で	き	る	。												

(b)：以下のうちいずれでも可

子	会	社	の	業	績	が	悪	化	し	た	場	合	，	連	結	ベ	ー	ス	で
D	社	の	業	績	も	悪	化	す	る	。									

| 子 | 会 | 社 | の | 経 | 営 | に | よ | り | , | 財 | 務 | ・ | 税 | 務 | 面 | で | の | 管 | 理 |
| コ | ス | ト | が | 増 | 加 | す | る | 。 | | | | | | | | | | | |

（設問2）

期	待	効	果	は	,	①	受	発	注	の	効	率	化	で	収	益	性	が	高
ま	り	,	②	取	引	先	と	の	情	報	の	共	有	に	よ	る	最	適	在
庫	数	の	確	保	で	棚	卸	資	産	の	投	資	効	率	が	高	ま	る	。

●解答にあたっての着眼点と解説

【第1問】

経営比率分析の問題である。

（設問1）

前期と当期を比較した場合の，①悪化していると思われる財務指標2つと，②改善していると思われる財務指標1つを求めている。与件文をヒントに，事例に沿った指標を選択することと，安全性，収益性，効率性の視点からバランスよく解答することの2点を重視しながら指標を選んでいきたい。

この観点から解答を考えると，次の指標を解答の候補として挙げることができる。なお，解答の候補は，①は数値が悪化していること，②は数値が良化していることが前提となる。

①悪化していると思われる指標

・与件文中の「建材の価格高騰，建材配送の小口化による配送コストの増大」などから，売上高総利益率や売上高営業利益率を選択することができる。

・与件文中の「非効率な建材調達・在庫保有」から，棚卸資産回転率を選択することができる。

・貸借対照表の数値情報から，当座比率や流動比率を選択することができる。

②改善していると思われる指標

・決算書の数値情報から，有形固定資産回転率を選択することができる。

与件文や決算書の情報から上記の経営指標を候補として挙げることができるが，②の改善している指標として妥当と考えられるものは有形固定資産回転率のみのため，②の解答で迷うことは少ない。しかし，①の悪化している指標の選定は，与件文のヒントを優先するのか，安全性，収益性，効率性のバランスを優先するのかによって解

答は異なってくる。与件文のヒントを優先した場合は，売上高総利益率（または売上高営業利益率）と棚卸資産回転率，バランスを優先した場合は，売上高総利益率（または売上高営業利益率）と当座比率（または流動比率）を解答したい。いずれの選択でも合格点を確保できると考えられる。

（設問2）

経営分析の説明は，（設問1）で悪化している指標を①，改善している指標を②に記すことを要求しているので，（設問2）もこれにあわせて，①，②と番号をつけて区分しながら，与件文中の言葉を用いて記述していきたい。具体的な展開は，解答例を参照いただきたい。

【第2問】

CVP分析のうち，セグメント別の損益計算が出題されている。

（設問1）

事業部と全社レベルの変動費率が問われている。変動費率は，次の計算で求めることができる。

変動費率＝変動費÷売上高

したがって，各事業部と全社レベルの変動費率は，次のようになる。

・建材事業部の変動費率＝4,303÷4,514＝95.33%

・マーケット事業部の変動費率＝136÷196＝69.39%

・不動産事業部の変動費＝10÷284＝3.52%

・全社の変動費率＝4,449÷4,994＝89.09%

（設問2）

(a)全社的な損益分岐点売上高と，(b)このような損益分岐点分析の結果を利益計画の資料として使うことの重大な問題について，30字以内で説明することを求めている。損益分岐点売上高の計算は（設問1）の解答を利用し，百万円未満を四捨五入することを条件としている点に注意したい。

(a)の損益分岐点売上高は，次のように計算できる。

損益分岐点売上高＝固定費÷（1－変動費率）＝474÷（1－0.8909）

＝4,344.6→4,345（百万円）

(b)の重大な問題点は，さまざま考えられるが，（設問1）を踏まえると，次の点が指摘できる。

まず，3事業の変動費率は大きく異なっており，これは，事業部の売上構成比が変

化すると，全社的な変動費率も大きく変動することを意味している。変動リスクの大きな収益構造をそのまま全社的な計画に利用すると，計画の不確実性が高くなり，リスクの高い計画になってしまう。ここでは，この点を30字以内でコンパクトにまとめて解答すればよい。

（設問3）

設問で与えられた条件とセグメント情報をもとに，次の順で計算すると，図表1のように整理できる。

①目標経常利益＝250（設問の条件より）

②マーケット事業部売上高＝196×1.1＝215.6

③マーケット事業部変動費＝136×1.1＝149.6

④マーケット事業部セグメント利益＝215.6－149.6－101＝－35

⑤建材事業部セグメント利益＝250＋35－244＋20＝61

⑥建材事業部変動費＝4,514－323－61＝4,130

⑦合計売上高＝4,514＋215.6＋284＝5,013.6

⑧合計変動費＝4,130＋149.6＋10＝4,289.6

以上の計算結果を踏まえ，建材事業部の変動費率を計算すると次のようになる。

建材事業部変動費＝4,130÷4,514＝91.49（％）

計算過程については，上記の内容のポイントを整理する形で解答すれば合格点を確保できると考えられるが，「（設問1）の解答を利用する」という制約条件があることに注意したい。（設問1）の各事業部の変動費率を利用して計算過程を表現すると，次の通りになる。

なお，以下の計算は，全社的な変動費率を求めた後，これを満たす建材事業部の変動費率を加重平均の手法を使って計算している。この計算でも，はじめは与えられた条件に基づき，セグメント別の損益計算書を作成する必要がある。

まずは，売上高5,013.6百万円，経常利益250百万円を達成する全社変動費率を求

図表1　セグメント別の損益計算書

（単位：百万円）

	建材事業部	マーケット事業部	不動産事業部	共通	合計
売上高	4,514	② 215.6	284	—	⑦ 5,013.6
変動費	⑥ 4,130	③ 149.6	10	—	⑧ 4,289.6
固定費	323	101	30	20	474
セグメント利益	⑤ 61	④ － 35	244	－ 20	① 250

める。

目標売上高5013.6＝（固定費474＋目標利益250）÷（1－変動費率）

変動費率＝85.56％

次に，全社変動費率85.56％を達成するための建材事業部変動費率を加重平均の計算方法で求める。以下の計算では，各事業部の変動費率に各事業部の売上高割合を掛け，その合計が85.56％になる建材事業部変動費率Xを求めている。

85.56％＝X×4,514÷5013.6＋69.39％×215.6÷5013.6＋3.52％×284÷5013.6

X＝91.49％

解答例では，設問の条件に従い，上記の計算過程を端的に整理している。

【第3問】

（設問1）

各期のCFは，次のように求められる。

CF＝税引前利益×（1－税率）＋減価償却費

※運転資本は僅少のため無視し，新規機械設備の残存処理は生じないため，この算式で簡便的に求めることができる。

第1期CF＝－7×（1－0.3）＋4＝－0.9

第2期CF＝3×（1－0.3）＋4＝6.1

第3期CF＝15×（1－0.3）＋4＝14.5

第4期CF＝8×（1－0.3）＋4＝9.6

第5期CF＝8×（1－0.3）＋4＝9.6

（設問2）

(a)回収期間

回収期間は，次のように求めることができる。

回収期間＝3年＋（20－△0.9－6.1－14.5）÷9.6＝3.03

なお，現在価値を考慮した回収期間は次のように求めることができる。

回収期間＝3年＋（20－△0.9×0.952－6.1×0.907－14.5×0.864）÷9.6×0.823

＝3.35

(b)正味現在価値

正味現在価値は，次のように求めることができる。

正味現在価値＝－20＋－0.9×0.952＋6.1×0.907＋14.5×0.864＋9.6×0.823

＋9.6×0.784＝12.6311

（単位：百万円）

	第1期	第2期	第3期	第4期	第5期
売上高	20	42	60	45	35
原材料・労務費	16 (1−X)	27 (1−X)	32 (1−X)	25 (1−X)	16 (1−X)
減価償却費※	6	6	6	6	6
その他の経費	5	5	5	5	5
販売費	2	3	4	3	2
税引前利益	−9＋16 X	1＋27 X	13＋32 X	6＋25 X	6＋16 X
法人税等	−2.7＋4.8 X	0.3＋8.1 X	3.9＋9.6 X	1.8＋7.5 X	1.8＋4.8 X
税引後利益	−6.3＋11.2 X	0.7＋18.9 X	9.1＋22.4 X	4.2＋17.5 X	4.2＋11.2 X
CF	−0.3＋11.2 X	6.7＋18.9 X	15.1＋22.4 X	10.2＋17.5 X	10.2＋11.2 X

※減価償却費6＝高性能な機械設備30百万円÷耐用年数5年

（設問3）

　原材料と労務費の合計の削減割合を求める方法はさまざま考えられるが，1つの方法としては，資料の損益予測を，図表2のように高性能な機械装置を導入した場合に修正して，この損益の正味現在価値が12.63になる原材料と労務費の合計の削減割合（X）を求めることで計算できる。

$$正味現在価値 12.63 < -30 + (-0.3 + 11.2 X) \times 0.952 + (6.7 + 18.9 X) \times 0.907$$
$$+ (15.1 + 22.4 X) \times 0.864 + (10.2 + 17.5 X) \times 0.823 + (10.2 + 11.2 X) \times 0.784$$
$$X > 0.10521$$

以上の計算から，削減割合は10.52％と計算できる。

【第4問】

（設問1）

　配送事業を分離し連結子会社としていることのメリットとデメリットが問われている。メリット・デメリットについては，さまざまな解答が導き出せるが，合格点を確保するためには，単に知識的な内容にとどまらず，事例に沿った表現を展開することがポイントである。

　以下のように，メリット・デメリットは複数挙げられる。いずれの内容でも合格点は確保できると考えられる。

(a)メリット

・利益責任を明確にでき，コスト高の配送業務の効率化が期待できる。

・親会社からの分離により，配送業務の財務状況を明確にできる。

・D社以外からの受注も可能になり，配送業務の効率化が期待できる。

(b)デメリット

・子会社の業績が悪化した場合，連結ベースでD社の業績も悪化する。

・子会社の経営により，財務・税務面での管理コストが増加する。

・独立採算が優先され，D社業務の優先度が低下する可能性がある。

（設問2）

EDIの導入による効果が問われており，一見，1次知識で対応できるように思える。しかし，設問は「財務的効果」を求めているため，単にEDI導入による流通・販売的な効果を解答するのではなく，財務的な効果につなげて解答することが重要である。また，その際，与件文に記されたヒントを利用しながら因果関係で展開することが高得点につながる。

＜与件文のヒント＞

　・受発注の情報の共有

　・在庫情報の共有

＜財務的な効果＞

　・受発注の効率化によって，受発注管理のコスト低減や，受注量の増加など収益の向上が期待できる。

　・在庫情報の共有によって，最適在庫数の確保が可能になり棚卸資産の投資効率が高まる。

以上の内容を，60字以内にまとめて解答すればよい。

●学習のポイント

事例Ⅳは，2次試験の合否を分ける重要な科目である。しかも，得意とする受験者と苦手とする受験者が極端に分かれる科目でもある。苦手としている場合には，まずは，苦手意識を取り払うことが合格点を獲得する第1のステップになる。

学習方法としては，出題頻度の高い項目から学習しマスターしていくことが重要になる。事例Ⅳは，先に説明したように，経営比率分析をはじめ，キャッシュフローの計算と説明，CVP分析，設備投資の経済性計算などが中心に出題されている。このため，確実に合格点を確保するためには，頻出であるこれらの項目をしっかり学習し

ていきたい。

　それぞれの項目についての学習上の留意点は，以下のとおりである。

①経営比率分析：重要指標の選択の方法と与件文を利用した分析・評価の方法と書き方を研究し，高得点を目指したい。

②キャッシュフロー：キャッシュフロー計算書を作成できることを前提に，キャッシュフローの状況を分析し，説明できるようにしておきたい。

③CVP分析：変動費率・固定費の分解と損益分岐点売上高や目標利益達成点売上高の計算及び損益分岐点比率と安全余裕率の計算と評価ができるようにしておきたい。

④正味現在価値法などによる投資の意思決定：まずは数値を正しく計算できるように計算力を高めておきたい。

　財務・会計に関する基本的な知識は，１次試験対策で使用した基本テキストを中心にしながらも，以下に紹介した参考書で理解度を深め，計算のスピードや正確性を高めてほしい。

〈参考文献〉
1）大塚宗春・辻正雄『現代会計学の基礎5　管理会計の基礎』税務経理協会
2）大塚宗春『意思決定会計講義ノート』税務経理協会
3）渋谷武夫『経営分析の考え方・すすめ方』中央経済社
4）井出正介・高橋文郎『ビジネス・ゼミナール経営財務入門』日本経済新聞出版社
5）大塚宗春・佐藤紘光『ベーシック財務管理』同文舘出版

　　　　　　　　　　　　　　　　　　　　　　　中小企業診断士スクールMMC

中小企業診断士第2次試験のあらまし

1. 試験の目的および方法

　中小企業診断士試験は,「中小企業支援法」第12条に基づき実施されます。

　第2次試験は,「中小企業診断士の登録等及び試験に関する規則」に基づき,中小企業診断士となるのに必要な応用能力を有するかどうかを判定することを目的とし,中小企業の診断及び助言に関する実務の事例並びに助言に関する能力について,短答式または論文式による筆記および口述の方法により行います。

(1) 筆記試験

　中小企業の診断及び助言に関する実務の事例について,筆記の方法により実施します。

(2) 口述試験

　筆記試験において相当の成績を修めた方を対象に,口述の方法により実施します。

2. 筆記試験科目

時間	分数	配点	試験科目
9:40〜11:00	80分	100点	A 中小企業の診断及び助言に関する実務の事例 I
11:40〜13:00	80分	100点	B 中小企業の診断及び助言に関する実務の事例 II
14:00〜15:20	80分	100点	C 中小企業の診断及び助言に関する実務の事例 III
16:00〜17:20	80分	100点	D 中小企業の診断及び助言に関する実務の事例 IV

　筆記試験は,「経営革新・改善」,「新規事業開発(既存事業の再生を含む)」などの中から,次のように出題します。

・　「組織(人事を含む)を中心とした経営の戦略および管理に関する事例」
・　「マーケティング・流通を中心とした経営の戦略および管理に関する事例」
・　「生産・技術を中心とした経営の戦略および管理に関する事例」
・　「財務・会計を中心とした経営の戦略および管理に関する事例」

3．口述試験の実施方法等

(1) 実施方法

中小企業の診断および助言に関する能力について，筆記試験の事例などをもとに，個人ごとに面接の方法により行います。

(2) 実施時間・会場

① 1人当たりの試験時間は，約10分間です。

② 口述試験は，筆記試験と同じ7地区で実施します。集合時間や会場については，口述試験案内で通知します。

(3) 口述試験の受験資格

口述試験を受ける資格は，当該年度のみ有効であり，翌年度に持ち越しすることはできません。

4．参考資料

(1) 実務従事・実務補習について

経済産業大臣に中小企業診断士として登録を受けるには，登録の申請の日前3年以内に第2次試験に合格し，次の①のいずれかの実務に15日以上従事すること，または②のいずれかの実務補習を15日以上受けることが必要です。

① 診断・助言業務

　1）国・都道府県，中小企業基盤整備機構または都道府県等中小企業支援センターが行う診断・助言業務

　2）中小企業基盤整備機構または都道府県等中小企業支援センターが行う窓口相談などの業務

　3）中小企業に関する団体が行う中小企業の診断・助言または窓口相談などの業務

　4）その他の団体または個人が行う診断・助言または窓口相談などの業務

　5）一定の要件を満たす，医療法人等，社会福祉法人，特定非営利活動法人（NPO）のうち，継続的に収益事業を行っている者の経営の診断・助言または窓口相談などの業務

　6）中小企業の振興に関する国際協力などのための海外における業務

② 実務補習

　1）登録実務補習機関による実務補習

　2）中小企業基盤整備機構，都道府県等中小企業支援センターにおける実務補習

(2) **中小企業診断士の登録の有効期間・更新の要件について**

　① 　登録の有効期間：5年間。5年ごとに登録を更新します。

　② 　更新の要件：登録を更新するためには，登録有効期間内に，以下の1），2）の両方を満たす必要があります。

　1）「知識の補充」に関する要件

　　登録有効期間内に次のいずれかを5回以上行うこと。

　　　i 　理論政策更新研修

　　　　理論政策更新研修機関が行う診断または助言に関する知識の補充のための研修または中小企業基盤整備機構が行う研修を修了したこと。

　　　ii 　論文審査

　　　　理論政策更新研修機関が行う診断または助言に関する論文の審査に合格したこと。

　　　iii 　研修の指導

　　　　理論政策更新研修について，その1回の日程を通じて指導を行ったこと。

　2）「実務の従事」に関する要件

　　登録有効期間内に次のいずれかの中小企業の経営診断実務に合計30日以上従事すること。

　　　i 　診断・助言業務

　　　　イ 　国・都道府県，中小企業基盤整備機構または都道府県等中小企業支援センターが行う診断・助言業務

　　　　ロ 　中小企業基盤整備機構または都道府県等中小企業支援センターが行う窓口相談などの業務

　　　　ハ 　中小企業に関する団体が行う中小企業の診断・助言または窓口相談などの業務

　　　　ニ 　その他の団体または個人が行う診断・助言または窓口相談などの業務

　　　　ホ 　一定の要件を満たす，医療法人等，社会福祉法人，特定非営利活動法人（NPO）のうち，継続的に収益事業を行っている者の経営の診断・助言または窓口相談などの業務

　　　　ヘ 　中小企業の振興に関する国際協力などのための海外における業務

　　　ii 　実務補習の受講

　　　iii 　実務補習の指導

第2次試験の結果一覧表（新制度以降）

年　　度	受 験 者 数	合 格 者 数	合 格 率(%)
平成13年度	5,872	627	10.7
14	6,394	638	10.0
15	4,186	707	16.9
16	3,189	646	20.3
17	3,589	702	19.6
18	4,014	806	20.1
19	3,947	799	20.2
20	4,412	875	19.8
21	5,331	951	17.8
22	4,736	925	19.5
23	4,003	790	19.7
24	4,878	1,220	25.0
25	4,907	910	18.5
26	4,885	1,185	24.3
27	4,941	944	19.1
28	4,394	842	19.2
29	4,279	828	19.4
30	4,812	905	18.8
令和元年度	5,954	1,088	18.3
2	6,388	1,174	18.4
3	8,757	1,600	18.3
4	8,712	1,625	18.7
5	8,241	1,555	18.9

2024年 3 月10日　第 1 刷発行

2024年版／中小企業診断士試験 2 次試験過去問題集

編　者　　同 友 館 編 集 部
発行者　　脇　坂　康　弘

発行所　株式会社 同 友 館　　東京都文京区本郷 2 − 29 − 1
郵便番号113-0033
TEL03 − 3813 − 3966
FAX03 − 3818 − 2774
URL　https：//www.doyukan.co.jp/